U0684690

大学生田径运动教学与训练实践研究

李恺 著

新华出版社

图书在版编目（CIP）数据

大学生田径运动教学与训练实践研究 / 李恺著 . --

北京：新华出版社，2023.9

ISBN 978-7-5166-7052-1

Ⅰ.①大… Ⅱ.①李… Ⅲ.①田径运动－运动训练－

教学研究－高等学校 Ⅳ.① G820.2

中国国家版本馆 CIP 数据核字 (2023) 第 185455 号

大学生田径运动教学与训练实践研究

作　　者：李 恺

选题策划：唐波勇

责任编辑：唐波勇　　　　　　　　　封面设计：优盛文化

出版发行：新华出版社

地　　址：北京石景山区京原路 8 号　　邮　　编：100040

网　　址：http://www.xinhuapub.com

经　　销：新华书店、新华出版社天猫旗舰店、京东旗舰店及各大网店

购书热线：010-63077122　　　　　中国新闻书店购书热线：010-63072012

照　　排：优盛文化

印　　刷：石家庄汇展印刷有限公司

成品尺寸：170mm×240mm

印　　张：16　　　　　　　　　　　字　　数：215 千字

版　　次：2023 年 9 月第一版　　　　印　　次：2023 年 9 月第一次印刷

书　　号：ISBN 978-7-5166-7052-1

定　　价：88.00 元

前　言

　　田径运动在国际体坛具有十分重要的影响力，在历届奥林匹克运动会与其他大型比赛中，田径比赛都是必不可少的重要组成部分，且都在中心体育场举行，也是设置奖牌数量最多的竞赛项目。田径运动水平是衡量一个国家和地区体育运动发展水平的重要标志之一，所以世界各国都高度重视田径运动的发展。近些年来，田径运动以其悠久的历史、独特的魅力及深厚的群众基础，迅速在全国乃至全世界的范围内推广。

　　随着世界田径运动不断发展完善、运动水平不断提升，国际体坛的实力格局出现了新的变化。对于作为发展中国家的中国而言，要想迈入世界先进行列，就必须集中精力、突出重点，侧重于发展优势与潜优势项目，充分结合中国特点寻找可以充分发挥举国体制优势的项目，并作为重点发展方向，如对速度、爆发力特别是技术均提出高标准要求的项目。我国多项田径运动项目在亚洲乃至国际上均曾取得引人注目的优异成绩，主要包括跨栏项目、中长跑、竞走、男子跳高、女子跳高、铅球等，继续保持或优先恢复这些田径项目在国际体坛上长盛不衰的影响力，推动优势项目的良性发展。而这一切都取决于与时俱进的教学理念，以及富有创新性、敢于突破的训练理念和方法。

　　本书基于上述背景，针对大学生田径运动教学与训练进行了深入探索和研究，共分为七章。

　　第一章主要围绕田径运动的基本概念、田径运动的前世今生、田径运动的分类与内容、田径运动的多元价值这四方面，对田径运动的相关概述进行了深入的探讨，为田径运动教学奠定良好基础。

　　第二章笔者重点分析了大学生田径运动教学的目标与原则，详细介绍了大学生田径运动多样化的教学模式，以及科学化的考核评价，旨在为大学生田径运动教学的有序开展打下坚实的理论基础，促进大学生田径运动教学质量的持续性提升。

第三章笔者主要从训练的特点、原则、理念、方法、负荷及恢复等多角度入手，论述了大学生田径运动训练的理论与方法，旨在为大学生田径运动训练的科学化进行奠定牢固的理论基础。

第四章笔者重点论述了走跑类田径运动项目的教学与训练实践，主要包括短跑、跨栏跑、中长跑、马拉松跑及竞走，旨在为走跑类项目的教学与训练实践活动的顺利开展奠定良好基础。

第五章笔者着重对跳跃类田径运动项目的教学与训练实践进行了研究，主要包括跳高、跳远和三级跳远，旨在为跳跃类项目的教学与训练实践活动的顺利开展奠定良好基础。

第六章笔者从核心技术基本特征、投掷技术规律及力量训练三个角度入手，深入研究与探讨了投掷类田径运动项目的教学与训练实践，旨在为跳跃类项目的教学与训练实践活动的顺利开展奠定良好基础，促进投掷类项目教学与训练质量的提升。

第七章笔者主要从大学生田径运动教学与全民健身的深度融合发展、职业化发展、可持续发展及教学改革的国际化趋势四个角度入手，对大学生田径运动教学与训练的未来发展趋势进行了展望。

目　录

第一章 田径运动概述

第一节 田径运动的概念及特点

作为一项普及率非常高的体育运动，田径运动由若干个各具特点的单项构成，主要包括走、跑、跳、投等多种不同运动形式，是人体基本活动形式衍生出的运动项目，它不仅能较为全面、有效地发展人的身体素质与运动技能，对于其他各项运动技术的提升与发展也发挥着积极的促进作用，一直以来都是备受关注的体育项目。

一、田径运动的内涵及理论研究的重要性

（一）田径运动的含义

在中华人民共和国成立之前，受到社会环境的影响，田径运动这一体育运动形式尚未得到广泛普及，对于田径运动的理论研究几乎处于空白阶段。因此，当时我国主要根据国际田径联合会对田径运动的定义来认识田径运动，即"由田赛和径赛、公路赛、竞走和越野赛组成的运动项目"[①]。随着中华人民共和国的成立，田径运动受到关注并迅速得到普

[①] 孙南，孔庆涛.论国际田联关于"田径运动"的定义 [J].成都体育学院学报，2005（5）：55-57，62.

及，运动员的技术水平也得到了快速的提升。1953年起，我国几乎每年都会在国内举办规模较大的全国性田径运动会，与此同时，我国还积极培养和选派国内优秀田径运动员代表参加国际性体育赛事，并取得了令人瞩目的成绩。

随着田径运动在我国的广泛普及与迅速发展，逐渐唤醒了人们体育锻炼和强身健体的觉醒，我国对田径运动方面的理论研究也在不断完善。当前阶段，学术界普遍认为传统的田径运动由五部分组成，分别为竞走、跑、投掷、跳跃及全能，同时，将根据时间判断成绩的竞走、跑这两类项目称为"径赛"；将根据远度、高度判断成绩的投掷、跳跃这两类项目称为"田赛"；将跑、跳、投部分项目构成的，且通过评分方法对成绩进行计算的组合项目称为"全能运动"。这样的概念不仅具体、详细地对田径运动项目主要内容进行了概括，还基于竞赛的视角，全方位考量了田径运动，为我国田径事业、体育事业的可持续发展奠定了坚实的理论基础。

（二）田径运动理论研究的重要性

随着体育强国战略的提出和推行，田径运动作为运动之母，非常全面地反映了人类的基本素质，理所应当成为体育强国的标配。现如今，田径运动水平的高低，不仅反映了一个国家的体育实力，还是衡量一个国家文化软实力的重要标准之一，提高全民身体素质，特别是新时代大学生的身体素质，已经引起了党和国家的高度关注。因此，针对田径运动的含义，研究者们不能只是从狭义角度（竞技体育）进行分析与了解，而是应该立足教育者的视角，并充分结合高校环境的背景，对田径运动的概念有一个深层次、全方位、准确性的理解，重新认识与定义田径运动。

在中国特色社会主义现代化建设过程中，田径运动在人类身体的强健、体能的提升、意志品质的养成以及社会适应能力的提高等方面所发挥的作用越发显著。这就要求新时期的教育者在理解和认识田径运动时，不能仅仅将田径竞技作为其所有内涵和终极目标，而是应当立足于学生的视角，将学生群体的身体机能作为根本出发点，组织学生参加各种田径运动项目，着眼于新时代大学生身体素质的提升。只有不断丰富与拓展田径运动的内涵，补充与完善田径运动的内容，才能深入挖掘并充分发挥出田径运动的功能与作用，进而更好地推动田径运动的进一步普及与长足发展，最终为民族振兴、国家富强输出更多德智体美劳全面发展的社会主义建设者和接班人。

根据内容的不同，可以将田径运动划分为两种类型，分别为田径竞技运动和田径健身运动。另外，田径运动具有两重性，即竞技属性和健身属性。由此可知，田径运动并非只是竞技运动项目，也是人们增强体能、提高身体素质以及进行全民健身运动的一个有效手段。另外，习近平总书记指出，加强建设体育强国，就要把握体育强国梦与中国梦息息相关的定位，把体育事业融入实现"两个一百年"奋斗目标大格局中去谋划[①]。党的二十大提出："促进群众体育和竞技体育全面发展，加快建设体育强国。"对于高校体育教育工作者而言，必须要不断学习并更新先进的体育理念，不断深化高校体育改革，全面推动大学生体育、竞技体育和体育产业的协调发展。

二、田径运动的特点

田径运动不仅具备一般体育项目的特点，还具备显著的自身特点，如图 1-1 所示。

---

① 习近平会见全国体育先进单位和先进个人代表等 [EB/OL].（2017-08-27）[2023-02-21].https://www.gov.cn/xinwen/2017-08/27/content_5220823.htm.

图 1-1 田径运动的特点

（一）广泛的大众性

1.针对性强，可选择性大

田径运动包含各种各样的运动形式，能够为运动爱好不同、擅长领域不同的群体提供适合自己的多样化选择，同时能为每个人设定适合其自身身体状况的具有针对性的运动方式。在大学生体育教育中，田径运动是重点教学内容，它不仅参与门槛低，推行起来也比较容易，因此受到大学生的广泛欢迎。教师为学生制定具有针对性、科学性的田径运动锻炼方案，有助于全面提升大学生的身体素质和健康水平。

2.简单易学，受场地条件限制小

田径运动虽然类型丰富，但是运动形式难度较小、易于学习。一方面，田径运动对运动器材设备的要求不高。在人们参与田径运动的过程中，可以根据具体条件因陋就简，不需要过多的装备，只需要一身宽松的运动衣和一双舒适的跑鞋，就能轻松愉悦地进行。另一方面，通常情况下，田径运动对活动场地的要求并不严格，人们可以在各种各样的场所进行健身锻炼，包括草地、公路、沙滩、田野、公园及广场等。而且气候和时间因素对田径运动的影响比较小，人们几乎可以随时利用空闲时间来运动。除了室内竞技比赛外，田径运动都需要在露天场地进行，所以人们可以与空气、阳光等自然条件进行更加充分地接触，在培养人们适应外界环境能力的同时，还可以循序渐进地提升人们身体的各项机能和抵抗力。

3. 参与性强

田径运动不仅适合不同性别的人，还适合不同年龄段的人，身体状况不一样的人也可以结合自身需要选择田径运动项目。在田径运动中，参与人数基本不会对运动效果产生影响，要控制运动的强度和量，避免身体受到伤害。通常来说，身体处于健康状态的人通过短期训练之后就能参加大多数田径项目比赛。

（二）严格的技术性

田径运动的项目分为周期性、非周期性、混合型三种不同的动作结构，从技术角度来看，它与技巧性项目和其他一些直接对抗性项目都有所不同。在比赛过程中，田径技术具有一定的稳定性，从动作结构上看复杂度并不高，但是它对技术提出了非常严格的要求。人的潜力是有限度的，要想取得优异成绩必须依靠先进的合理技术。所谓合理技术，指的是可以最大限度发挥出个体在不同运动环节良好的协调配合能力，有效激发出每个运动器官的最大潜能，大大降低体能的消耗，在时间、肌肉以及空间三个层面上实现高度统一。而运动员要想让技术与自身特点有机结合起来，又保证技术与生物力学的合理性相符合，就必须不断提升和改进技术，形成自己独特的技术风格。

在短时间内要想保证田径运动技术的高度准确性，与技术统一体中的每个部分都息息相关，包括身体的每个环节、每个动作、每个肌群等，要从时间和顺序两方面保证每个部分放松与用力的合理性。在田径运动比赛中，对动作的细节要求比较高，如果一个动作细节出现偏差，就可能会影响到整体的最终成绩，甚至导致动作的失败。因此，田径运动的技术训练应贯穿于运动员培养的全过程，运动员要想在每个场合都呈现出自己的最佳水平，就要不断细化自身的技术，提高自身技术的自动化程度。而且，不同的田径运动项目所采取的技术方法也存在差异。虽然参加田径运动不需要过于复杂的运动技能，但是要想在激烈的比赛中脱颖而出，规范化的训练方法起着至关重要的作用。

另外，对于优秀田径运动员而言，还要学会根据比赛的气候条件特征，有针对性地调整个人技术，从而有效克服外界不利条件，并充分利用外界条件，为呈现出自己的最高水平奠定基础。

（三）较强的辅助性

在古希腊罗马时代，人们在战争时期为了更快速地传递各种重要信息，常常挑选擅长奔跑的士兵来往于不同城邦之间传递消息，于是人们身体的各项机能都得到显著的提升，并逐渐演化成多样化的田径运动项目。现如今，在大大小小的体育运动赛事中，任何类型的竞技运动项目都需要建立在一系列基础技巧动作的练习上，主要包括跑、跳、投等基础技巧动作，而通过田径运动的训练，运动员在灵敏度、速度、柔韧度、力量、耐力等方面的身体素质都得到了提升，为运动员在其他运动项目的发展打下了坚实的基础。因此，在运动员训练过程中，越来越多的体能训练师都将田径运动中的部分项目作为提升运动员身体素质和竞技水平的重要的辅助性手段。

（四）追求自我超越

现代奥林匹克的精神是"更高、更快、更强、更团结"，现代田径运动是现代奥林匹克运动不可分割的一部分，因而也应该将奥林匹克精神作为精髓，充分体现对个性发展的追求。从内容角度来看，自我超越在田径运动中更多体现在比赛过程中运动员之间在速度与力量上的角逐。

田径运动中追求的内涵主要包括三个层次的竞争精神，分别为超越自我、超越对手、超越比赛记录，推动体育运动的进一步发展。从文化视角来看，现代田径运动文化的核心在于充分展现人类极限，以及更好地实现个体发展的终极目标。在田径运动项目中，跑类项目追求速度更快；跳类项目追求更高；投掷类项目追求更强，集体项目追求更团结，这与现代奥林匹克文化的精神不谋而合。

（五）能力的多样性

走、跑、跳、投等都是田径运动的基本动作形式，不仅包括个人项目也包括集体项目，这些项目可以充分体现出人们在耐力、速度以及力量等方面的能力。每个田径运动项目都有其自身的特点，可以反映出人体在某一方面能力的高低，优秀运动员训练和比赛通常情况下都围绕一个专项。人们积极、广泛地参与各种田径项目，有助于全面提升自身的运动能力。

第二节　田径运动的前世今生

体育强则中国强，国运兴则体育兴。体育运动承载着国家强盛、民族振兴的梦想，是衡量一个国家综合国力的一项重要衡量标准，而田径运动作为体育运动的重要组成部分，始终是世界大国重视、发展与推广的运动形式之一。因此，田径运动在竞技体育与全民健身活动中发挥着至关重要的作用。为了更深入地了解田径运动的相关理论，首先要对田径运动的发展背景进行探讨，本节主要介绍了田径运动的产生、正式形成及中国田径运动的发展。

一、田径运动的诞生

田径运动作为人们强身健体的一种重要手段，是从远古时代祖先们与大自然、野兽抗争的动作发展至今的一种竞技项目，现如今已经全方位融入广大人民群众的日常生活和工作之中。作为体育竞技项目中最早诞生的运动项目之一，田径运动经历了十分漫长的发展过程，其发展大致可以划分成以下两个阶段。

（一）远古时代

在远古时代，人类所使用的生产工具比较落后，再加之自然灾害频发、野兽出没，为了更好地生存下去，人类不得不与大自然和野兽进行艰苦的斗争，这就需要他们不断地行走、跳跃、奔跑于各种各样的障碍之间，同时还要通过掷击石块等物品大幅度提升生存的概率。在日常生活中，由于人类每天持续不断地重复上述动作，经过日积月累，人们逐渐可以用双脚行走，手与脚的分工开始变得明确，逐渐演变和形成了新的技能，主要包括准确投掷、敏捷跳跃、快速奔跑等，并学会运用各种木块、岩石等材料制作一些简易、使用难度低的工具。经过持续地繁衍和进化，人类开始有意识地将各种生存手段、运动技能传授给下一代。

另一方面，在远古时代，由于一个人的力量非常有限，为了提高生存的概率，人类通常会采取聚居生活方式，但由于这一时期尚未形成共有的语言和文字，所以人们在平时生活中的人际交往方式主要是以走、跳跃、跑为表现形式的肢体动作和竞赛。田径运动正是基于这种环境背景下慢慢得以萌发。与此同时，为了繁衍新生命，男性猿人需要博得女性猿人的青睐，这就需要不同男性猿人之间进行比赛。久而久之，人类逐渐在走、跳跃、跑、投掷等肢体动作上附加一些规则，这种运动方式逐渐演变成人们争夺食物、抢占地盘的一种重要竞赛娱乐方式，为田径运动的正式诞生奠定了良好基础。

（二）古希腊罗马时代

在古希腊罗马时代，城邦林立，人们传递信息以双脚行走的方式为主。公元前490年，波斯人与希腊人之间发生了一场激烈的战争，结果希腊人取得了胜利，为了将希腊大获全胜的战争消息尽快传送到雅典，雅典战士菲迪皮茨从马拉松镇一直跑到雅典，成功传达希腊战胜的消息后便力竭而死。菲迪皮茨诠释了"英雄"的定义，他的事迹感动了许多人，后来人们便举办了从马拉松镇到雅典的比赛以纪念菲迪皮茨的爱国主义事迹。

1. 跑步项目的诞生

根据相关史料记载，公元前 776 年在古希腊奥林匹克村举办的首届古代奥运会上，就已经设置了短跑项目，也是从那时起，田径运动正式成为了一个比赛项目。英国是长跑的发源地，早在 18 世纪，英国就已经有职业选手参加长跑比赛。为了让跑步项目更具趣味性和吸引力，英国于 1864 年设置了跨栏跑项目，并在第一节牛津大学与剑桥大学的对抗赛中首次正式举办了跨栏跑比赛。

2. 跳远项目的诞生

作为最早的田径运动五项全能项目之一，跳远项目早已于公元前 8 世纪的古希腊运动会上诞生。之后随着田径运动的普及与发展，1896 年，在雅典举办的首届现代奥运会上，跳远正式成为了一个比赛项目。不仅如此，跳远经过不断地演变还衍生出了三级跳的竞赛方式，这种跳跃方式最开始源于古代日耳曼人和凯尔特人。公元前 200 年，在凯尔特人所开展的运动会上，三级跳被列为正式的比赛项目，随后爱尔兰人和苏格兰人在传统三级跳的基础上，对其进行了进一步改进与丰富，从而形成了现代三级跳远的雏形。步入 19 世纪中叶以后，三级跳比赛广泛传播于欧洲各地，并逐渐衍生出多样化的技术流派。

3. 跳高项目的诞生

爱尔兰和苏格兰不仅设立了三级跳，还开创了跳高比赛。1800 年，在苏格兰高地运动会上，跳高被正式列为田径运动的一个主要比赛项目。在此之后，爱尔兰人在传统的跳高形式上，对其进行丰富与发展，从而形成了撑竿跳高比赛，该比赛项目初期是由以投枪、撑竿为支撑物翻越水溪、深沟、围墙的形式逐渐演变而来。在爱尔兰举行的塔里蒂安运动会上，撑竿跳高比赛项目一直延续到公元554年。之后，撑竿跳高又从爱尔兰传播至英格兰、苏格兰，并慢慢得到优化与发展。直至1866年，在费尔汉运动会上，正式把撑竿跳高列为一个重要的竞技运动项目，并深受广大群众的欢迎与认可。

4.链球、铅球和铁饼项目的诞生

链球项目产生于英国。1850年，英国的一些大学开始将链球项目作为大学生田径运动比赛项目之一。1890年前后，美国人在英国人设计的链球基础之上，将其木柄改为铁柄，后来改为钢链，链球由此而来。战争时期，炮兵们为了娱乐，开始投掷炮弹相互竞赛，由此逐渐演变出了铅球比赛，因炮弹重量为16磅，即7.26千克，故此重量一直沿用至今。投掷铁饼是一项古老的田径项目，古代奥林匹克运动会五项全能中的"投盘"指的就是掷铁饼，当时使用的是石制圆盘，后来演变成了金属制圆盘，并与链球、铅球共同促进投掷运动的形成。

随着1896年第一届现代奥林匹克运动会的举办，100米跑、400米跑、800米跑、1500米跑、马拉松、110米栏、跳高、撑竿跳高、跳远、三级跳远、铅球和铁饼12个男子项目共同组成了田径运动的主要竞赛形式。如今，奥林匹克运动不只是一种体育活动，更是发展成为世界各民族、各国家之间和平友好的纽带。

二、田径运动项目的正式形成

虽然田径运动有着十分悠久的历史，但其真正成为体育运动项目，并盛行于世界各个国家，则是在奥林匹克运动会的助力下才得以形成的，田径运动项目形成的过程大致可以划分为三个不同的时期。

（一）古希腊时期田径运动项目的开创

在公元前776年，在古希腊奥林匹亚村举办了首届古代奥林匹克运动会，这也是首次举办规模盛大、有组织的运动会，运动会项目比较丰富，主要包括跑、投掷、跳跃以及其他项目。之后，奥林匹克运动会以四年为时间单位举办一次。因此，现代人均认为田径运动的诞生与发展起源于古代奥林匹克运动会。

　　另外，在公元前9世纪，随着古希腊氏族社会的逐渐瓦解，形成了200余个城邦，在利益的驱使下，不同城邦之间战争不断。为了提高军事作战能力，各个城邦都逐渐开始组织士兵参加训练以提升他们的体能，于是走、跳跃、跑、投掷等各种各样的肢体活动就成了古希腊时代提升人们体质的有效途径。基于这样的背景之下，田径运动逐渐发展壮大，并形成了有组织、大规模的运动竞赛，为奥运会的正式形成奠定了良好基础。频繁的战争带给人们巨大的生命和财产损失，于是为了和平，各城邦之间达成共识，在奥林匹克运动会举办期间停止战争，以减少战争所带来的灾难。

（二）19—20世纪现代田径运动项目的形成

　　随着古罗马帝国统一古希腊分裂城邦，罗马皇帝狄奥多西为加强集权统治，于公元394年，将古代奥林匹克运动会废止，田径运动竞赛也被中断。田径运动陷入了长达14个世纪（394—1800年）的衰弱期。直至19世纪初，文艺复兴运动解放了人们的思想，田径运动竞赛又在英国重新兴起。职业性的赛跑、竞走和有组织的苏格兰田径运动会相继在英国出现。1850年以后，业余田径竞赛也在英国大学相继展开，并且逐步设立了正式的田径竞赛项目。1896年，法国社会活动家皮埃尔·德·顾拜旦倡议，为加强世界各国之间的友好往来，应该恢复和召开奥林匹克运动会，于是第一届现代奥林匹克运动会突破重重阻挠，顺利举办，田径运动项目也伴随着第一届奥运会正式形成，并不断发展。

（三）20世纪田径运动项目流行于全世界

　　得益于国际业余田径联合会的成立，田径运动才正式成为了一种标准化的运动项目。国际业余田径联合会的创建，是促进田径竞赛趋于国际化方向发展的有力推手。例如，1912 年，将田径竞赛项目第一名的成绩设置为世界纪录；1982 年，在第九届奥运会田径比赛中，第一次将女子的 5 个项目纳入田径比赛项目中。截至目前，现代奥林匹克运动会已经成功举办了三十二届，田径运动竞赛项目的数量与第一届相比有了巨大突破，由第一届的男子 11 项（无女子项目）第三十二届的 47 项，其中男子 24 项、女子 23 项。

另外，为了推动田径运动项目的快速发展，不断涌现出各种各样的世界级、国家间的田径运动竞赛。例如，1983 年设立的以四年为周期举办一次的世界田径锦标赛，自 1991 年开始更改为以两年为周期举办一次；自 1985 年开始，每隔两年举办一届的世界室内田径锦标赛；1985 年开始，每隔一年举办一次的 15 场田径系列大奖赛等。这些田径运动竞赛的举办，为各国田径运动员展现精湛技艺和祖国风采提供了宝贵的机会，有助于各国田径运动项目的进一步发展。

三、中国田径运动的发展

中国田径运动的发展大致可以划分为三个阶段，由前至后依次是古代田径运动的发展、改革开放前田径运动的发展、改革开放后田径运动的发展。

（一）中国古代田径运动的发展

早在春秋战国时期，我国就出现了通过走、跑、跳、投的方式训练士兵的记载。根据史料记载，在公元前 776—公元前 221 年，在墨子的《非攻篇》中提到了吴起与魏武侯商讨练兵、用人、强国的技巧。吴起认为，在选拔士兵时，可以将善走路、跳得高、跳得远设定为选拔标准。元世祖忽必烈创建了"贵赤卫"军队，并每隔一年举办一次跑步比赛，要求士兵在规定时间内跑完规定的距离。

（二）改革开放前中国田径运动的发展

1840 年以后，西方近代体育思想、体育文化以及体育竞赛等内容开始传入中国，随之在我国的大城市、军队及学校范围内举行了多样化、趣味性的体育竞赛活动。19 世纪末，在青年会的推动下，以田径、球类运动为主要内容的欧美体育传入中国。1890 年，上海圣约翰书院开展了首次以田径运动为主要内容的运动会。随着 20 世纪的到来，越来越多的学校将田径项目作为体育课的教材，校际举行的各种规模的田径运动比赛也日益增加。

分别于 1910 年和 1914 年举办的第一届、第二届全运会田径赛的大部分工作都并非中国国籍人士包办的，主要包括比赛的组织、规则的制订、裁判员与工作人员等。无论是径赛的距离，还是田赛成绩的丈量，均采取的英制单位，投掷器械重量也是以磅为单位。第一届和第二届全运会田径赛分别设置了 11 个和 13 个比赛项目，参赛运动员仅有数十名。中国于 1924 年举办了第三届全运会田径赛，主办方是我们中国人，共设置了 19 个比赛项目，径赛距离和田赛成绩均采取的米制单位。中国于 1930 年举办的第四届全运会田径赛和 1933 年举办的第五届全运会田径赛，均是以省、特别市、特区、华侨团体为单位举办的，并新增了女子比赛项目，1930 年和 1933 年分别开设了 6 项和 11 项女子比赛项目。截止到 1948 年，在中国举办的全国运动会共有七届，中国参加了第十届、第十一届和第十四届奥运会的田径项目比赛，且分别选派了 1 名、23 名、3 名运动员，除此之外，中国还参加过十届远东运动会。

1932 年 7 月，第十届奥运会于美国洛杉矶举办，作为东北大学学生的刘长春代表中国第一次站上了奥运会的舞台上，这也是中国唯一参赛的运动员，他共参加了两项比赛，分别为 100 米、200 米。被誉为"中国奥运第一人"的刘长春在中国 1933 年举办的第五届全运会上斩获 100 米冠军，跑出了 10.7 秒的优异成绩，创造了新的全国纪录，后来这个纪录在中国一直维持了 25 年之久。

1949 年，中华人民共和国正式成立，田径运动在中国共产党和政府的高度重视与关怀下不断发展，并迅速在大中小学校得到了广泛的普及与发展，全国各地纷纷创办青少年业余体校田径班，国家和各省、自治区、直辖市组建了田径代表队，全国性田径竞赛逐渐趋于制度化发展，极大地提升了我国田径运动的水平。1957 年，中国举办了北京田径比赛，郑凤荣在跳高比赛中跳过 1.77 米，成功打破了美国运动员麦克·丹尼尔保持的女子跳高 1.76 米的世界纪录，成为我国首位打破世界纪录的女运动员，也是 1936 年以来亚洲首位打破田径世界纪录的运动员。1958 年，解放军选手梁建勋创造了 10.6 秒的男子百米全国纪录，打破了刘长春 10.8 秒的男子百米全国纪录，至此，我国田径比赛记录全部被刷新。1965 年，我国已有 50 余名运动员的成绩达到了 1968 年第十九届奥运会田径项目的报名标准，有 17 名运动员在十一项成绩中被列入了当年世界的前十名。中国田径运动员的实力与水平日益攀升，并一步步靠近世界田径运动水平。

（三）改革开放后中国田径运动的发展

1978 年以后，随着中国改革开放政策的推行与不断深入，田径运动取得了快速发展，我国田径运动实力和水平得到了显著提升。1979 年，中国举办了第四届全运会，在田径比赛中共刷新了 18 项全国纪录，相比于 1975 年举办的第三届全运会，所取得的 38 项田径比赛成绩中共有 34 项成绩有所突破。20 世纪 80 年代初期，中国涌现出很多拥有世界先进水平的杰出运动员，主要包括跳高运动员郑达真、标枪运动员申毛毛、三级跳远运动员邹振先、跳远运动员刘玉煌等。跳高天才朱建华三次刷新世界纪录，三次成绩依次为 2.37 米、2.38 米、2.39 米。

随着我国训练与竞赛制度的不断完善，田径运动水平也得到了很大提升。在第十届、第十一届以及第十二届亚洲运动会上，我国田径运动员获得的金牌数量始终居于首位。在 20 世纪 90 年代，中国还创造了一批世界纪录，1992 年，第二十五届奥运会于西班牙的巴塞罗那举办，我国女子竞走运动员以 43 分 52 秒的成绩斩获 10000 米竞走金牌，并刷新了世界纪录，打破了中国田径运动员在奥运史上金牌数量为"零"的局面。1993 年，曲云霞在全运会 1500 米比赛中跑出 3 分 50 秒 46 的成绩，创造了女子 1500 米跑的世界纪录，这个纪录保持了 22 年，同年，王军霞在全运会上分别以 8 分 6 秒 11、29 分 31 秒 78 的成绩打破了女子 3000 米和 10000 米的世界纪录。在 2004 年的第二十八届奥运会上，刘翔斩获 110 米栏的金牌，以 12 秒 91 的成绩追平了由英国选手科林·杰克逊创造的世界纪录；邢慧娜以 30 分 24 秒 36 的成绩斩获田径女子 10000 米跑的冠军。[1]

2016 年，刘虹以世界纪录保持者的身份在第三十一届奥运会女子 20 公里竞走比赛中，以 1 小时 28 分 35 秒的成绩斩获金牌。同时，王镇以 1 小时 19 分 14 秒的成绩获得田径男子 20 公里竞走项目冠军。由此可见，中国田径运动的发展已经逐渐与世界田径运动发展接轨。

第三节　田径运动的分类与内容

通过对田径运动进行分类，为更加全面、深入地了解田径运动的基本存在形式奠定基础。田径运动项目比较多，根据田径运动性质的不同，将田径运动划分为两大类型，分别为实用田径运动和竞技田径运动；根据技术特点的不同，还可将田径运动划分为径赛项目和田赛项目这两种类型，如图 1-2 所示。通常情况下，各个国家会根据自身需求、便利程度以及规模，合理地划分田径运动的种类，由此可见，田径运动项目作

---

[1]　房施龙，王安治. 新时期田径运动教学理论与实践探索 [M]. 北京：中国纺织出版社，2022：10.

为一种基本且普遍的运动形式，在全世界范围内都得到了认可与推崇。

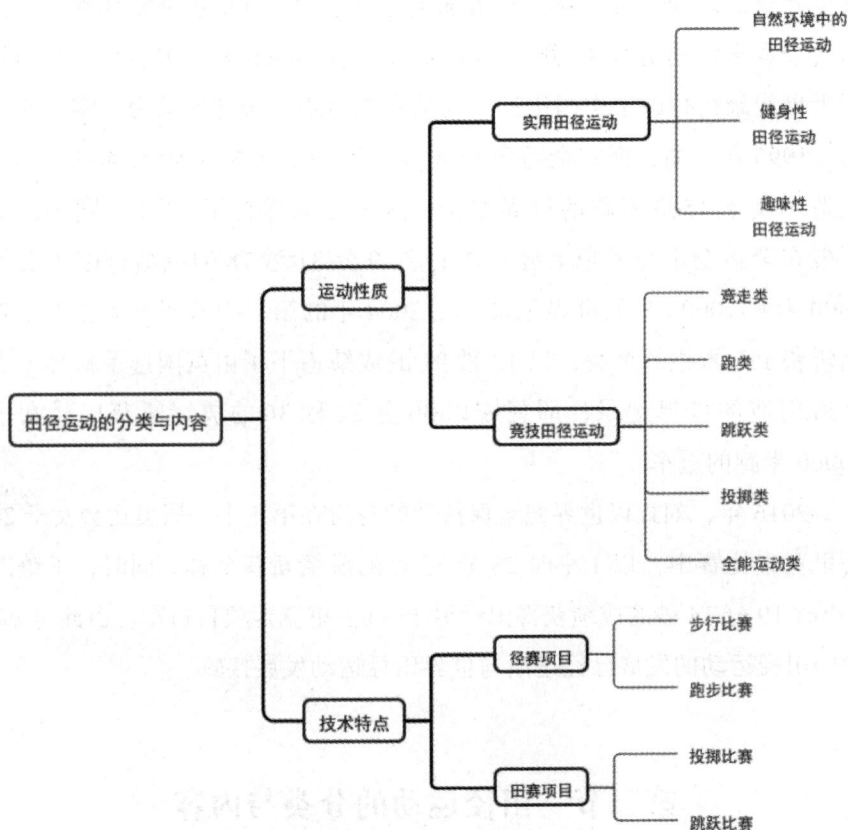

```
                                              ┌── 自然环境中的
                                              │    田径运动
                              ┌── 实用田径运动 ──┼── 健身性
                              │                │    田径运动
                              │                └── 趣味性
                   ┌── 运动性质 ─┤                     田径运动
                   │           │                ┌── 竞走类
                   │           │                │
                   │           │                ├── 跑类
                   │           └── 竞技田径运动 ──┼── 跳跃类
田径运动的分类与内容 ─┤                            │
                   │                            ├── 投掷类
                   │                            │
                   │                            └── 全能运动类
                   │                        ┌── 步行比赛
                   │           ┌── 径赛项目 ──┤
                   └── 技术特点 ─┤            └── 跑步比赛
                               │            ┌── 投掷比赛
                               └── 田赛项目 ──┤
                                            └── 跳跃比赛
```

图 1-2　田径运动的分类与内容

一、基于运动性质划分的田径运动类型及其内容

（一）实用田径运动项目

1. 自然环境中的田径运动

自然环境中的田径运动主要可以划分为自然环境中的走、跑、跳、投与克服各种障碍的健身运动以及游戏。

2. 健身性田径运动

健身性田径运动是一种以促进身体健康、提升身体素质、延缓心脏衰老速度为目的，以走、跑、跳、投为主要手段的身体运动。由于健身性田径运动是人的基本活动技能，在实施难度以及要求上要远不及田径竞技运动，所以非常容易受到不同年龄和性别的人群的欢迎，是一种卓有成效的全民健身运动的手段与项目。根据人体自然运动方式的不同，可以将田径健身运动划分为四大类，分别为健身走、健身跑、健身跳和健身投。

3. 趣味性田径运动

通常情况下，趣味性田径运动按照跑、跳、投以及综合项目进行划分。国际田联所推广的田径趣味项目共分为两部分，分别为田赛和径赛，这两部分分别由若干个项目组成。在国际田联推广计划的指导下，雅加达作为国际田联地区发展中心之一，于2000年制作了一套趣味田径运动教材，将趣味田径运动划分为跑、跳、投三种类型。北京作为另一个国际田联地区发展中心，根据国际田联推广计划，将趣味田径运动划分为四大类，分别为走跑类、跳跃类、投掷类以及全能类。

（二）竞技田径运动项目

田径竞技运动项目主要分为五大类，分别为竞走类（表1-1）、跑类（表1-2）、跳跃类（表1-3）、投掷类（表1-4）以及全能运动类（表1-5），其中，全能运动类项目由跑、跳、投部分项目构成。与此同时，出于公平的考虑，田径运动竞赛按照性别的不同，划分为男子组、女子组；按照年龄的不同，划分为成人组、少年组。

表1-1　竞走类项目

类别	成人		少年			
	男子	女子	男子甲组	男子乙组	女子甲组	女子乙组
场地	2000 米 5000 米	5000 米 10000 米	5000 米 10000 米	3000 米 5000 米	5000 米 10000 米	3000 米 5000 米
公路	20 千米 50 千米	10 千米 20 千米	—	—	—	—

表1-2　跑类项目

类别	成人		少年			
	男子	女子	男子甲组	男子乙组	女子甲组	女子乙组
短距离跑	100 米 200 米 400 米	100 米 200 米 400 米	100 米 200 米 400 米	60 米 100 米 200 米	100 米 200 米 400 米	60 米 100 米 200 米
中距离跑	800 米 1500 米 3000 米	800 米 1500 米 3000 米	800 米 1500 米	400 米 800 米 1500 米	800 米 1500 米	400 米 800 米 1500 米
长距离跑	5000 米 10000 米	5000 米 10000 米	3000 米 5000 米	3000 米	3000 米 5000 米	3000 米
超长距离跑	马拉松（42.195 千米）	马拉松（42.195 千米）	—	—	—	—
跨栏跑	100 米栏（栏高1.067 米） 400 米栏（栏高0.914 米）	100 米栏（栏高0.84 米） 400 米栏（栏高0.762 米）	110 米栏（栏高1.00 米） 200 米栏（栏高0.762 米） 400 米栏（栏高0.914 米）	110 米栏（栏高0.914 米） 300 米栏（栏高0.84 米）	100 米栏（栏高0.84 米） 200 米栏（栏高0.762 米） 400 米栏（栏高0.762 米）	100 米栏（栏高0.84 米） 300 米栏（栏高0.762 米）

续　表

类别	成人		少年			
	男子	女子	男子甲组	男子乙组	女子甲组	女子乙组
障碍跑	3000 米	—	—	—	—	—
接力跑	4×100 米 4×400 米	4×100 米 4×400 米	4×400 米	4×400 米	4×400 米	4×400 米
公路赛和越野赛	包括马拉松在内的公路赛以及由大会决定的各种距离不等的公路赛和越野赛					

表1-3　跳跃类项目

类别	成人		少年			
	男子	女子	男子甲组	男子乙组	女子甲组	女子乙组
高度	跳高 撑竿跳高	跳高 撑竿跳高	跳高 撑竿跳高	跳高	跳高	跳高
远度	跳远 三级跳远	跳远 三级跳远	跳远 三级跳远	跳远	跳远	跳远

表1-4　投掷类项目

类别	成人		少年			
	男子	女子	男子甲组	男子乙组	女子甲组	女子乙组
推铅球	7.26 千克	4 千克	6 千克	5 千克	4 千克	3 千克
掷标枪	800 克	600 克	700 克	600 克	600 克	500 克
掷铁饼	2 千克	1 千克	1.5 千克	1 千克	1 千克	1 千克
掷链球	7.26 千克	4 千克	6 千克	5 千克	4 千克	3 千克

表1-5 全能运动类项目

组别	项目	内容及比赛顺序
成人男子	十项全能	第一天：100米、跳远、推铅球、跳高、400米 第二天：110米栏、掷铁饼、撑竿跳高、掷标枪、1500米
成人男子	五项全能	跳远、掷标枪、200米、掷铁饼、1500米
成人女子	七项全能	第一天：100米栏、跳高、推铅球、200米 第二天：跳远、掷标枪、800米
少男甲组	七项全能	第一天：110米栏、跳高、掷标枪、400米 第二天：掷铁饼、撑竿跳高、1500米
少男乙组	四项全能	第一天：110米栏、跳高 第二天：掷标枪、1500米
少女甲组	五项全能	第一天：100米栏、推铅球、跳高 第二天：跳远、800米
少女乙组	四项全能	第一天：100米栏、跳高 第二天：掷标枪、800米

二、基于技术特点的田径运动分类及其内容

在国际上，田径运动被称作 Track and Field，其中，Track 在英语中的翻译是小路、路径，Field 在英语中的翻译是草地、田野，因此，人们就非常自然地将其翻译为"田径运动"。以田径场为活动场地开展的步行、跑步比赛或练习，通常被称作"竞赛项目"；以田径场中心为活动场地开展的跳跃、投掷比赛或练习活动，通常被称作"田赛项目"。

目前，我国将根据时间计算结果的步行、跑步比赛统称为"径赛"，将根据距离、高度计算结果的投掷与跳跃比赛称为"田赛"。

第四节 田径运动的多元价值解读

作为体育运动的基本内容和重要内容，田径运动是各项运动的基础。通过各个项目的有效训练，田径运动不仅能有效促进人的身体健康和心理健康，还具有发展个人智力、展现力量美等多元价值，如图 1-3 所示。

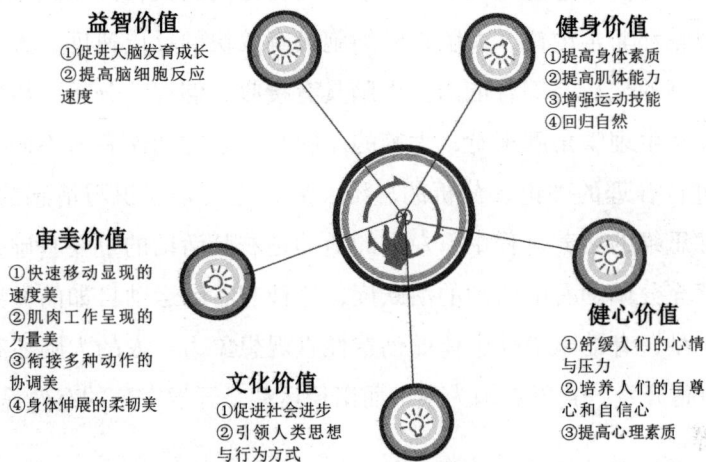

益智价值
①促进大脑发育成长
②提高脑细胞反应速度

健身价值
①提高身体素质
②提高肌体能力
③增强运动技能
④回归自然

审美价值
①快速移动显现的速度美
②肌肉工作呈现的力量美
③衔接多种动作的协调美
④身体伸展的柔韧美

文化价值
①促进社会进步
②引领人类思想与行为方式

健心价值
①舒缓人们的心情与压力
②培养人们的自尊心和自信心
③提高心理素质

图 1-3 田径运动的多元价值

一、田径运动的益智价值

（一）有助于促进大脑发育成长

田径运动对于人类大脑发育成长尤为重要。人类所进行的各种智力活动是由大脑这一物质所产生的，毋庸置疑，人类无法脱离社会而存在，人的思维活动很大程度上由社会实践所决定，主要包括知识与经验等。但归根究底，人脑是意识活动的物质器官。恩格斯认为，思维是人脑的产物。[①]经常参加田径运动锻炼，能够提高人的身体素质，而良好的精神来自于健康的身体，同时也有助于增加人脑的重量和大脑皮层的厚度，以及增加脑神经细胞的树突，为人体智力的发育成长提供有利的物质条件。

（二）有助于提高脑细胞反应速度

人的智力，尤其是记忆力，与大脑皮层各部分所建立的暂时性联系的完备程度与多寡息息相关。经常参加田径运动的人，许多感觉器官如听觉、视觉都非常敏锐，大脑神经细胞具有较快的反应速度，大脑皮层也具有较高的分析与综合能力。大脑具有接收、储存、分析、传递信息的功能，从生理学角度来看，大脑的左脑与右脑的功能有所不同，前者主要是进行合理的理论、分析的思维，后者主要是意识与情感的舞台。在创造性思维的培养过程中，左脑的活动是右脑活动的重要基础，左脑活动能够充分调动右脑活动的活跃度，这种左右脑运动自如的类型称为两脑综合型，有助于培养个体的创造性直观想象力。人的大脑还有很大的潜力有待开发，且以右脑为主，而田径运动是开发右脑的有效途径。

二、田径运动的健身价值

（一）提高身体素质

大部分人的身体素质可以通过速度、力量、柔韧性及耐力等方面体现出来，田径运动包含的技能能够促进人的身体健康。

通过参加田径运动练习，有助于促进人体中枢神经系统的灵活性。竞走、健身、长跑都是现阶段有氧运动的主流，通过参加这些运动项目，有助于不断改善人们的呼吸系统与血管的功能。通过参加跳跃运动的练习，有助于提升人体的爆发力和感官功能。通过参加投掷运动的练

---

① 刘翠兰. 恩格斯论观念与大脑 [J]. 山西大学学报（哲学社会科学版），2002（1）：1-4.

习，对人体肌肉的发育创造良好条件，有助于提升人体的适应能力。总之，通过参加田径运动，不仅对人体的神经、肌肉、循环系统的改善起到促进作用，还有助于提升人体的心理稳定性，进而全面提升人体的身体素质。

（二）提高肌体能力

田径运动对于人体协调性的提升具有积极影响。在田径运动过程中，人们会进行各种步行、跑步、跳跃、投掷等活动，这有助于人们提升自身的运动协调能力。同时，田径运动有助于提高人体的决策能力。通过参加跳跃、投掷练习活动，需要人们能够准确地判断和评估器械的运动轨迹，经过反复的训练，有助于提升人们的判断力与反应能力。

（三）增强运动技能

随着《全民健身计划（2021—2025年）》的颁布与实施，逐渐有越来越多的人涉足运动健身。田径运动以其较高的趣味性和独特的魅力成为大众健身的重要组成部分。而田径运动所蕴含的健身价值也逐渐显现出来。田径运动类型多样、内容丰富，无论是步行、跑步，还是跳跃与全能运动，都涉及多层次的运动与技巧，每种类型都有其独特之处。

在田径运动中，人们通过不断进行自我调整，能够持续提升其自身的技术技能。例如，短跑项目有助于提升人们的短距离与高强度运动技能；超长跑和马拉松有助于提升人们的长期耐力与超负荷能力；跳高有助于提升人们的弹跳技能；投掷有助于促进人们手眼协调能力的发展。

（四）有助于回归自然

田径来自人类的生产生活，因此它是有助于人们回归自然、回归人性的非常重要的运动项目之一。随着经济的高速发展，人们面临的生活与工作压力也越来越大，而人们回归自然的愿望也愈发强烈。田径运动最早是由步行、跑步、跳跃与射击等肢体活动发展而来，人们在与自然做斗争的过程中，各方面技能都得到了显著提升。通过参加田径运动，人们不仅能取得良好的健身效果，还能大大减少环境污染对身体带来的危害。大量实践证明，在自然环境中进行田径运动，不仅能提升人们的生存能力，还有助于缓解人们在生活、学习与工作中所承受的压力。

三、田径运动的健心价值

世界卫生组织对心理健康做出如下定义：心理健康并非仅仅是指没有心理疾病，还包括个体有着良好的社会适应能力、心理潜能的发挥以及健全的人格，并在一定的客观条件下发挥出个人心境的最优状态。[①]长时间坚持进行田径运动，对于人们的心理健康发展具有良好的促进作用。在田径运动过程中，人体大脑的兴奋与抑制会处于平衡状态，增加去甲肾上腺素的分泌，从而使人体产生一种愉悦的感觉。又因为田径运动的大部分项目需要在室外开展，多变的环境以及室外的新鲜空气，都有助于改善人们的精神状态，从而促进机体的心理健康。

田径运动在人体心理健康方面发挥的作用，是其他锻炼方式不可替代的，田径运动不仅能帮助人们养成坚强、勇敢的意识品质，还能带给人们真切的幸福、愉快的情感体验，同时有助于舒缓人们的心情与压力，从而培养人们的自尊心和自信心。国外的心理学研究表明，体育锻炼具有培养自信心与自我知觉的功能，是推动人际关系良好发展的重要手段，还可以改善个体的多种负面情绪，如紧张、焦虑与抑郁，能够有效预防心理疾病。[②]目前，国内也有很多学者将田径运动作为一种手段来干预心理问题，如燕鹏程认为，田径运动能够增强学生的意志与耐力、提高学生的心理素质、塑造学生的性格品质。[③]

---

① 徐英杰，陈凯.大学生心理健康[M].3版.厦门：厦门大学出版社，2020：36.
② 陆霞.田径运动教学与训练[M].长春：吉林出版集团有限责任公司，2020：27.
③ 燕鹏程.田径运动对学生心理健康的影响[J].当代体育科技，2020，10（3）：212，214.

通过进行田径运动，如健身跑，可以很好地消除因为心理问题而引发的饮食、睡眠等方面存在的障碍，进而增加人们的睡眠时间，显著提升睡眠质量。同时，参加田径运动，还能极大地减轻呼吸系统、心血管及胃肠道等方面存在的不舒服的感觉，并缓解人们因为肌肉酸痛、头痛及背痛引发的不安和焦虑情绪，进而大大提升人体的生理机能，化解各种负面情绪。另外，田径运动还能消除人们过度依赖与自我怀疑的心理，进一步提升人们进行自我认识与自我评价的能力，改善人们人际交往心态与合作态度，提高人们的合作意识、团结协作能力和社交能力。

四、田径运动的文化价值

田径运动既包括单人运动项目也包括集体运动项目，始终贯穿人类进化的全过程。作为一种由人类自身创造的具有特殊性的文化，田径运动文化指的是田径运动在形成与发展过程中，对社会进步、人类思想与行为方式以及与田径有关的物质表现形式影响的综合。田径运动文化主要包括三种形式，分别为观念文化、关系文化和田径物质文化。田径运动与诸多层次的文化均存在着千丝万缕的联系，主要包括社会制度、技术方面、价值观念、道德情操等。因此，田径运动具有极其丰富的文化价值。

五、田径运动的审美价值

田径运动的美主要是以人体的动作、技巧以及姿态为表现形式，进而激发欣赏者的联想与思维。田径运动的审美价值主要体现在以下四个方面。

（一）快速移动显现的速度美

速度美指的是人们在快速地进行运动时所采取的合理动作技术和正确姿势，通过肢体的协调配合完成某项动作所显现的美。例如，百米飞人苏炳添在 2021 年奥运会的跑道上犹如一头猎豹，闪电般地向终点冲刺，带给了人们印象深刻的速度美感。纵使比赛已经结束了一段时间，但这种美感仍然停留在人们脑海中挥之不去。

（二）肌肉工作呈现的力量美

在田径运动过程中，人们能够通过科学合理地锻炼达到健美肌肉的效果，为攀登体育高峰奠定良好基础。健美有力的体型可以带给人们一种强壮、勇猛的感觉。例如，中国短跑女将韦永丽在百米比赛快速奔跑途中所展现的速度与力量相结合的姿态，能够使人们深刻感受到运动美。这种通过运动器官与肌肉所呈现出的富有生气与激情的美，对于人们的审美意识具有十分重要的影响。

（三）衔接多种动作的协调美

协调美指的是人们在田径运动过程中通过流畅、熟练与灵活的动作所呈现出的美。例如，优秀背越式跳高运动员在跳高过程中，巧妙地结合快速助跑与快速起跳，将速度与力量完美结合在一起，呈现出协调美。在各项田径运动比赛中，世界各国优秀跳高运动员、撑竿跳运动员所创造的世界纪录，每一场比赛都令人回味无穷。

（四）身体伸展的柔韧美

在田径运动过程中，人体的皮肤、关节及韧带会进行各种伸展运动，从而使身体呈现柔美的曲线，能够给观赏者带来一种舒展和柔和美。柔韧美通常出现在一些舒展动作中，更多的是凸显人体曲线的柔软度，展现出窈窕柔软、婀娜多姿的独特韵味。例如，在撑竿跳比赛中，优秀运动员作出的空中过竿动作，体现了美与柔韧美的完美结合。

第二章　大学生田径运动教学的模式与考评

第一节　大学生田径运动教学的目标与原则

本章主要讲述了大学生田径运动教学的内容、目标与任务，阐述了大学生田径运动教学的原则，旨在熟练掌握大学生田径运动的基本内容，进一步明确大学生田径运动的教学目标与任务，为田径运动教学的高质量开展奠定基础。

一、大学生田径运动教学的基本内容

大学生田径运动教学内容的设置，按照竞技性、健身性以及实用性三个不同的属性，主要分为三大板块内容，分别为基础运动能力、田径主要技术以及实用技能。

（一）基础运动能力

基础运动能力主要包括两方面教学内容，一方面是与走、跑、跳、投方面有关的多样化健身练习方法与手段；另一方面是与走、跑、跳、投有关的多样化的教学方法与手段。

（二）田径主要技术

1.理论部分

田径主要技术的理论部分主要包括田径运动概述、田径运动教学、田径运动技术原理、田径运动场地及田径运动竞赛等内容。

2.运动项目

田径主要技术的运动项目主要包括短跑、跨栏跑、中长跑、接力跑、跳高、跳远、铅球、标枪等内容。

（三）实用技能

实用技能的主要教学内容包括远足、越野跑、休闲娱乐性跳跃以及投掷等。

二、大学生田径运动教学的目标与任务

（一）大学生田径运动教学的目标

大学生田径运动教学的基本手段主要包括走、跑、跳、投等，通过这几种手段进行基本运动，体现出竞技性、健身性特点。大学生田径运动教学的主要目标就是全方位培养大学生的运动能力与生存能力，从整体上提升大学生的身心健康水平。

大学生田径运动教学的总目标，是传授给大学生田径课程的基本知识与伦理，不断提升大学生的田径运动技能与方法，力争上升至一个全新的高度。同时，培养大学生在课外指导田径运动健身与管理的一系列技能，使大学生具备较高的心理素质和专业素质，极大地提升他们的社会适应能力。

（二）大学生田径运动教学的任务

大学生田径运动教学的任务主要包括五方面内容，如图2-1所示。

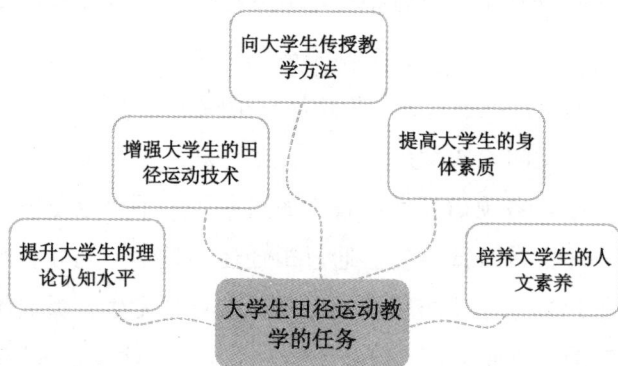

图 2-1　大学生田径运动教学的任务

1. 提升大学生的理论认知水平

田径运动是体育运动中非常重要的项目之一，面向大学生开展田径运动教学，使大学生加深对田径运动的理解与认知，不断提升大学生的田径运动理论水平，通过田径运动教学强化与发展学生的认知能力。

2. 增强大学生的田径运动技术

运动技术不仅是学生运动能力、健康行为形成的重要载体，还是教学与锻炼的立足之本。缺乏运动技术的教学，不仅会使运动项目丧失生命力，也将导致课堂毫无生气。因此，田径运动教学的开展，不仅要讲解田径运动理论，还要加强田径运动技术的传授与练习，要组织大学生进行反复不断地练习，从而使大学生熟练地掌握各种田径项目的技术。

3. 向大学生传授教学方法

对于体育教学专业的大学生而言，通过实施田径课程的教学，使其熟练掌握各项田径运动的教学方法与手段，学会制定与修订教学大纲、规范编写优秀教案、进行科学的教学评价，并可以在将来的工作岗位上灵活有效地应用，为田径运动的进一步广泛开展奠定基础。

4. 提高大学生的身体素质

田径运动可以充分体现大学生多方面的身体素质，通过组织大学生反复练习田径运动技术，可以全面提升学生的各项身体素质。同时，为大学生传授田径基本知识，教会学生科学锻炼身体的方法，有助于学生养成锻炼身体的良好习惯，为学生体质的增强奠定基础。

5.培养大学生的人文素养

在大学生学习各项田径运动技术的过程中，不可避免地会遇到这样那样、大大小小的困难或挫折。通过田径运动教学，充分利用田径项目的特点，能够培养学生诸多优良的品质，如尊师爱生、勇敢顽强、吃苦耐劳、坚持不懈、直面困难，以及团结友爱、集体主义和爱国主义精神。

三、大学生田径运动教学的原则

大学生田径运动教学原则作为对教学经验的概括与总结，是教师在教学过程中必须贯彻落实的基本要求，其对田径运动教学实践具有重要指导意义，充分体现了田径运动技术教学过程的客观规律。大学生田径运动教学是一个有目的、有组织、有步骤、系统地传授知识与技术的教育活动，所以，在具体教学实践中，应当遵循教育学理论中所倡导的各项教学原则，如图 2-2 所示。

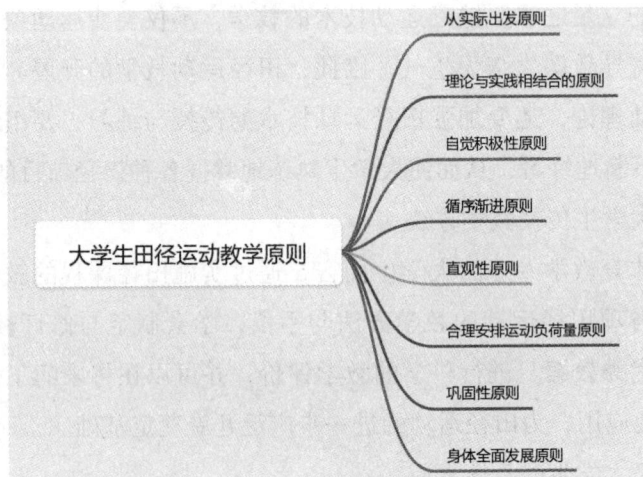

图 2-2　大学生田径运动教学的原则

（一）从实际出发原则

在田径运动技术教学中，从实际出发原则是必须遵循的基本原则。由于大学生的身体素质、接受能力以及技术基础存在显著差异，田径运动教学时数、教学环境、场地设备等方面教学条件有所不同，所以，为了保证田径运动教学的高质量开展，就必须要根据各方面的实际情况有计划地推进教学。大学生田径运动教学要立足教学具体条件与学生实际学情，以教学任务为方向指导，制定切合实际的要求，从而取得事半功倍的教学效果。

另外，田径运动教学的开展，要以大学生身体素质为基础，让大学生清醒地意识到学习田径运动的作用与意义，并深层次认识到田径运动项目的锻炼价值，使学生全身心、积极地投入学习中，为教学任务的如期实现提供有力保障。

（二）理论与实践相结合的原则

理论与实践相结合的原则指的是以田径运动教育大纲要求为依据，基于教学课时的安排，从田径运动技术课教学内容出发，选择与之具有较强关联性与指导意义的理论知识，并科学合理地划分到每次技术教学中进行讲解，深化学生对技术要领的理解与认知，同时加强对学生技术练习方面的指导力度，从而帮助学生更加熟练地掌握各项田径运动技术。通过科学的划分田径运动理论知识的类别，充分体现理论知识与教学实践相结合的科学性、有效性，使学生更好地将理论知识转化为技术实践。因此，大学生田径运动教学的开展，要始终坚持理论与实践相结合的原则，科学合理地划分田径运动理论知识的类型，充分体现出各种理论知识与各项实践教学之间存在的联系程度，使田径运动理论知识渗透于技术教学的全过程，凸显理论知识在实践中的重要性。

（三）自觉积极性原则

自觉积极性原则指的是大学生在田径运动技术的学习与练习过程中，要时刻保持高度的自觉性与积极性。田径技术主要包括走、跑、跳、投等基本动作，部分运动项目技术的复杂程度并不高，一些学生可能会因为动作技术较为简单而主动性不高；一些学生可能会在反复不断地练习中觉得索然无味，从而丧失对学习的积极性；个别学生怕苦怕累，在各种田径运动技术的练习中自觉性不足。部分运动项目技术具有复杂性，主要包括跨栏、铁饼、撑竿跳高等技术，一些学生又认为难度过高，甚至直接自我否认，从而丧失对学习的信心。上述中提到的学生的这些思想与认识，不利于学生对田径运动技术的熟悉掌握与应用，如果带着这些负面情绪去练习，无法保证学生注意力与精力的高度集中，就有可能引发伤害事故。因此，教师有必要向大学生说明与强调田径运动技术教学的作用与意义，使学生清醒地认识到参加田径运动锻炼的巨大价值，并在田径运动学习与练习中始终保持高度的自觉积极性，为田径运动教学目标与任务的完成奠定基础。

（四）循序渐进原则

循序渐进原则指的是在大学生田径运动教学中，由于田径理论知识与各项目技术难度不一，为了帮助学生更好地掌握与应用田径理论知识与技术，要遵循由简到繁、由易到难、由慢到快的原则对教学与练习内容进行合理安排。由于田径运动理论知识与相关技术比较丰富，而且知识与技术的难度也有所不同，再加之教学所需时间各不相同，这就需要教师根据实际需要安排教学程序、教学进度及教学方法等。同时，教师还要结合各个田径运动项目的特点，分清难易、分清主次、突出教学重点，有序推进各项教学活动。因此，在田径运动教学实践中，教师要遵循循序渐进的原则，根据学生实际情况设置合理的教学内容与练习内容，不断强化学生对理论知识与动作技术的认识与理解，有目的、有步骤地帮助学生学习与掌握各项动作技术。

（五）直观性原则

直观性原则指的是充分调动学生的多重感官，通过多种形式的感知，使学生更好地学习与掌握知识与技术，这一原则的提出建立在学生认识事物特点的基础之上。在田径运动教学中，为了让学生更清晰地了解各项运动项目的动作技术，教师需要为学生进行示范与讲解，充分调动学生的视觉、听觉等多重感官，在相互观摩与反复练习中有效掌握田径运动技术。因此，教师要采取多样化的教学形式，利用学生已有的知识与经验，借助于示范、图片、录像以及教具等直观手段，帮助学生更加直接地感知田径运动技术知识，形成生动直观的表象，以便更快速、准确地掌握田径运动技术。

（六）合理安排运动负荷量原则

合理安排运动负荷量原则指的是教师在开展田径运动教学的过程中，要在学生所承受范围内为其慎重安排运动负荷。田径运动教学的开展，会给学生带来生理负荷量，一定程度上影响到学生的体质。倘若运动量过小，就无法实现良好的锻炼效果，从而影响学生对运动技术的掌握。倘若运动量过大，超出学生身体承受范围之内，尤其是具有先天隐性疾病的学生，不科学的运动负荷量很容易引发各种各样的意外事故，这会对学生的身体健康造成一定的伤害。因此，教师慎重安排跑、跳、投等运动项目的练习次数、强度、组数显得尤为重要。练习的次数与强度是决定运动负荷大小的主要因素，所以，教师可以根据学生具体情况恰当地安排各个运动项目的运动量与强度，主要包括学生的呼吸深度、排汗量、自我感觉、呼吸、心率、面部气色、疲劳程度等情况。根据笔者多年的教学经验可知，学习各项田径运动技术时，通常要安排中小强度的运动量；在优化各项田径运动技术时，通常要安排中等强度以上的运动量；在检查各项田径运动技术时，通常安排大强度的运动量。

（七）巩固性原则

巩固性原则指的是为了深化学生对各项田径运动技术的理解，需要通过学生反复练习的方式以进一步巩固自身对技术的掌握，并加强对技能的运用。田径运动技术教学具有一定的特殊性，既要学生用脑记忆相关技术理论知识，还需要学生通过各种肢体动作感知各项技术动作的正确路线、空间以及动作节奏。相比于单纯地记忆理论知识，用肌肉本体感知技术动作的难度更大，它需要学生通过肌肉本体反复不断地练习来达到巩固的目的，同时适时、适当地引入课堂提问、模拟比赛、技术考核、正误技术对比等多种方式来有效落实巩固性原则。

（八）身体全面发展原则

身体全面发展原则指的是田径运动教学的开展要真正促进学生身体素质的全面发展。由于田径运动项目比较丰富，教师在实际教学中要科学地安排各个运动项目，促进学生上下肢及全身的全面均衡发展，如利用投掷项目锻炼学生的上肢力量，利用跑跳项目锻炼学生的下肢力量。倘若学生身体素质无法得到均衡发展，就会导致学生某方面身体素质过于突出，其他方面素质过于薄弱，从而对学生身体健康发展造成不良影响，也与体育美育的要求与观点相违背。例如，部分学生偏爱发展力量的田径运动项目，不愿意参加耐力型田径运动项目，久而久之，就会导致学生肌肉非常发达，但是心肺功能比较薄弱。

总之，教师应当充分认识与理解上述几项教学原则的含义，全面了解与掌握田径运动教学的每个环节、每个过程，认真遵循每项教学原则中的具体要求，并熟练掌握在实际运用中的具体做法，使各项教学原则在教学过程中有机结合起来，为高效率完成田径教学目标与任务提供保障。

第二节 大学生田径运动多样化教学模式

一、基于多元智能理论的大学生田径运动教学模式

（一）多元智能理论的内涵

19 世纪，英国教育家、哲学家赫伯特首次将智力这一术语引入科学心理学范畴，随后，心理学领域便掀起了一股探索智力理论的热潮。传统智力理论对智力做出如下定义：有效解决问题、探寻特定问题的答案以及快速学习的能力。美国教育心理学家加德纳对传统智能进行了进一步完善与丰富，提出了多元智能理论，强调智力是解决生活中实际问题的能力，以及创造满足社会发展需要的实用性产品的能力。多元智能理论的内涵主要体现在以下两方面。

一方面，人脑拥有不少于 9 个"智力中心"。加德纳在进行了大量实验研究的基础上提出，目前能够确切证实的智力共有九种，分别为语言智能、数学智能、人际关系智能、空间智能、运动智能、存在智能、节奏智能、自然观察者智能以及自我认识智能。[①]加德纳强调，对于每个人而言，上述九种智力潜能是与生俱来的，在这些智能的挖掘与培养方面，教育与环境起着至关重要的作用，每种智能都可以采取合理的教育与训练手段上升到更高的水平。[②]不同个体之间之所以在智力方面存在差距，主要是因为智能的组合有所不同，一个人的某一智能比较突出，但并不代表其他智能也能达到相同程度。教育的起点并不在于个体的聪明程度，而是在于如何变得聪明，以及在哪些方面可以提升个体聪明的程

---

① 钟志贤 . 多元智能理论与教育技术 [J]. 电化教育研究，2004（03）：7-11.

② 柳世玉 . 霍华德·加德纳教育思想研究 [D]. 哈尔滨：哈尔滨师范大学，2016：1-10.

度。多元智能理论之所以在教育界备受关注，主要是因为它从心理学视角出发，论述了学生在智力方面存在的与生俱来的差异性，不同学生的心理倾向并不相同，智力也有所差异，但都有自己的智力优势，在某一方面具有突出表现，拥有自己的学习风格。因此，加德纳所提出的多元智能理论，对于整个教育领域都具有十分深远的影响，大学生田径运动教学也不例外。

另一方面，九种智力存在着十分密切的联系，而且往往是有一个主要或次要的智力。加德纳提出，每个人几乎都拥有至少九种智力，但由于受到遗传因素、外部环境等的影响，使得各种智力在个体身上的表现程度存在差异。例如，运动智能强的人往往对运动、操作感兴趣，有助于对动作技能的快速掌握；人际关系智能强的人往往喜欢参加群体活动，善于沟通，乐于交际。在获取重要信息的过程中，个体可能主要使用的智力只有一种，但正如"高树靡阴，独木不林"所说的那样，在完成某件事时，其他智力也需要共同参与其中。

（二）基于多元智能理论的大学生田径运动教学模式的创新思路

1. 数学逻辑智能

田径运动教学的重要任务之一就是向大学生传输田径运动知识，主要包括培养学生对演绎法与归纳法的应用能力，鼓励学生提出一个悬而未决的问题，以及引导学生以动作方法为依据深层次理解技术动作等。这样的教学过程对学生推理能力的提升起着促进作用，有助于进一步提高学生的数学逻辑智能。

2. 身体运动智能

在学生展示自己经验中的学习内容时，动作示范的方法能够起到非常显著的学习效果。在具体教学中，教师可以针对一些基本知识与技能，设计特定的教学过程，如在跨栏教学过程中，鼓励学生扮演教师的角色，对课堂教学场景进行模拟，点燃学生在课堂上的热情，全神贯注地学习与理解相关技术动作，从而更透彻地理解跨栏跑理论知识与技术动作。

3. 空间智能

直观教学是开发学生空间智能的一项最直接的手段。在大学生田径运动教学中，采取直观教学方法传授知识与技能，留给学生的印象会更加深刻与清晰。形象的肢体语言、师生之间与生生之间的对话，能够让学生更加投入地学习，有助于培养学生对田径运动的学习兴趣。教师还能借助图片、电影、投影等多种辅助教学工具，帮助学生更轻松地理解文本内容。

4. 自我内省智能

在田径运动教学过程中，教师要有意识地激发学生的意识认知资源，引导学生更好地理解学习任务和策略，并自觉去理解自己的智能活动，对自身的习惯进行合理规划、监控与调整。教师也要为学生布置一些作业，有效监督学生的言行，使学生进一步明确自身的优势与不足，并科学积极地完善自我。

5. 自然环境智能

培养学生自然环境智能的主要任务在于通过设置自然环境与生态系列主题，组织学生学习与自然环境相关的基础知识，为学生分享与共同探讨田径体育报道。由此一来，能够引导学生将所学的田径运动理论知识应用到实际生活中。

6. 人际交往智能

语言解释能力对于大学生未来生活与工作尤为重要，特别是对于将来从事中小学体育教师这一职业的体育师范生来说。而合作性学习正是发展大学生人际交往智能的有效渠道。教师组织一系列合作性学习活动，不仅能促进师生、生生之间的情感交流，还能培养学生的合作意识，挖掘学生学习田径运动知识与技能的新思维，让学生把田径运动学习当成一件乐事。

（三）多元智能理论指导下大学生田径运动教学模式的构建

1. 树立多元田径运动教学理念

在大学生田径运动教学中，如果教师不重视对学生运动情感与情绪的培养，不考虑学生的学习兴趣以及在学习过程中的真实感受，就可能导致学生对田径运动课程产生排斥情绪，这与田径运动教学的人文教育价值理念是背道而驰的。多元智能理论强调教育要尊重每一个学生，为他们提供同等的学习机会，为全体学生取得最终成功做好充足的教学准备。因此，教师要摒弃陈旧落后的田径运动教学理念，树立多元教学理念，力争让人人都能获得成功的体验感。

2. 以发展学生多元智能为标准设置教学目标

传统大学生田径运动教学将知识与运动技能的传授作为设定教学目标的标准，这样的教学目标具有单一性。基于多元智能理论的指导，教学目标的确立应当突出多元化的特点，教师应当指导学生找到适用于自己智能特点的学习途径，并做到教学与社会需求相接轨。2021年6月，教育部印发了《〈体育与健康〉教学改革指导纲要（试行）》，明确提出了体育教学改革的四大目标，分别为享受乐趣、增强体质、健全人格以及锤炼意志。[①] 大学生田径运动教学应当迎合体育教学改革的方向，教师要巧妙利用多元智能理论这一工具对田径运动教学的实施进行指导，为每位学生制定个性化的教学方案，不断拓展与延伸学生的发展空间。

3. 田径教师转变角色找准定位

在多元智能理论视域下，大学田径教师不再仅仅是传授田径知识与技能的教书匠，更是学生才能的发现者与激发者，教师要有一双善于发现的眼睛，帮助学生找到适合自己的发展方法，做学生学习的促进者、

① 教育部办公厅.教育部办公厅关于印发《〈体育与健康〉教学改革指导纲要（试行）》的通知[EB/OL].（2021-06-30）[2022-11-15].http://www.moe.gov.cn/srcsite/A17/moe_938/s3273/202107/t20210721_545885.html.

协助者。基于多元智能理论的指导，大学生田径运动教学开展的主要目的是在充分发挥每一位学生的优势智能的前提下，帮助学生进一步发展自身的弱势智能，这就需要教师拥有多元智能素质结构，进而采取个性化、多元化的教学方式。另外，教师还应该积极发现自身的智能优势，并积极引入现代化教学手段，构建个性化、多样化、差异化、特色化的教学体系。

4. 积极开发大学生田径运动教学资源

高校在为大学生选择田径运动教学内容时，不能只注重培养学生单一的身体运动智能而忽视学生其他方面的智能，高校应为学生挑选并精心设置多元化的教学内容。根据多元智能理论可知，人的智能结构由九种智力要素构成，每位学生的智能特点均有所不同，在多元化教学目标的指导下，田径运动教学内容也应该进行相应的优化，由单一枯燥的教学内容转变为可选择性高、丰富多样的教学内容，这样不仅能有效贯彻落实多元智能理论，还能更好地发展学生的多元智能。

5. 采取灵活多样的教学方法

随着课程改革的不断深入，强调实施有针对性的个性化教育，而不是使用统一规格进行教学，由此，教师获得了更大的主动性，即教师可以在一定程度上自由支配田径教学，运用灵活多样的教学手段与方法。大学田径教师要树立创新理念，积极创新教学方法，根据学生的个体差异灵活选择正确的方法实施教学。而多元智能理论恰好为大学生田径运动教学方法的创新提供了科学的理论依据。多元智能理论肯定每一位学生的潜力，并强调关键在于如何有效开发学生的潜力。加德纳认为，促进孩子良好发展效果最显著的教育方法就是为他们提供一个尽情施展才能的地方[①]。因此，教师应当秉承创新教育的思路，设计具有较强针对性

---

① 王慧,徐莉.加德纳多元智力理论对教师教学的意义[J].教师教育论坛,2014,27(1):90-93.

的教学方法，积极引导与帮助学生发现问题和解决问题，不断提升学生发现并解决问题的能力。

6. 树立科学的评价观，体现多元性与发展性

基于多元智能理论的指导，教学评价应立足于学生日常生活与学习的具体表现，以真实、情境化的信息为依据进行客观评价。加德纳强调，"以人为本"的评价应当包括四个方面，其一是标准参照评价；其二是基准评价；其三是真实性评价；其四是自比评价[①]。

基于多元智能理论的指导，大学生田径运动教学评价也要有针对性地进行完善，首先，评价主体多元化。评价主体不应该只有田径教师，要引导学生、家长等主体都参与到评价中，由单一的评价主体转变为多元评价主体。其次，评价内容体现多元化。田径运动教学的最终成绩不仅包括理论成绩，还包括实践成绩。最后，应采取多元评价方式，让多种评价方式优势互补，发挥评价的功能与效用。

二、趣味田径教学模式在田径运动教学中的应用

趣味田径是一项国际田联推广的运动，主要是根据学生的心理与心理特征，通过运动游戏的愉悦性、趣味性特点吸引更多的学生主动参与到田径锻炼中。趣味田径项目主要包括障碍接力跑、平地接力跑、个人趣味赛跑以及双人趣味赛跑等。

（一）趣味田径对大学生的积极影响

趣味田径的开展对大学生的学习、健康具有积极的作用，如图 2-3 所示。

---

① 加德纳. 多元智能新视野 [M]. 沈致隆，译. 杭州：浙江教育出版社，2021:77-81.

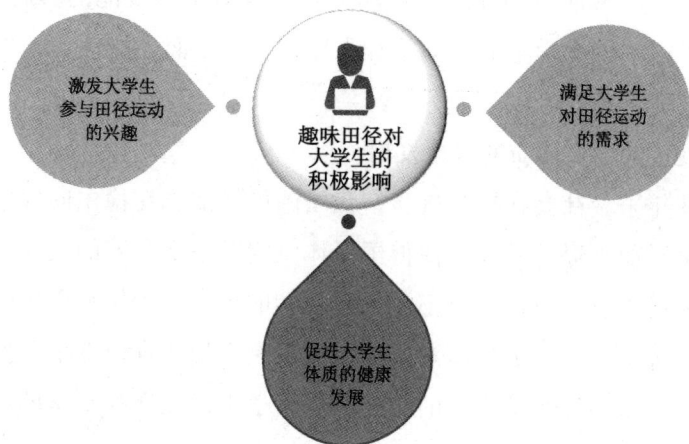

图 2-3 趣味田径对大学生的积极影响

1.激发大学生参与田径运动的兴趣

一项有关大学生对高校各项体育课程的爱好程度的调查结果显示，田径课程的排名相对靠后，选择田径课程的大多数学生都是因为未抢到喜欢的或学分不足①，这种情况容易使大学生对田径课程产生负面情感或情绪，对田径运动最终的教学质量与效率产生直接的影响。而通过引入趣味田径教学模式，借助于功能多样的器材以及丰富的比赛形式，将大学生注意力有效集中起来，有助于激发学生对田径课的兴趣，点燃学生参与体育课程的欲望。

2.满足大学生对田径运动的需求

在具体的田径运动教学实践中，部分大学生在田径课中的积极性并不高涨，但是大学生对体育锻炼也有着强烈的需求，因为他们或多或少都承受着学习压力，情绪有时候处于不稳定状态，所以大学生的生理成长必须依靠适当地体育锻炼。通常情况下，体育课是大学生进行体育锻炼的主阵地，利用课余时间主动锻炼的大学生并不多。而引入趣味田径

———————
① 李文豪.试论趣味田径对高校田径的积极影响 [J]. 田径，2020（11）：29-31.

教学模式，能够使教师通过游戏的方式完成对田径技能的讲解与传授，一方面可以减少大学生的运动量和强度，另一方面还能使大学生的生理需求得到满足。

3. 促进大学生体质的健康发展

近些年来，社会在持续进步，我国国民经济也在稳中向好，人们物质生活水平稳步提升，这也使得国民体质问题备受大家的关注，保证人民的身体健康也是习近平总书记经常强调的事情。少年强则国强，少年进步则国进步。大学生身体素质的提升也是高校体育教育事业发展的必然要求。趣味田径教学模式的构建，为大学生田径运动教学的创新提供了全新的思路，不仅能提高大学生参与田径运动的参与度，促进学生身体素质的提升，还能满足国家发展的需要。

（二）趣味田径教学的基本原则

趣味田径教学的开展需要遵循四大原则，如图 2-4 所示。

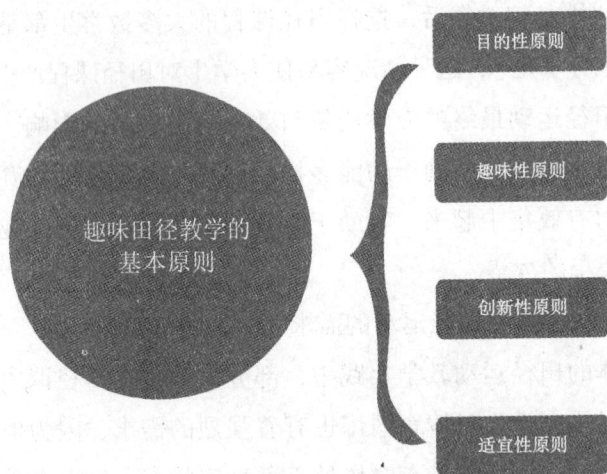

图 2-4　趣味田径教学的基本原则

1. 目的性原则

趣味田径教学是一种以学生为中心的教学模式，主要目的在于增强学生身体素质，满足学生身心发展的需要。因此，教师在设计趣味教学活动时，要充分结合大学生的实际特点，组织与大学生生理、心理状态相符的趣味教学活动，不断强化田径运动教学的思想性、教育性。

2.趣味性原则

在趣味田径教学活动开展的过程中，趣味性是最突出的一个特征，过于枯燥、单调的教学模式难以勾起学生的学习兴趣，所以教师要坚持趣味性原则，引入一些趣味性、新颖性的教学内容，吸引学生学习与锻炼的兴趣，使学生获得更加愉悦的锻炼体验。

3.创新性原则

为了提高趣味田径教学的吸引力，教师要积极迎合大学生求变的心理特征，使田径教学与学生心理需求产生更高的契合度，吸引学生在田径学习与锻炼过程中的注意力。因此，在实际田径运动教学中，教师要坚持创新性原则，全面掌握体育、文学、娱乐等方面的动态，采取新颖、创新的手段提高趣味田径教学的吸引力。

4.适宜性原则

在趣味田径教学过程中，教师要从学生实际情况出发，结合学生当下的身心特点实施教学，同时要充分考虑学生所能承受的运动负荷，不断强化学生体育锻炼的效果。因此，教师在开展趣味田径教学时，应该科学合理地安排运动负荷，在追求趣味性的同时要考虑学生运动的强度与次数等，避免学生出现过度疲劳的现象。

（三）趣味田径教学模式在田径运动教学中的应用路径

1.营造良好趣味教学氛围，提高田径运动教学吸引力

为了保证趣味田径教学模式的有效落实，教师首先要积极转变教育观念，充分认识到趣味田径教学模式的作用与价值，积极采用趣味田径教学模式开展教学活动，为趣味田径教学的有序推进提供保障。然而，只是树立趣味田径教学理念还远远不够，还需要不断拓展趣味田径的实

施范围，为趣味田径教学的开展营造良好的氛围和提供环境支持。为此，高校还应该更新完善田径教学设施，为趣味田径教学活动的开展提供充足的教学设施，如标准的橡胶跑道、完善的跨栏、铅球以及标枪等器材。

其次，学校还应该开发一系列户外挑战节目，点燃学生参与田径课的热情与兴趣，利用具有挑战性、趣味性的田径运动项目吸引学生。高校不能将田径运动教学场地限制在校园内，要根据学生的好奇心，组织学生参与一系列拓展训练。对于大学生而言，户外活动兼具趣味性、新颖性和创意性，能够充分满足学生的兴趣需求。因此，高校不能将大学生禁锢在跑道上进行长期训练，可以定期组织大学生前往野外场所开展挑战赛，提升学生对田径运动教学的接受认可度。

2. 设置趣味化田径游戏，促进学生自主参与训练

在大学生田径运动教学中，单一枯燥的教学内容无法使学生产生新鲜感，难以引起学生对田径运动的注意与兴趣。因此，田径教师要根据学生当下的生理状况、心理变化及精神需求，转变教学模式，积极引入趣味化教学，提高学生参与学习与锻炼的自主性。

以传统田径运动项目为基础，教师可以增加一些趣味十足的游戏，有机结合体育锻炼与游戏，在落实趣味田径教学的同时，活跃课堂气氛。教师可以选择一些负荷小且简单有趣的游戏，使学生逐渐恢复安静并更快地投入学习状态。例如，"鼻子、嘴和眼睛"的小游戏，要求学生根据教师说出的名称快速指出自己的相应器官，由于游戏节奏比较快，部分学生极易出现错误，进而引起其他学生的笑声，在欢声笑语中学生们也就不知不觉放松了下来。在此之后，教师可以组织学生进行一些以智力竞赛、舞蹈动作为主的休闲体育游戏，如"排版""构词"等智力竞赛或模仿动物动作的游戏等，这样的体育游戏不仅容易组织，还蕴含丰富的教育因素，有助于维持学生的兴趣，使学生在愉快的氛围中结束田径运动课程的学习，很好地缓解田径运动带给学生的紧张、疲劳、兴奋的情绪，确保学生能够以更佳的身心状态投入其他课程的学习中去。

3.设立田径联赛制度，增强学生竞争意识

田径竞赛虽然是一种比较传统的方式，但具有与众不同的显著优势，是激发大学生主动参与田径运动的重要手段。在大学生田径运动教学中，为了真正调动学生的学习积极性与主动性，贯彻落实趣味田径教学理念，高校领导与体育教师必须团结起来、形成合力，创建完善的田径联赛体系，保留传统田径竞赛模式的精华部分，积极探索与引入单双人趣味跑、多人接力、障碍接力等新模式，提高田径竞赛模式的系统性和整体性，吸引学生积极参与到田径运动中去。

高校可以采取竞争性竞赛的比赛形式，实行大联盟制。以一学年为周期组织一次比赛，将田径比赛作为桥梁实行积分制，根据总积分从高到低进行排名，对表现突出的群体或个人给予适当的物质或精神奖励。在这个联盟体系当中，大学生可以扮演多重身份，既能当竞争者也能当志愿者，保证全体学生都可以真正参与到田径活动中，成为比赛的重要组成部分。由此一来，通过构建完善的田径联赛体系，不仅能增强大学生的集体荣誉感与团队合作能力，还能使大学生在轻松愉悦的氛围中得到有效锻炼，积极参与各项田径活动，增强大学生的竞争意识，充分满足大学生的竞争心理与表现心理，为学生提供施展自己优势的舞台。

三、线上线下混合式教学模式在大学生田径运动教学中的应用

为了迎合时代的发展，线上线下混合式教学模式已经逐渐与大学生田径运动教学融合在一起，随着社会信息化进程的不断加快，当代大学生能够轻松、快速地掌握与应用信息技术，甚至比教师还要略高一筹，所以，混合式教学模式将成为大学生田径运动教学的常态化。

（一）线上线下混合式教学模式的优越性

线上线下混合式教学是将线上教学与线下教学两种教学模式有机结合到一起实施教学，依托网络平台的资源高效解决教学实践中遇到的各种困

难的一种教学模式。线上教学与线下教学两种教学模式相互依赖、相得益彰、相互影响、相互促进，为教师教学、学生学习提供了极大的便利。线上线下混合式教学模式的优越性主要体现在以下几方面。

1. 为学生提供多样化学习资源

目前，我国已有诸多高校创建了体育线上课程，田径教师可以通过线上教学平台下载并借鉴教学资源，如专项优秀运动员的动作视频、名师讲座等，在这些教学资源的协助下完成授课任务。大学生通过观看视频、动画、音频等丰富的素材，能够在脑海中形成正确的田径动作的动态过程，有助于提高学生技术动作的规范性，同时，依托线上学习平台，每位学生都会拥有平等的教育机会，享受到更加优质的教育。

2. 充分调动学生学习的积极性

网络教学是调动学生学习积极性的一种创新性教学方法。混合式教学模式集多种表现形式于一体，主要包括视频、动画、图片、文字、音频等，具有一定的创新性，不仅能利用优质视频引导学生模仿动作，还能利用直观形象的图片对关键动作点进行分析。这种新颖、有趣的教学模式不仅能消除学生对田径运动的恐惧与厌倦情绪，还能激发学生的学习兴趣，充分调动学生参与田径锻炼的积极性。

3. 帮助学生感悟各动作环节的技术要领

在大学生田径运动教学中，部分技术要领极其重要，特别是技术含量高的跳远、跨栏、背越式跳高等田径项目。对技术要领的学习与掌握需要反复不断地观察、模仿、练习与纠正，这就需要学生调动多重感官，特别是视觉感官。在实际教学中，如果单纯依靠教师动作示范的方法，受到身材、年龄及自身技能水平等因素的影响，学生所做动作要想达到规范化程度还存在很大的困难。而通过混合式教学模式，教师可以为学生提供高水平优秀运动员的动作视频，学生可以选择反复播放、慢动作播放等方式进行参考学习，进而更直观、深入地领悟各动作环节的技术要领，也能很好地解决教师教学中面临的技术方面的难题。

4.便于师生之间的沟通学习

在混合式教学中，教师能够依托网络平台为学生安排课前学习任务，教师与学生、学生与学生可以围绕学习中存在的疑惑进行激烈地讨论，进而集思广益、创新思维，有助于提升学生的自主学习能力。与此同时，针对学生在网上提出的各种疑惑，教师可以及时归纳总结各个问题，并在线下授课的过程中为学生答疑解惑，并专门讲解课程的重难点内容，从而全面提高学生的学习效率。

（二）线上线下混合式教学模式在大学生田径运动教学中的应用路径

在线上线下教学模式构建之前，学校首先需要搭建一个教学平台，随着技术的不断发展，目前教学平台的选择比较多，且技术相对比较成熟，如互联网的云教育平台、优户 O2O 系统，高校田径运动教学可以直接购买使用，并不需要投入大量资金重新开发，有效节省资金成本。线上线下混合式教学模式在大学生田径运动教学中的应用路径如图 2-5 所示。

图 2-5　线上线下混合式教学模式在大学生田径运动教学中的应用路径

1.课前线上教学与资源共享

首先，在田径运动教学正式开始之前，教师可以将优质的教学资源上传并推送至线上教育平台中，主要包括课件、文字、图片、视频等，其中，文字与图片内容以对技术动作的讲解及肌肉运动的构造图、补充营养图为主；视频内容以优秀运动员比赛视频、对各项技术动作的详细讲解为主。

其次，从基本技术角度来看，大学生田径运动教学内容主要包括蹲踞式起跑、站立式起跑、跨栏跑、俯卧式跳高、跨越式跳高、原地推铅球、滑步推铅球等。从体能训练角度来看，大学生田径运动教学内容主要包括中长跑、越野跑、负重蹲起、各种投掷物掷远练习、实心球练习、各种姿势的跳跃练习等。教师可以针对不同项目的练习，为学生提供高质量专题教学资源，便于学生利用课余时间研究各项田径运动基本技术及体能训练的要领。

最后，在学生的学习方式上，采取集中制与分散式教学相结合的方式。针对必修教学内容或部分重点内容，教师可以利用线上教学平台进行集中讲授或播放视频；针对选修内容，学生可以结合自身兴趣爱好进行学习。这种学习方式打破了班级与班级之间的界限，以技能目标为导向，让不同班级的学生共同学习同一运动技能，如高校可以将蹲踞式起跑、站立式起跑等动作技能设置为必修内容，并组织学生集体学习，同时专门安排一名教师在线上教学平台详细讲解与传授相关技术动作要领；高校可以将推铅球、跳高、跳远、扔手榴弹等动作技能设置为选修内容，并安排多名教师分别在线上教学平台进行详细讲授。

2. 课堂线下教学与师生合作

学生根据自己在课前线上选择的教学方式，可以在线上教学平台选择相应的选修项目与喜欢的教师，甚至可以在与教师沟通的基础上选择适合的时间段进行学习，在条件允许的情况下，学校还能为学生提供线上选择训练场地的机会。在线下授课正式开始之前，教师需要进一步明确田径运动的教学目标，并积极引导学生对线上学习的技术动作进行演示。具体步骤如下。

首先，在线下正式上课之前，教师需要分步骤讲解并详细演示相关标准技术动作，并及时纠正学生的不规范动作与错误动作，如跳高动作中的大腿带小腿动作、助跑动作、低头屈肩伸膝动作等。

其次，根据学生技术动作的出错类型，教师需要将学生划分到若干个不同的小组中，并与不同小组的学生共同练习技术动作，用规范、标准、正确的技术动作有效纠正学生的错误。这一教学环节尤为重要，因为教师不仅要纠正学生动作的错误点，还要借机锻炼学生的观察能力、分析问题的能力以及纠正错误的能力。

最后，教师可以组织不同小组的学生建立合作关系，共同练习与交流技术动作，以相互提醒、相互监督的方式，更好地巩固学生对正确技术动作的掌握。

3.课后延伸教学与优化归纳

在课后环节，教师需要总结归纳线上与线下授课过程中出现的各种问题，并制作技术要点归纳图，附上注意事项，最后上传至线上教学平台，与学生分享教学经验。同时，教师也能组织学生观看专业田径运动员的比赛视频，并鼓励学生评析运动员的动作，加强教师与学生、学生与学生之间的交流与互动。另外，教师还可以根据线下学生学习的具体表现，通过线上教学平台与表现不积极的学生展开深入交流，了解他们的问题，并及时进行跟踪辅导。通过一对一辅导、多对多交流的方式，有助于调整与完善教学过程，增强田径运动教学的效果。

四、多媒体技术在大学生田径运动教学中的应用

（一）多媒体技术的基本概念与特征

1.多媒体技术的基本概念

多媒体技术指的是以计算机技术为支撑把语言文字、视频、音频以及数据等多种媒体信息综合一体化，使不同媒体信息之间建立起逻辑联系，并可以进行有效加工处理的技术。多媒体技术作为一门跨学科的综合技术，主要包括音频和视频技术、人工智能和模式识别技术、数字化

信息的处理技术、通信和图像处理技术以及计算机硬件和软件技术等。

2. 多媒体技术的特征

多媒体作为一门具有较强综合性的高新技术，着重强调交互式综合处理多种信息媒体。因此，多媒体技术的显著特征体现在信息载体的多样性、集成性、实时性以及交互性（见图 2-6）。其中，集成性是多媒体技术的主要特征。

多样性　　　　　　　　　　集成性

多媒体技术的
特征

交互性　　　　　　　　　　实时性

图 2-6　多媒体技术的特征

（1）多样性。多媒体技术的多样性特征指的是信息媒体的多维化或多样化，主要包括文字、图像、声音、活动影像、动画等。

（2）集成性。多媒体技术的集成性特点主要体现在两个方面，一方面是硬件集成，形成复杂性、综合性的多媒体系统。这里不只是涉及音频、视频、图像等多种多媒体元素的获取、存储、组织与合成等设备，还涉及各种处于领先地位的压缩、解压缩技术的硬件设备。另一方面是软件集成。在未来，多媒体软件系统将基于一个软件平台，各种各样的多媒体软件能够集成到同一个多媒体软件平台上，并分别控制各种多媒体硬件设备，有效地处理与管理各种多媒体信息，实现信息的交互传递。基于软件平台的支撑，与多媒体信息有关的各种操作能够更加顺利、高效地完成，有助于增强多媒体技术的应用效率与效果。

（3）实时性。当多媒体集成时，其中的运动图像、声音均与时间存在着十分密切的联系，所以，为了有效地传递图像与声音，多媒体技术必然要具备实时处理的功能。以视频会议系统为例，这是一个多媒体软件应用的实际存在的例子，要求图像与声音的传输必须始终处于同步状态。

（4）交互性。交互性是多媒体技术的一项关键特征，指的是用户与计算机之间在控制权、媒体以及数据方面进行交换的一种特性，为用户提供了更好地控制与应用信息的有效手段。

（二）多媒体技术在大学生田径运动教学中的作用

相比于普通教学，多媒体教学在大学生田径运动教学中有诸多优势，主要体现在以下几方面，如图2-7所示。

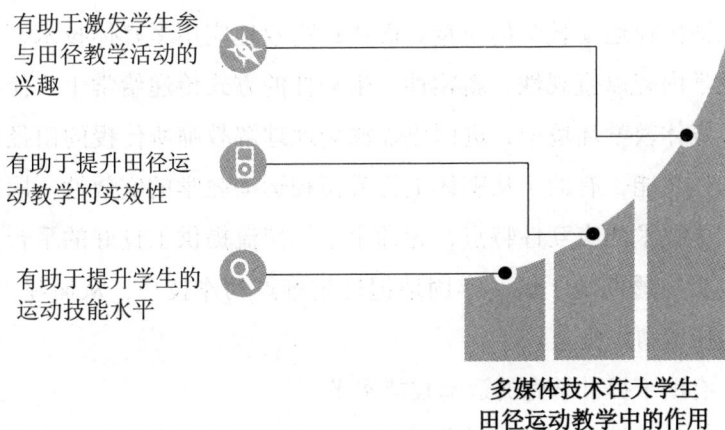

有助于激发学生参与田径教学活动的兴趣

有助于提升田径运动教学的实效性

有助于提升学生的运动技能水平

多媒体技术在大学生田径运动教学中的作用

图2-7　多媒体技术在大学生田径运动教学中的作用

1.有助于激发学生参与田径教学活动的兴趣

培养学生参与田径教学活动的兴趣，对于田径教学质量与效率的全面提升具有积极的影响。随着时代与社会的发展，传统教学模式已不能完全满足学生的个性化需求及激发学生的学习兴趣，创新传统教学模式势在必行。将多媒体作为辅助教学工具合理地应用于各种田径教学活动中，不仅为传统教学模式的创新提供了全新的思路与方向，还能利用其具备的多样化特点，更好地培养并增强学生的学习兴趣，使学生的注意力转移至田径教学活动中。因此，教师在组织田径教学活动时，要注重对多媒体技术的运用，利用生动性、直观性的视频、音频以及图片等资源，激发学生的学习兴趣，帮助学生更熟练地掌握各项田径运动技能。

2. 有助于提升田径运动教学的实效性

多媒体教学资源的有效应用，需要体育教师全面收集与精心挑选相关课件资料，并全面整理所收集的课件资料，经过一系列的编辑制作出完整的教学课件，进而提高教学内容的新颖性、直观性，提高田径运动教学的实效性。例如，在没有引入多媒体技术之前，教师在讲解某些田径运动的基本动作技能时，单纯地运用语言表达很难达到理想的效果，难以保证田径运动教学的质量。而通过高效地应用多媒体技术，教师可以将教学内容以直观性、新颖性、生动性的方式传递给学生，使学生置身于多媒体教学环境中，进而更加深刻地理解教师所传授的田径运动的基本动作技能，有助于从整体上提升田径运动教学的实效性。同时，利用多媒体技术的交互性特点，为师生顺畅交流提供了良好的平台，有助于学生更加透彻地了解、牢固地记忆重难点动作技巧，从而建立正确、完整的技术动作概念。

3. 有助于提升学生的运动技能水平

田径运动涉及的技术动作繁多，其中还包含很多复杂性、难以讲解的动作，无形之中增加了整体教学的难度，即便是教师亲身示范往往也无法取得预期的效果。而多媒体技术的出现与应用为这一问题的解决提供了有用的思路，它能提供给学生生动、形象的视频或动画，帮助学生更深刻地理解教师所讲授的内容，进而更加熟练且牢固地掌握田径运动的技术动作。在田径运动教学中，倘若学生无法形成清晰具体的运动表象，将对学生有效掌握相关动作技巧产生不利影响，而在多媒体技术的协助下，教师可以为学生呈现出生动、清晰的运动视觉形成过程，使相关动作的形象深刻地印在学生脑海中。这样一来，在接下来的田径运动训练中，学生就能将脑海中记忆的动作表象通过实践呈现出来，进而更有效地掌握运动技巧，逐步提升运动技能水平。

（三）大学生田径运动多媒体教学模式的构建

在大学生田径运动教学中，应当找准教学与多媒体技术之间的结合点，向内推动大学生田径运动教学的创新、改革与发展，向外加强教师对多媒体技术的应用能力，积极推广现代化教学手段，充分发挥多媒体技术的作用。

1. 教育决策部门与高校应充分重视田径运动教学

为了进一步推广多媒体技术的应用范围与程度，首先，教育决策部门与高校需要从教育经费投入层面入手，充分保障多媒体辅助教学手段的有效应用，在条件允许的情况下积极配备高水平的硬件设备、软件材料，根据现有的多媒体电教室情况，制定合理的使用方案。其次，在田径课程设置方面，应该将理论课与实践课有效地结合到一起，充分利用多媒体设备。例如，在田径运动训练场所安装多媒体设备，使理论课与实践课合二为一，提高电教设备资源的利用率。最后，在教师专业发展角度来看，高校要积极鼓励田径教师进行调研，重视各种调研机会，进一步拓展制作多媒体课件的视野，不断挖掘与发挥多媒体设备的多样化功能，更好地服务于田径教学，为田径教学模式的优化奠定基础。

2. 利用多媒体技术解析学生运动锻炼的不足之处

多媒体技术可以将概念性、难理解的东西转换为直观性、生动性的视频或动画，并呈现在大众的视野中，帮助人们深刻地理解与认识概念内涵。因此，高校田径教师可以借助于多媒体技术，将田径运动技能转换为视频或动画等生动直观的形式呈现到学生面前，加深学生对相关概念知识的理解与认识。一般情况下，教师借助于多媒体技术，能够全方位、完整地演示出一套田径运动技能动作的全过程，使学生一边观看、一边模仿，最终高效地掌握相关田径运动的技能动作。

另外，多媒体技术具有视频影音播放的功能，教师可以将学生完成运动技能动作的整个过程利用摄像机工具有效录制下来，随后借助于多媒体技术的视频影音播放功能，将录制的视频内容呈现到学生面前，在必要的情况下，可以使用回放、慢放、定格播放等功能，对学生运动技能动作进行解析，鼓励学生点评自己运动技能动作的缺陷，当然，其他学生也能发表自己的意见与建议，帮助学生直观、快速地发现自己在锻炼中存在的优势与不足，为后续阶段动作技术的锻炼提供有价值的参考依据。

总之，有了多媒体技术的加入，大学生田径运动教学活动逐渐向生动化方向发展，教学过程的指导向动态化方向发展，有助于学生更加清晰地了解各项运动技能动作，并更加高效地掌握与应用这些运动技能动作。例如，教师在讲解跨栏跑、三级跳远等技能动作时，可以借助于多媒体技术，将一套完整的运动技能动作全过程演示出来，再加之教师的适时、适当地讲解，帮助学生高效地掌握相关运动项目技巧，为大学生田径运动教学质量与效率的提升奠定基础。

3. 促进田径教师专业化发展

（1）重视职业技能培训。当多媒体技术在教育领域普及与推广时，计算机硬件设备的更新与完善必不可少，但教师计算机基础知识的培训也是不容忽视的，因为教师应用多媒体技术能力的高低，直接或间接影响到多媒体技术在教育领域的普及效果。因此，学校应该加强对田径教师的计算机基础知识的培训，转变教师的思想观念，加强教师在实际操作中对多媒体技术的应用能力，充分发挥多媒体技术对田径运动教学的辅助作用。

（2）注重集体备课。优质的多媒体课件资源应该是教师集体研究、讨论的结果，是集体智慧的结晶。在集体备课与制作课件的过程中，教师围绕多媒体课件的制作进行深入探讨与研究，不仅有助于加强教师之间的交流，从而达到教师之间资源共享与相互学习的目的，还能不断丰富田径运动教学资源，提高教学手段的有效性，进一步改善教学效果。

综上所述，随着教育现代化步伐不断加快，计算机技术在教育领域中的应用越发广泛。大量实践证明，利用多媒体技术辅助大学生田径运动教学的开展具有较高的可行性，与当前阶段教育教学改革方向是相符的。借助于多媒体技术教学手段改善田径运动教学实效性还有较为广阔的空间，还需要广大田径教师永不止步于对这一领域的探索与研究，不断强化多媒体技术在田径运动教学中的应用。

第三节　大学生田径远动教学的考核评价

考核评价是大学生田径运动教学中必不可少的环节，通过科学、有效的考核评价，能够有效反馈教学信息，为教师调整与优化教学计划提供重要依据，便于教师结合实际情况完善教学方法，让教学过程变得更加科学、有序。对于大学生而言，考核评价既能帮助学生更客观、全面地了解自己对田径运动基础知识、技能及技术的掌握程度，又能对学生学习田径课程起到激励与鞭策作用，还能逐步提升学生的自我评价能力。因此，考核评价在大学生田径运动教学中尤为重要，教师必须要对考核评价予以高度重视，不断改善考核评价体系。

一、大学生田径运动教学考核评价的基本原则

考核评价的基本原则指的是大学生田径运动教学考核评价必须遵循的基本要求，主要有终结性评价与阶段性评价相结合、教师评价与学生评价相结合、客观性评价与主观性评价相结合、绝对评价与相对评价相结合，如图2-8所示。

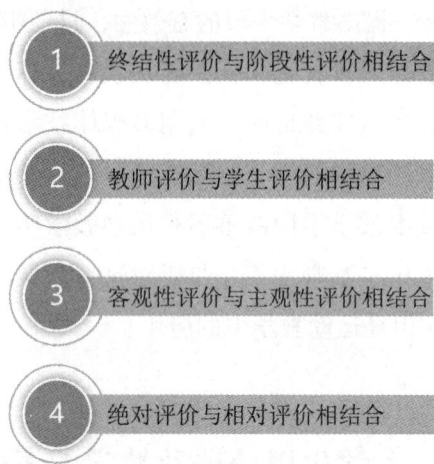

1	终结性评价与阶段性评价相结合
2	教师评价与学生评价相结合
3	客观性评价与主观性评价相结合
4	绝对评价与相对评价相结合

图 2-8　大学生田径运动教学考核评价的基本原则

（一）终结性评价与阶段性评价相结合

在田径运动教学中，对于大学生学习成绩的确定，倘若主要是在学期或学年结束时采取单一的终结性评价方式，虽然能起到"一锤定音"的作用，但是无法起到及时有效的反馈作用，难以为教师总结归纳教学经验提供及时的帮助，在教学效果的改善、鞭策学生学习方面起到的作用也不显著。而且，终结性评价的出发点在于对学生学习成绩进行多种等级评定，如优、良、中、差，身体素质良好的学生往往能获取优异的考试成绩，有可能因此洋洋得意、不求进步；身体素质相对较差的学生往往考试成绩不理想，有可能因此产生抵触、畏难等负面情绪，最终对田径运动的学习丧失自信心。

因此，大学生田径运动教学的考核评价在注重终结性评价的同时，也不能忽视阶段性的评价，将两者结合起来，将考核评价的着眼点落在学生学习全过程的不同阶段，综合运用多样化的考核评价方法，根据学生各方面的具体表现，包括学习态度、情感体验、对技术与技能的掌握程度以及体能训练效果等，对学生做出客观性的评定，并将评价结果第一时间反馈给学生，便于教师与学生有依据、及时性地调整教学方法及学习方法。

简而言之，终结性评价虽然难度不高、可操作性强，但是具有一定的局限性；阶段性评价虽然相对比较烦琐，操作起来有一定难度，但对教师及时调整与改进教学方法具有重要作用，有助于增强学生的学习效果。因此，在大学生田径运动教学中，应该将终结性评价与阶段性评价进行有机结合。

（二）教师评价与学生评价相结合

教学是师生双边活动的过程，教师与学生在教学中分别占据着主导地位和主体地位。在大学生田径运动教学考核评价中，倘若只是由教师作为单一的评价主体，很可能会导致考核评价结果带有主观偏见的问题，由于考核评价缺乏公平性而导致考核评价结果失去准确性，这不仅会在一定程度上打击学生学习的积极性，还会对学生掌握田径运动的知识、技能与技术产生不利影响。

因此，在大学生田径运动教学中，无论是教学内容的选择与设计，还是考核评价等各个环节，都必须要将学生置于重要位置，一方面要注重发挥教师的主导作用，另一方面要强调发挥学生在教学中的主体作用，利用切实可行的评价手段，因势利导，充分发挥学生的主观能动性，积极引导学生客观、合理地进行自我评价与同伴互评，保证全体学生都真正地参与到教学中。通过真实有效的自我评价与同伴互评，学生能够全面了解自身的进步与不足，有助于发挥考核评价对学生的激励与鞭策作用，使学生进行更加高效、有效的学习。这里强调的学生评价并非否认教师评价，而是应巧妙地结合教师评价、学生评价及同伴互评，对学生实际学习情况进行更加客观、公平、科学的考核评价。

（三）客观性评价与主观性评价相结合

在大学生田径运动教学考核评价过程中，部分测量指标比较容易量化，主要包括学生的身体素质、基本理论知识以及应用运动技术的熟练程度等，通常采取客观评价方法就能准确地评定出学生对知识、技术及技能的掌握情况；部分测量指标难以用量化标准进行衡量，主要包括学生的意志品质、自信心、学习态度、心理素质、行为、情感体验等，只能采取主观性评价方法。在主观性评价过程中，评价者自身素质对评价结果具有决定性影响，由于评价者学识程度、出发点不同，对评价的作用与重点的认识及理解也有所差异，极易出现差异化的倾向性，最终影响到考核评价结果。

因此，在对难以量化的测量指标进行主观性评价时，对于能够进行定量的测量指标必须定量，对于能够定性的测量指标必须科学定性，对定性的测量指标进行合理的量化，在考核评价过程中始终坚持主观与客观有机结合、定性与定量有机结合的原则，全方位评价学生的学习情况。例如，在测评学生的学习态度时，不仅可以制作态度量表进行评价，还能根据对学生相关学习情况的记录与统计数据，如考勤签到、课堂表现、课外练习次数等，较为客观地呈现出学生参与运动的程度。

（四）绝对评价与相对评价相结合

所谓绝对评价，指的是忽视个体差异，均使用统一评价标准进行的评价。所谓相对评价，指的是以个体学习的进步幅度为依据进行的评价。绝对评价通常根据学生最终技术评定与达标程度进行评分，从身体条件、技术能力两个角度来看，大学生之间存在着显而易见的差异，通常情况下，身体条件与技术能力良好的学生无须付出过多的努力就能获得优异的成绩，而对于身体条件与技术能力比较薄弱的学生而言，他们即便是做到了勤学苦练，进步幅度较大，如果没有达到相应的标准也无法取得优异的成绩。虽然绝对评价的方法简单易行，但是无法客观反映出学生在学习成绩方面的变化，很容易挫伤部分学生的积极性，不利于教学质量的提升。因此，在大学生田径运动教学考核评价中，必须将绝对评价与相对评价充分结合到一起，这样才能客观反映学生在学习中的进步幅度及教学效果的优劣，并充分调动与维持学生的学习积极性，提高大学生田径运动课程教学的教学质量。

二、大学生田径运动课程成绩考核评价的内容与方法

（一）田径运动基础知识的考核与评定

通常情况下，对大学生田径运动基础知识的考核采取笔试、口试等方式进行。在具体考核过程中，可以将开卷与闭卷有机结合起来，在开卷过程中还能选择教学设计、专题作业、课中完成答卷以及调查报告等方法；在闭卷过程中，对田径运动理论知识的考试方法已经趋向标准化发展，普遍采用以试题库自动生成试卷为主要形式的考试方法，由计算机按照一定要求自动抽题。田径运动课程试题库的编制，应该以教学要求、教学任务以及培养目标为依据，进一步明确学生需要掌握的知识点，并制订严密周到、科学合理的试题库编制计划，根据计划有步骤地进行编制，从而有力、有效地保障题目对知识与能力测试的客观性、可靠性。所有题目在存入题库之前，必须经过实践的检验，确保与特定要求相符才行。考核完成之后，教师以评分标准为依据对学生成绩进行评定。

（二）田径运动成绩的达标考核与评定

各高校需要根据本校学生实际情况确定考核项目。部分高校将田径运动普修课程考核项目设定为六大项，分别为 100 米、跨栏、跳高、跳远、标枪、铅球；将田径运动专修课程考核项目设定为女生七项全能、男生十项全能，测试标准根据田径竞赛规则实施。[①] 按照提前制订好的各项目达标标准，教师需要有计划、有组织地引导学生参加达标考核活动，按照达标评分标准对学生技术达标成绩进行科学的评定。

---

① 蒋国荣. 田径运动教学与训练研究 [M]. 哈尔滨：哈尔滨出版社，2021：21.

（三）田径运动技术的考核与评定

对于田径运动技术的考核与评定，通常采取以下三种方法，如图2-9所示。

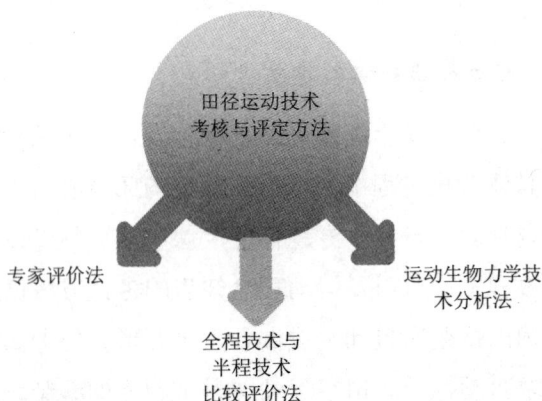

图2-9　田径运动技术的考核与评定方法

1.专家评价法

所谓专家评价法，指的是选择在各个项目中具备丰富教学经验的行家来定性评价学生的技术动作。这一评价方法具有简单易行、可操作性强的特点，是目前田径运动教学技术评定过程中使用频率最高的方法之一，但由于该方法的评定主要依靠专家们的主观经验，所以专家们的专业经验、知识水平、业务水平以及自身经历对评价结果的准确性、可靠性产生着非常重要的影响。因此，为了保证评价结果的有效性，必须保证参与评定的专家们拥有高水平的专业知识，还要具备正气凛然、正直无私的高尚品德，以及自己的独到见解。

2.全程技术与半程技术比较评价法

学生完整技术动作所表现出的运动成绩与分解技术动作所表现出来的运动成绩的差值，能够作为衡量完整技术动作效果的评价指标。

3.运动生物力学技术分析法

运动生物力学技术分析法指的是借助于各种仪器设备对运动技术的

生物力学特征进行测量，然后根据运动解剖学特点，运用运动生物力学原理分析与评价测量结果。技术动作的生物力学指标主要包括四个要素，即整个动作的时间、完成动作的速度与加速度、完成动作所发挥的力量以及身体姿势。

（四）田径运动教学能力的评定

对于体育教育专业而言，其人才培养目标主要指向的是中小学体育师资，所以，体育教育专业在人才培养过程中，不仅要传授基础知识、基本技能，还需要培养学生具备一定的教学能力。田径运动教学能力的核心内容主要有三方面，分别为田径运动教学设计能力、田径运动教学实施能力以及田径运动教学评价能力。在对学生田径运动教学能力进行评价时，不同能力有着不一样的观测点，如表2-1所示。

表2-1　田径运动教学能力的评价观测点

田径运动教学能力的核心内容	评价观测点
田径运动教学设计能力	对学生情况的了解能力
	制作教案的能力
	撰写教学文件的能力
	对田径运动教学理论的研究能力
	对教材教法的应用能力
	制定田径运动教学行为目标的能力
田径运动教学实施能力	思想道德教育能力
	安排教学步骤的能力
	讲解能力
	示范能力
	课堂组织能力
	教学应变能力
	运用现代化教学手段的能力
	纠正错误动作的能力

田径运动教学能力的核心内容	评价观测点
田径运动教学实施能力	布置场地器材的能力
	组织比赛与裁判的能力
田径运动教学评价能力	技术动作分析与评价能力
	学生成绩评定能力
	教学效果评定能力

考虑到反映田径运动教学能力的观测点比较多，实际操作起来具有一定的难度，所以，在教学实践过程中对学生教学能力的评价可以侧重于测评以下六方面，分别为制作教案的能力、讲解能力、示范能力、课堂组织能力、运用现代化教学手段的能力、技术动作分析与评价能力。

（五）学习态度与情感表现的评定

学习态度与情意表现的评定指的是以特定标准为依据，对学生在学习中出现的学业、思想、行动及个性等方面的变化进行评价的过程。在田径运动的学习过程中，学生学习态度处于动态变化状态，学习兴趣、参与程度均处于持续变化之中，如部分学生在参与某项田径运动时，起初有着十分浓厚的学习与练习兴趣，但随着运动条件与外界因素的影响，其学习与练习兴趣非常容易发生改变。因此，对学生的评价要因人而异，着眼于学生的成长过程，将形成性评价与终结性评价结合起来，加强对学生主动参与意识的评价，给予学生恰到好处的鼓励，使学生深刻地体验进步与成功的快乐，促进学生学习态度的转变。

情感作为一种特殊的主观反映，是人对客观事物是否满足自己的需要而产生的态度体验。因此，学习情感指的是学生对学习活动是否满足自身需求而产生的态度体验。评价是一种提供判断性、叙述性信息的过程，也是多个评价主体共同建构的过程。因此，对学生学习情感的评价是以获取学生学习中情感动态变化信息为目的而划定、获取及提供信息的过程，是多元评价主体共同参与的心理建构的过程。

对学生学习态度及情感表现的评价指标主要包括以下几方面，如表2-2所示。

表2-2　对学生学习态度及情感表现的评价指标

学习态度与情感表现的评定	评价指标
学习态度	田径课的出勤情况
	在田径学习中是否全身心投入
	是否积极思考，为完成目标而反复练习
	是否认真接受教师指导
	课外是否积极练习
	运动成绩与运动技术的进步幅度
情感表现	能否克服自卑、胆怯心理，在学习与练习中保持自信
	能否积极克服各种困难与障碍，勇于挑战自我，持之以恒地进行学习与练习
	能否灵活运用各种心理调节手段控制自己的情绪，有效抵制外界干扰，心静如水地进行学习与练习

对于学生学习态度与情感表现的考核，可以采取教师评价、自我评价及同伴互评相结合的方式，以提高评价结果的有效性、科学性。

三、大学生田径运动课堂教学效果的评价

课堂教学效果评价方法是否合理，对教学反馈信息价值的大小具有直接的影响。在教学系统当中，管理者、教师及学生是对教学质量影响程度最大的三个因素，因此，对大学生田径运动课堂教学效果的评价，评价人员应当包括管理者、教师及学生。由于评价人员所处地位有所不同，所以对问题的观察与分析能力也存在差异，这也就导致他们的

评价结果有着不一样的参考价值。根据田径运动教学特点，结合多年教学实践经验，管理者的评价、教师的评价以及学生的评价的权重值分别设置为30%、50%、20%为宜。[1]另外，可以进一步量化评价等级，如超过95分为"优秀"；85～95分为"良好"；75～85分为"中等"；60～75分为"及格"；低于60分为"不及格"。

四、大学生田径运动教学考核评价的注意事项

考核评价是大学生田径运动教学工作的重要组成部分，也是检验教师教学质量、学生学习情况的重要手段。为了开展好田径运动教学考核评价工作，教师需要做到以下几点：

（1）每学期开学之际，田径教师应该明确告知学生本学期考核的田径运动项目，以及相应的评分标准。

（2）在每学期开学之际，教师要向学生宣布统筹安排的各项田径运动的考核时间。

（3）田径运动成绩的考核必须提前做好充分的准备。教师要充分利用成绩考核之前的时间，组织学生加强练习，尤其要做好差生的辅导工作。同时，正式测验之前，教师要认真布置与全面检查运动场地、器材，事先准备好所有的测验用品，并保证学生在思想与行动两个层面都已做好充分的准备迎接测验的到来。

（4）田径运动成绩的考核要做到严肃认真、公开公平、严格评分，全方位保证学生的安全。

（5）做好考核评价中学生的思想品德教育工作。

（6）考核评价结束之后，教师要做好数据统计工作与考核评价总结，以便多层次、多角度分析田径运动的教学情况，为田径运动教学工作的改进与优化提供依据。

---

① 蒋国荣.田径运动教学与训练研究[M].哈尔滨：哈尔滨出版社，2021：23.

第三章 大学生田径运动训练理论与方法

第一节 大学生田径运动训练的特点与原则

田径运动项目作为我国普及率较高的运动项目之一，在高校竞技体育中占据着十分重要的地位，而且具有很高的代表性。一直以来，通过大学教师坚持不懈的努力，大学田径运动水平得到了持续性提升，培育了大批优秀的田径运动员，这离不开科学性、有效性的训练。本节内容重点阐述大学生田径运动训练的特点与原则。

一、大学生田径运动训练的特点

近些年来，大学生田径运动训练逐渐趋于科学化、规范化和系统化的发展，现已初步形成了较为完善的训练系统。通过教师与教练员对田径运动训练系统的熟练掌握与应用，根据训练系统调整教学模式，能够使田径运动教学变得更加科学。大学生田径运动训练具有三大特点，如图 3-1 所示。

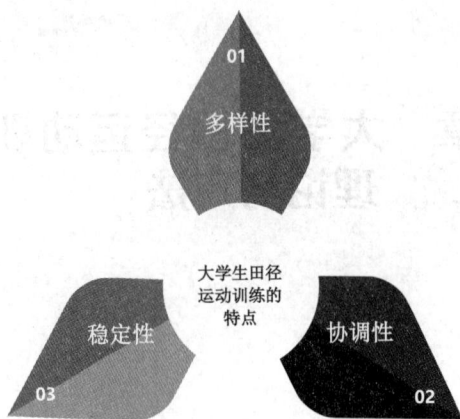

图 3-1 大学生田径运动训练的特点

（一）多样性

相比于其他体育运动项目，田径运动项目由诸多不同的项目组成。所以，根据训练中的针对性可以将田径运动项目划分为三大类：第一类是速度型的田径项目。这类运动项目的特点是需要在特定发力阶段做出高频率动作，主要包括百米短跑、百米跨栏等。第二类是快速力量型的田径项目。这类运动项目的特点是在短时间内爆发用力，主要包括跳跃、投掷等。第三类是耐力型的田径项目。这类运动项目的特点是运动强度相对较小，但运动持续时间长，主要包括长距离跑、竞走等。

（二）协调性

田径运动项目的成绩对学生的身体发展及能力训练这两方面的要求有着质的区别，学生的身体素质能力、技能水平是快速提升运动成绩的基本条件，而学生的运动成绩是决定其自身身体素质能力与技能水平之间是否协调配合的关键所在。

（三）稳定性

与其他体育运动项目相比，田径运动的动作模式与结构具有单一不变的特点，所以，在训练过程中，田径运动具有一定的稳定性，外界因素不会对其带来较大的影响。纵使随着季节气候的变化地面结构会发生相应的变化，但并不会对其造成根本影响。

二、大学生田径运动训练的原则

在大学生田径运动训练过程中，为了保证训练水平的不断提升，需要坚持一定的原则，主要包括系统负荷原则、适时恢复原则、区别对待原则、周期性原则、一般训练与专项训练相结合的原则（如图 3-2），全面考虑、精心规划训练内容与活动，不断提升田径运动训练的意义。

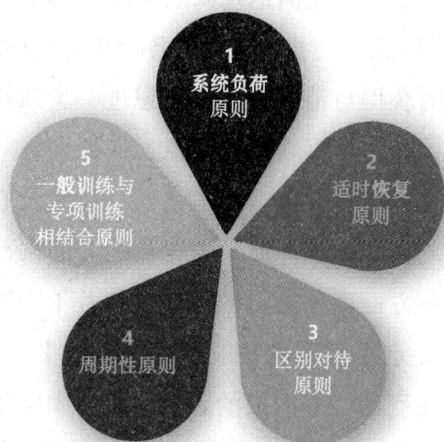

图 3-2　大学生田径运动训练应遵循的原则

（一）系统负荷原则

田径运动优异成绩的取得并非一蹴而就，需要经历系统、全面的训练，以达到提升大学生身体素质、心理、智能及技术的目的，无论因何种原因停止训练都会直接影响到训练效果的积累。即便训练停止之后再恢复，要想取得优异成绩，需要运动员投入比原来更多的时间、精力与体力，坚持持续不断的系统性训练是运动员创造良好成绩的基本要求。通过参加系统的田径训练，运动员可以获得体能、心理、技能以及运动智能方面的竞技能力，但是这些竞技能力具有不稳定性，始终处于不断变化的状态。当训练遇到问题或突然停止时，运动员获得的训练效应就会逐渐消退，甚至有可能消失。如速度、力量等素质，如果训练突然停止就会快速地消退，尤其是采取强化的力量手段获取的训练效应消退得会更加明显。当大学生通过田径运动训练提升了自身的运动技能，这就意味着他们的中枢神经系统之间成功建立了良好的暂时性联系，这种联系对骨骼、肌肉以及运动器官起着支配作用，使之相互配合完成相应的技术动作。为了有效避免技能消退现象的出现，必须要长期反复给予负荷强化上述暂时性的联系，使技术动作的各个环节协调配合。

根据运动技能的获得与消退特点，要想进一步强化训练的效应，防止运动员在体能、技能方面出现消退现象，保证训练效应的稳定性，不断提升大学生运动员的运动智能、身体素质、技术及心理能力，就需要进行持续不断、系统化的训练。大学生竞技能力的内部结构呈现出显著的层次性特点，某一方面竞技能力的高低受到若干个因素的制约，如大学生的长跑耐力发展水平受到其一般耐力发展水平、最大速度的影响，而其一般耐力水平又受到诸多因素的影响，包括大学生的下肢各关节多次承受负荷的能力、有氧代谢能力、下肢肌肉群的力量耐力以及技术等。因此，在大学生田径运动训练中，必须充分利用系统负荷原则，有效发展大学生的技能，无论是训练内容设计还是训练手段的选择，都要根据大学生身体的差异性、训练过程的层次性等进行合理安排，全面考虑它们之间的关联性，从而不断提升大学生田径运动训练水平。

（二）适时恢复原则

适时恢复原则指的是快速有效地消除大学生在训练过程中产生的疲劳，通过生物适应使机体产生超量恢复，促进机体能力提升的过程。在田径运动训练过程中，当大学生的疲劳达到一定程度时，田径教师或教练员应该按照训练计划，适时、适当地安排恢复性训练，通过行之有效的恢复手段帮助大学生及时恢复技能，以达到巩固训练效果的目的。有效的训练需要使大学生感受到一定的疲劳感，如果疲劳的程度对大学生机体造成的刺激无法达到特定要求，或者是当产生一定疲劳时就进行恢复，将很难实现理想的训练效果。反之，如果该调整时不进行及时地调整，使大学生承受过高的负荷，就非常容易引起机能劣变，对大学生的生理与心理造成一定的伤害。

因此，在大学生田径运动训练中，必须坚持适当恢复原则，教师或教练员要抓住时机，准确把握训练达到什么程度该"歇"，疲劳达到什么程度该"调"，为取得理想训练效果奠定基础。具体来说，适当恢复原则可以从以下两方面入手：一方面，在训练过程中引入一些有节奏性、游戏性的练习，使大学生的肌肉经受轻微的活动，这样有利于更快速地消除肌肉和血液中的血乳酸。同时，教师还需要根据大学生的生物节奏，科学地安排好每天的训练时间，让大学生有规律地进行训练，使他们的机体处于有利的恢复状态。另一方面，采取生物学、物理、营养等多种手段进行恢复。在训练过程中，大学生必然会消耗大量的能量，训练结束后的能量补充不仅要考虑补充数量，还要做好科学营养的膳食搭配。与此同时，为了帮助大学生迅速恢复机体能力，还可以采取红外线照射、按摩、蒸汽浴、紫外线照射等多种手段，消除大学生的训练疲劳。

（三）区别对待原则

大学生的性别、年龄、心理品质、身体素质、身体形态以及技术等方面都存在着显著的差异，这就要求田径运动训练要根据各个大学生的特点，制订个性化的训练计划，确定切实可行的训练任务，选择有效的训练手段与训练方法，安排合理的运动负荷。由于大学生在性别、年龄方面存在差异，对于运动负荷的承受能力也各不相同，提高身体素质的侧重点也有所不同。因此，所采取的训练手段与训练方法也要因人而异，只有区别对待才可以保证训练工作事半功倍。另外，由于大学生的个性心理特征、气质类型以及神经类型存在差异，也决定了田径训练要做到区别对待。如对于神经类型薄弱的大学生而言，如果赛前没有进行针对性的训练，很可能临赛前都很难达到高度兴奋的状态；对于神经类型较强的大学生来说，如果赛前多次强调比赛的重要性，参赛大学生很可能在赛前一夜休息不好，进而影响到最终比赛成绩。因此，教师只有坚持区别对待原则，才可以如期地完成训练任务。

具体来说，教师要了解不同性别、年龄的大学生的生理与心理特征，不同年龄阶段的各个运动技能、运动速度的敏感期特征，准确掌握大学生发展中的各种特殊情况，如早熟的大学生成绩出现得比较早，但是维持的时间比较短；晚熟的大学生成绩出现得相对较晚，但维持的时间相对较长。教师需要根据大学生的初始状况，重点围绕竞技能力的几个主要因素来了解情况。在日常训练过程中及时记录与掌握训练记录和运动成绩，进而准确掌握大学生各方面的变化情况，为合理地运用区别对待原则提供有力依据。如不同性别的大学生有着不一样的生理特征，如果将男子大学生的成功训练经验直接移植至女子大学生的训练中，很可能会产生适得其反的训练效果。除此之外，教师还要全面了解大学生的学习、生活、思想、训练前后的心理等方面的情况，关注大学生青春期的生理、心理变化特点，开展科学性的训练，从而不断提升大学生的竞技水平。

（四）周期性原则

运动训练的各个步骤和环节都是相互衔接、有机互动的，它是一个多年的和全年的过程，并致力于创造优异成绩的任务。良好田径运动成绩的取得，需要大学生通过系统性、长期性的周期训练，各项技术只有经过日复一日地刻苦练习与打磨，才能得到改善与提升，在此期间，运动竞技能力的提升呈现出显著的周期性特点。周期性训练是大学生在一次负荷下，机体能量消耗产生疲劳，之后解除负荷逐渐恢复，通过机体的超量补偿机制，促使大学生的竞技能力得以提升。以此为基础，会继续给予下一次的负荷，随后开始一个全新的负荷周期。每一次的训练课、训练阶段及训练周期所取得的成绩，都会为下一次的训练课、训练阶段及训练周期作用的有效发挥奠定基础，使得大学生的田径运动成绩得以巩固，并实现新的发展。每一次适时性、适度性的负荷，均能使机体产生适应性的变化，多次适时性、适度性的负荷刺激，将会使机体出现多次的适应性变化。在这个变化期间，大学生的机体能力得到了持续性提升，形成了良好的运动竞技状态，并慢慢步入最优竞技状态。

因此，大学生田径运动训练要坚持周期性原则，教师要科学安排每个周期中每个训练阶段的运动负荷。在准备期前一个阶段时间比较长，为了提升大学生的承受负荷能力，主要采取加大负荷量的方法，侧重于对大学生身体状况的改善，通常身体素质练习量要大于专项练习量。这一阶段负荷量比较大，平均负荷强度比较低，侧重于培养并提升单项素质，主要包括投掷项目的最大力量、长跑项目的有氧能力等。在准备期后阶段，通常要降低练习量，提高专项能力训练的负荷量。相比于准备期前一个阶段，总负荷量保持不变，但专项练习和练习强度逐步提高，使大学生在保持个人最优运动成绩的基础上，通过不断强化负荷强度确保大学生能取得更加优异的运动成绩。这一阶段的关键就在于不仅要进一步加大训练的负荷强度和专项负荷，还要避免训练过度使大学生产生运动疲劳，影响到最终的训练效果。

（五）一般训练与专项训练相结合的原则

周期性项目的专项训练对有机体的机能系统具有多方面的影响，而各系统的能力大小对专项成绩产生着决定性作用。在大学生田径运动训练过程中，如果采取一般训练和辅助训练的非专项手段和方法，有助于促进某项能力与素质的优先发展。单纯地进行专项训练会引发大学生多种机能水平的降低，抑或导致大学生某方面能力的片面发展而对其他方面的发展产生制约。例如，倘若采取单一的力量训练，那么没有承担负荷、参与训练的肌肉群就会逐渐退化。但是，倘若偶尔进行一次非专项练习，由于这些肌肉群属于被迫进行工作的，所以它们的部分功能也会被其他更加发达的肌肉群所取代，训练效果大打折扣，将会导致那些没有承担足够负荷量的肌肉群力量进一步衰退。因此，要想促进大学生身体素质的协调发展，必须坚持一般训练与专项训练相结合的原则。

在田径运动训练实践中，一般训练与专项训练相结合原则的贯彻，需要进一步明确以下三点内容：第一，一般训练的主要目的在于提升大学生的身体素质，促进专项能力对运动成绩所起的间接支持作用的发挥。第二，一般训练主要是发挥辅助性作用，为下一阶段专项训练的进行起到基础性作用。第三，一般训练的效果强弱反映了整体训练水平的高低，应当有计划、有步骤地组织专项训练，从而更好地巩固已有的机能潜力与专项特点。

第二节 大学生田径运动训练的理念和方法

一、大学生田径运动训练的理念

（一）传统训练理论

传统的训练理论，指的是现阶段少数田径教师仍然在执行的训练理论，这些理论主要来源于苏联并于 20 世纪五六十年代传入中国。很多训练理论特别是马特维耶夫提出的训练分期理论，对我国训练学的发展产生了非常重要的影响。① 因此，我们将传统训练理论又称为传统的分期

① 刘洁，戴建波. 马特维耶夫训练分期理论的再理解 [J]. 山西青年，2017(5)：132，131.

训练理论。作为训练学的创始人，马特维耶夫对运动训练理论的研究不断深入，现如今已有了很多新的发展，如马特维耶夫于 20 世纪末创作的《竞技运动理论》，与传统训练理论相比取得了显著的进步。

20 世纪 50—60 年代，来自苏联的训练理论在中国广泛传播，主要有田径和其他技术类、体能类项目，对中国训练学产生了十分深远的影响。传统的训练分期理论将一年划分为三个不同的训练周期，依次为准备期、比赛期和调整过渡期。其中，准备期由两大阶段组成，即一般训练阶段和专项训练阶段，一般训练阶段的训练内容以一般训练为主，训练量和强度逐渐增加，当训练量达到最大水平时再逐渐减少。专项训练阶段更多的是将一般训练阶段所获得的各项能力综合于专项训练中。比赛期训练要将训练量降到最少，训练强度与竞技强度水平相接近，这一阶段的首要任务是为把已获得的竞技状态表现到运动成绩中创造有利的条件。在调整过渡期，需要降低训练量和训练强度，通过积极性的休息使运动员肌体得以快速恢复。

20 世纪 60 年代以后，传统训练分期理论受到了全世界的关注，对于世界各地竞技体育的实践与发展具有极大的推动作用。但随着训练理论的持续发展，传统训练分期理论已无法很好地适应发展实践，新兴的训练理念也应运而生。

（二）训练新理念

1. 人的适应性过程

（1）刺激适应性。刺激适应性是指人体在重复受到同样的刺激后会产生适应性。以冬泳为例，南方人由于大多没有接受过专业的训练，通常不会尝试在冰水中游泳，而北方很多冬泳爱好者由于多年进行冬泳运动对冷水产生了适应性，所以他们敢在零下十几度的户外冬泳。

适应性的过程是自组织的，所谓自组织，是指自发、自动。当经常冬泳的冬泳爱好者进入冷水中后，他们的身体会通过发热来抵御寒冷，供能系统会进行自主动员，不受控于人体的主观意识。

人体如果长期反复受到某种刺激，开始会有反应，之后会形成适应性，最后形成适应性结构。例如，长时间多次参加冬游训练的人，会逐渐适应冬泳，当达到完全适应的状态时即为稳定状态，之后人的适应性能力将会产生显著的变化，形成适应性结构，这种适应性结构即为我们希望通过训练的方式所能实现的效果。

（2）生物适应性规律。有计划、有步骤、有目的的组织训练，就是施加给运动员一定的运动负荷性刺激，影响这一负荷大小的主要因素包括运动量和强度，这也是训练计划的关键内容。在负荷性刺激下，运动员的肌肉和神经会自发、自主产生一种反应。当运动员长期反复多次受到同一种负荷性刺激时，就会逐渐产生适应性的稳定结构。这种适应性稳定结构具有非常重要的作用，因为结构对功能起决定性作用。在日常训练中，如果教师有意识地让学生对实战需要的运动负荷产生了适应性结构，将有助于学生在比赛中发挥出应有的技术水平；如果教师没有进行这样的训练，或者是训练时间不足，没有让学生形成稳定的结构，就不利于学生在比赛中取得理想的成绩。

在运动量固定的前提下，如果训练中的负荷刺激强度控制在25%，那么人体的神经肌肉系统就可以产生25%的相应反应；如果将施加的负荷刺激强度控制在50%，就可以产生50%的相应反应；如果实施的负荷训练强度控制在75%，就会产生75%的相应反应；如果施加100%的负荷刺激强度，就会产生100%的相应反应。[①] 这就是生物适应的基本特性，即当人体受到刺激时，会产生一种相应的反应。

（3）生物适应性刺激的功效。生物适应性规律的存在，要求我们在训练中按规律进行训练，否则将产生截然相反的结果。如果教师以适应性规律为依据，使训练强度等于或高于实战强度，就会让学生慢慢适应

---

① 杜和平，葛幸幸. 田径运动专项理论与实践 [M]. 北京：中国科学技术出版社，2019：56-57.

这种强度，并产生适应性变化，形成具有稳定性的神经肌肉适应性结构。这里提到的训练强度不仅仅是指专项训练，还涉及一般的身体训练和专门身体素质训练，如某运动员 100 米跑最快 12 秒，这就是他 100% 的专项能力。在训练过程中，如果将训练强度控制在接近于或略超过学生的最大能力，就会使学生的整个神经肌肉不断适应这种高强度，经过长时间不间断的训练便会感到越来越轻松，最终训练水平也会得到整体的提升。因此，教师在训练中要为学生安排一个适度、合理的训练量，但训练强度应当以现有水平为基础不断增加，负荷强度的总量应该等于或超过现有水平。人的反映具有自组织的特性，如果教师经常组织学生参与训练强度为学生现有水平 85% 的训练，由于训练强度小于学生现有能力的 100%，就会使学生的肌肉系统和神经系统均仅用 85% 的力量进行运动，久而久之，学生现有水平就会有所下降，只是在 85% 水平上建立适应性结构，这属于一种破坏性的适应性变化。

2. 现代训练理念——高强度负荷训练法

所谓高强度负荷训练法，指的是从传统的训练强度低、运动量大的训练转变为训练强度高的训练模式上。这一训练模式的要点主要包括以下几方面。

（1）专项身体素质训练的内容要具有广泛性、相对固定性，但也不能过于多样化。当训练强度过低或刺激不集中时，就导致神经肌肉的适应性反应变得分散和混乱。

（2）专项身体素质训练必须与实践相结合。有一点不得不提的是，专项素质的动作设计要尽可能与专项动作保持一致。身体素质训练不仅是练习手段也是练习方法，一方面是锻炼身体素质，另一方面是训练技术，所以科学合理的动作设计能够一举两得。以刘翔训练中的专项练习手段为例，刘翔经常练右腿模仿过栏动作，他先进行有阻力的练习，让别人用胶带在后面拉住自己的右脚踝，前面放置一个标准栏架，站立于栏侧后方并按照标准动作做 10 次过栏动作，然后取下胶带继续按标准动作完成 10 次过栏动作，这两种不同的练习内容作为一组训练内容。在前面抗阻力的练习中，主要是发展过栏腿的专项力量，但速度肯定慢于正常过栏速度，后面取下胶带的练习，主要目的在于通过快速度的练习帮助刘翔找回速度感。这样的动作设计几乎与标准动作相同，所以这种训练不仅能训练身体素质也能训练技术，由此一来，不仅提升了刘翔过栏腿的专项素质，还使刘翔树立了正确的动作技术。专项身体素质训练的设计需要遵循一定的原则，即练习的动作形式以及操作过程要尽可能与比赛实际情况保持一致，模仿得越像效果就越好。因此，动作的设计必须符合技术特点，因为训练的内容都会传递给大脑，设计的动作要尽量接近于专项，否则可能起到反作用。

（3）相对固定的刺激要有足够的重复次数和延续时间。传统分期训练的强度不同于比赛实战要求的训练强度，往往是在赛前一个多月才达到比赛强度，高强度重复次数不够，训练时间比较短，延续时间不足，如此短的比赛强度刺激无法形成稳定的竞技状态。相比之下，高强度训练的优势凸显，对于学生建立稳定的动力定型具有积极作用。

（4）负荷刺激要进行大、中、小安排。"大"指的是符合实战要求强度的练习，在整个训练中起主导作用，中、小负荷则是服务于大负荷。大、中、小安排呈现出一种节奏，需要遵循的原则是一段时间的负荷量不可以低于训练者的现有水平。

国家田径队副总教练孙海平在给刘翔安排训练计划时，他在认清 110 米栏项目特性的基础上，大胆改变以往传统训练模式，引入全新的训练理念，结合刘翔的实际情况构建了与之适应的全新训练体系。通过分析孙海平训练刘翔的成功经验，对于训练理念的更新具有以下启示。

第一，训练计划的主导内容要高于比赛强度，通过高于比赛的负荷对训练者进行刺激，能够使训练者形成生物性适应性结构。

第二，周训练内容具有相对固定性和完整性，它主要由三部分内容构成，分别为专项训练、专项身体素质训练和一般身体训练。在过去，我们认为培养一个世界冠军需要大约 8 ～ 10 年，但事实上我国很多达到世界级水平的运动员都短于这个时间，刘翔成为世界级运动员也仅用了五年时间，其专项训练、专项身体训练和与专项密切相关的一般身体训练相得益彰、相互作用、相互影响，使得刘翔通过五年的专门化训练在2004 年雅典奥运会上夺得我国首枚短道项目奥运金牌，大大缩短了传统训练所需时间，这是一个全新的训练理念。

第三，积极迎合新赛制要求，缩短训练周期，转变传统的大周期训练的形式，采取以周为基本单元的小周期训练。

第四，注重专项训练，所有训练内容都要以专项为核心进行，身体素质的练习动作设计要尽可能与专项动作保持一致。

第五，是否满足实战需要是衡量训练质量高低的主要标准，训练要尽量专项化，专项化练习要尽量与实战要求相接近。无论是训练内容还是训练强度，抑或是训练方法和手段，越接近比赛要求，实效性就越强，因为神经肌肉和功能系统都会根据实战要求形成稳定的竞技状态结构。结构是影响功能的决定性因素，当训练者建立了与实战要求相符的高水平神经肌肉和功能系统的问题结构，在任何时候的比赛中都可以稳定发挥出应有的水平。

第六，注重赛练结合，以赛带练，将参赛作为提升训练强度的重要手段。通过参赛的方式，训练者可以更好地了解对手，发现自身问题，总结更多的经验教训，利用真实的比赛环境，有助于提升训练者对赛场的适应能力，积累更多的比赛经验。

二、大学生田径运动训练的方法

大学生田径运动训练的方法有很多，通常针对不同的需求采取不一样的训练方法，主要包括完整法、分解法、持续法、间歇法、重复法、循环法、变换法、比赛法以及高原训练法。

（一）完整训练法

完整训练法指的是从技术动作的开始姿势到结束姿势，不分部分地进行完整练习的训练方法。完整训练法强调技术动作的完整性，对大学生熟练地掌握整个技术动作起着促进作用。此方法在不仅适用于单个技术动作训练，也适用于多元技术动作的训练。

（二）分解训练法

1.分解训练法的概念

分解训练法指的是将完整的技术动作科学地划分成多个部分，之后根据各个部分分别进行练习的方法。面对复杂性的技术动作，采取完整训练法难以使大学生直接掌握，而通过合理地应用分解训练法，能够使大学生将主要的精力放在专门的训练任务上，围绕主要技术细节进行针对性的训练，有助于产生更加显著的训练效应。

2.分解训练法的分类与应用

一般来说，分解训练法可以划分为四大类，分别为单纯分解训练法、递进分解训练法、顺进分解训练法以及逆进分解训练法，如图 3-3 所示。

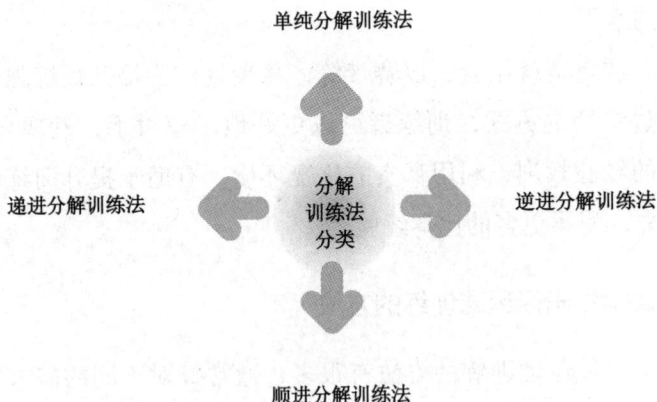

图 3-3　分解训练法的分类

（1）单纯分解训练法的应用。此方法将训练内容划分为若干个不同的组成部分，在引导学生对各部分的技术环节进行分别学习与掌握之后，再将各个部分联系起来进行整体学习。单纯分解训练法对练习顺序并未提出严格要求，以标枪训练为例，单纯分解训练法可以将投掷标枪划分为三个技术环节，分别为"投掷步""持枪助跑""最后用力"，即可以第一步训练"投掷步"，第二步训练"持枪助跑"，最后一步训练"最后用力"，也可以先训练"持枪助跑"，然后训练"投掷步"，再训练"最后用力"。该方法的特点是分解的技术具有复杂性，经过分解后的各个部分能够独立进行训练，训练的顺序没有刻意要求，便于教师视情况灵活安排。

（2）递进分解训练法的应用。该方法将训练内容划分为若干个部分，首先练习第一部分；其次练习第二部分，并将前两部分结合到一起进行练习；最后练习第三部分，并将这三个部分的内容结合到一起进行练习，通过层层递进、由易到难的练习，直到学生有效、准确地掌握完整技术。虽然递进分解训练法对练习内容不同环节的顺序没有特别要求，但是对相邻技术环节的衔接部分提出了专门要求。以标枪训练为例，首先，可以对"持枪助跑"进行练习；其次，对"投掷步"进行练习，然后将"投掷步""投掷助跑"结合到一起进行练习；最后对"原地投掷的挥臂"进行练习，然后将这三部分技术结合到一起练习，直到掌握完整的标枪技术。

（3）顺序分解训练法的应用。此方法将训练内容划分为若干部分，先练习第一部分，掌握后再练习第一部分和第二部分，掌握后再共同练习三个部分，由此按步骤地进行练习，直到有效掌握完整的技术。以标枪训练为例，先进行"持枪助跑"的练习，掌握后再进行"投掷步"与"持枪助跑"的练习，掌握后再将"投掷步""持枪助跑""最后用力"三个部分结合起来进行完整的标枪技术练习。顺序分解训练法的训练内容的顺序与技术的动作顺利具有一致性，前一部分的内容被包含在后一部分的内容中，有助于练习者形成技术动作过程的完整概念，以及形成动力定型。

（4）逆进分解训练法的应用。此方法将训练内容划分成若干个不同的部分，先练习最后一部分，掌握后再练习前一部分的内容，直至最前面第一部分，最终掌握完整的技术。以标枪训练为例，首先对"最后用力"进行练习，掌握后再对"投掷步"进行练习，掌握后再共同练习"最后用力"与"投掷步"这两个部分，然后再练习"持枪助跑"，掌握后再一起练习"最后用力""投掷步""持枪助跑"这三部分，直到有效掌握完整的标枪技术。逆进分解训练法适用于最后一个部分为技术关键环节的项目，其训练内容的练习顺序与技术过程动作顺序存在着相反的关系。

（三）持续训练法

1.持续训练法的概念

持续训练法指的是负荷时间比较长，负荷强度比较低，长时间持续不断地进行训练的练习方法。此方法通常用于发展一般耐力素质，在训练过程中，人每分钟的心率次数处于 130～170 次之间，可以使人体在长时间的负荷刺激下形成稳定的适应，有利于不断提升有氧代谢供能系统能力。[①]

2.持续训练法的分类与应用

按照训练时间的长短，可以将持续训练法划分为三种不同类型，分别为短时间持续训练法、中时间持续训练法以及长时间持续训练法，如图 3-4 所示。

---

① 田麦久 . 运动训练学 [M]. 北京：高等教育出版社，2006.117–118.

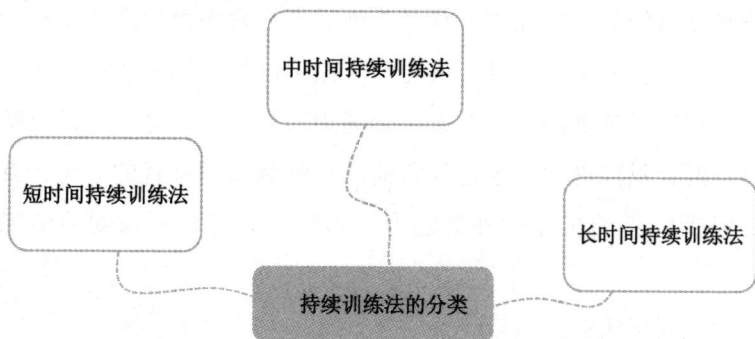

图 3-4　持续训练法的分类

（1）短时间持续训练法的应用。短时间持续训练法负荷强度比较高，一次练习的负荷时间应控制在 5-10 分钟之内，每分钟的心率次数大约为 180 次，有助于提升大学生的无氧、有氧代谢混合供能系统的能力。该方法通常用于发展大学生的一般速度耐力。

（2）中时间持续训练法的应用。中时间持续训练法的一次练习负荷持续时间处于 10-30 分钟之间，练习中每分钟的心率次数大约控制在 165 次，多用于提高大学生的有氧代谢供能能力及专项耐力。该方法通常用于发展大学生的有氧耐力素质。

（3）长时间持续训练法的应用。长时间持续训练法的一次练习负荷持续时间高于 30 分钟，训练过程中人体的速度可以快、慢相互交替，每分钟的心率次数大约处于 130 ～ 160 次之间，多用于发展有氧与无氧代谢混合供能能力。该方法通常用于发展大学生的有氧耐力素质。

（四）间歇训练法

1. 间歇训练法的概念

间歇训练法指的是对训练中前一组与后一组练习之间的休息时间做出严格规定，在训练者尚未完全恢复的状态下进行反复练习的方法。大量训练实践证明，严格的间歇训练可以大幅度提升训练者的心脏功能。

对训练间歇时间的严格控制,有助于练习者在紧张而激烈的比赛中进一步巩固自身的技术动作。灵活搭配与应用不同类型的间歇训练法,能够不断提升训练者的糖酵解与有氧供能能力、糖酵解供能能力以及磷酸盐与糖酵解混合供能能力。通过高负荷的训练刺激训练者的心灵,有助于大大提升训练者的机体抗乳酸能力,为训练者进行高强度的训练提供保障。

2.间歇训练法的分类与应用

根据训练强度的高低,可以将间歇训练法划分为三种类型,分别为高强性间歇训练法、强化性间歇训练法以及发展性间歇训练法,如图3-5所示。

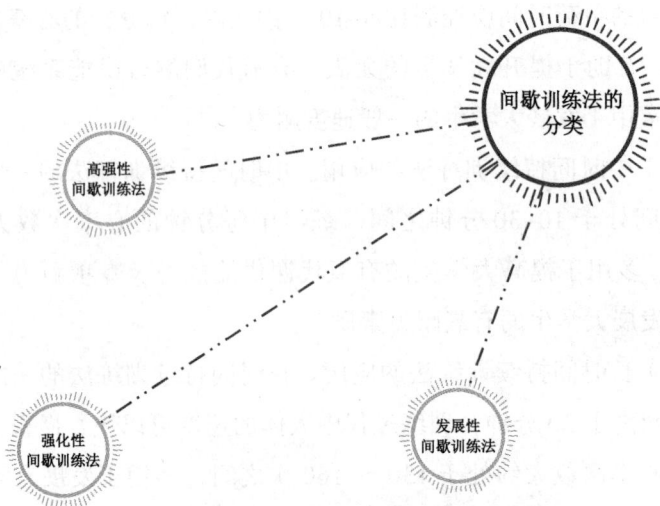

图3-5　间歇训练法的分类

(1)高强性间歇训练法的应用。高强性间歇训练法的每次练习时间比较短,通常处于20～40秒之间,负荷强度比较大,每分钟的心率次数大约为190次,间歇时间不充分,当每分钟的心率次数降至大约120次时,便开始下一组的练习。该方法通常用于发展大学生的磷酸盐与糖酵解混合供能能力、糖酵解供能能力，有助于提升力量耐力以及速度耐力素质。

（2）强化性间歇训练法的应用。强化性间歇训练法每次练习的负荷时间要略高于比赛时间，负荷强度一般处于 90% ~ 95% 之间，每分钟心率次数控制在 170 ~ 180 次，当每分钟心率降至低于 120 次时便开始下一次练习。该方法通常用于 800 米、1500 米等项目的训练中，用来发展大学生的心脏功能、糖酵解与有氧代谢系统混合供能能力，有利于提升力量耐力与速度耐力素质。

（3）发展性间歇训练法的应用。发展性间歇训练法每次练习的负荷时间相对较长，通常超过 5 分钟，负荷强度比较低，每分钟心率次数控制在 160 次左右，间歇时间比较充分，当每分钟心率降至 110 次时开始下一组练习。该方法通常用于长跑等项目的训练中，用来发展大学生的心脏功能、有氧代谢供能系统的能力，有助于提升学生的耐力素质。

（五）重复训练法

1.重复训练法的概念

重复训练法指的是反复不断地练习同一个动作，前一组与后一组练习之间安排相对充分的休息时间的训练方法。重复训练法包括三个主要构成因素，分别为练习的负荷量、休息时间以及练习的负荷强度。该方法通过反复做相同的动作，持续不断地强化运动条件反射过程，能够进一步巩固训练者对运动技术的掌握；通过相对稳定的负荷强度对机体进行多次的刺激，促使机体快速地产生良好的适应，为训练者身体素质的提升奠定基础。

2.重复训练法的分类与应用

根据单次练习时间的长短，可以将重复训练法划分为三大类，分别为短时间重复训练法、中时间重复训练法以及长时间重复训练法。

（1）短时间重复训练法的应用。短时间重复训练法的重复次数和组数相对比较少，每次练习的时间比较短，负荷强度比较大，对动作速度要求高，间歇时间相对充分，技术动作各个环节比较稳定。该方法通常用于跨栏技术的半程栏和全程栏的训练，主要用来发展大学生的爆发力和磷酸盐系统供能速度。

（2）中时间重复训练法的应用。中时间重复训练法的单次练习负荷时间处于短时间重复训练法与长时间重复训练法之间，时间一般为30秒～120秒。在训练过程中，练习时间要比实际比赛时间略长。负荷强度相对较大，每分钟心率超过180次，且与负荷时间之间存在着明显的负相关关系。训练时，为了更快速地消除训练者体内的乳酸，尽量采取慢跑深呼吸的方式进行休息。该方法常见于400米、400米栏、800米等项目的训练中，多用于发展大学生的糖酵解供能的素质。

（3）长时间重复训练法的应用。长时间重复训练法的单次练习负荷时间相对比较长，一般为120秒～300秒。在训练过程中，负荷时间要比实际比赛时间略长。负荷时间与负荷强度之间存在着明显的负相关关系，采取有氧与无氧相结合的供能方式。练习组间的间歇时间非常充分。该方法常见于800米、1500米等项目的训练中，多用来发展大学生的无氧与有氧混合供能的素质。在训练实践过程中，为了取得更加显著的训练效果，长时间重复训练法通常与交换训练法、间歇训练法以及持续训练法结合起来进行使用。

（六）循环训练法

1.循环训练法的概念

循环训练法指的是以项目训练任务为依据，把练习手段划分为诸多不同的练习点，训练者按照提前规划好的路线，逐步完成每个练习点规定内容的一种练习方法。该方法有助于提高训练者的训练情绪，通过对有机体各部分的多次交替刺激，能够有效地提升各个层次与水平训练者的积极性。循环训练法可以随时根据训练者的实际情况合理地调整练习密度，避免训练者局部承担过重的负荷，有效延缓疲劳的到来，对训练者身体素质的全面提升奠定基础。

2. 循环训练法的分类与应用

根据各组练习之间间歇的负荷特点，可以将循环训练法划分为三大类，分别为循环重复训练法、循环间歇训练法以及循环持续训练法。

（1）循环重复训练法的应用。循环重复训练法将所有练习分为若干个练习点，要求练习动作规范化、熟练程度高，练习顺序与比赛特点相符，间歇时间相对比较充分。田径训练中运用循环训练法，对于训练者磷酸盐系统的储备能力与供能能力的提升起着促进作用，能够逐步提升训练者机能、技术及素质之间的结合能力。在实际训练中，该方法多用于提升运动技术的规范性，以及发展大学生的身体素质。

（2）循环间歇训练法的应用。循环间歇训练法将所有练习分成多个练习点，每个练习点的负荷时间不少于 30 秒，练习点之间的间歇时间相对不充分。循环组之间的间歇时间即能充分也能不充分。该方法通常用于发展大学生的糖酵解系统及其与有氧代谢系统混合供能的能力，有助于提升机能、技术及素质之间的有机联系。

（3）循环持续训练法的应用。循环持续训练法的每次循环练习时间不少于 8 分钟，负荷强度高低交替进行，循环之间的间歇时间可以有也可以没有，循环组数相对比较多。该方法通常用于发展大学生的有氧代谢系统供能能力，有助于提升持久运动能力。

（七）变换训练法

1. 变换训练法的概念

所谓变换训练法，指的是通过交换练习内容、练习条件、运动负荷及练习形式，以达到充分调动训练者积极性、适应性以及应变能力的一种练习方法。对练习方式进行灵活的变换，能够使训练者的机体出现与运动项目相匹配的适应性变化，有助于提升训练者的不同运动素质，促进训练者技术水平的提升，从而使训练者能够更好地承受专项比赛过程中不同运动负荷，逐步提升训练者自身的应变能力。

2. 变换训练法的分类与应用

依据变换内容的不同，可以将变换训练法划分为三大类，分别为负荷变换训练法、内容变换训练法以及形式变换训练法。

（1）负荷变换训练法的应用。负荷的变换集中体现在两方面，即负荷量与负荷强度的变换上，因为负荷量与负荷强度变化的搭配形式共包括四种，所以，负荷变换训练法的方式可以分为以下四种。

①负荷量与负荷强度均处于稳定不变状态的练习方式。该方法通常应用于技术训练，保证动作与技术的稳定性，以形成稳定的动作定型。

②负荷量不变，负荷强度变化的练习方式。该方法通常以增加负荷强度的方式促进训练者某项运动机能的发展，或者是以减少负荷强度的方式来恢复机体。

③负荷强度不变，负荷量变化的练习方式。该方法通常以增加负荷量的方式促进训练者的运动素质和耐力水平，或者以减少负荷量的方式来更好地恢复机体。

④负荷量与负荷强度均处于变化状态的练习方式。该方法通常以增加负荷强度、减少负荷量的方式，促进训练者某项机能和运动素质的发展，或者通过增加负荷量、减少负荷强度的方式，促进训练者某项机能或运动素质水平的提升，帮助训练者熟练掌握运动技术。

（2）内容变换训练法的应用。内容变换训练法通常应用于身体素质的训练以及各种各样的技术训练，主要包括单个技术的各种变化练习等，以进一步巩固与掌握运动技术。

（3）形式变换训练法的应用。所谓形式变换训练法，是指通过变换训练时间、训练场地、练习形式以及训练路线的方式，对训练者进行充分的刺激，培养并维持训练者积极的运动情绪，不断提升训练者的运动欲望，为运动训练效率与质量的提升奠定基础。该方法通常用于对技

术的优化与改进，着眼于提升大学生对气候、环境以及训练场地的适应
能力。

（八）比赛训练法

1. 比赛训练法的概念

比赛训练法的主要目的在于改善训练质量，是基于近似、模拟以及
真实比赛的条件下，根据比赛的要求、规则及方法实施的一种训练方法。
比赛训练法从多方面对训练进行安排，主要包括比赛规则、训练者适应
原理、竞技能力形成过程的基本规律以及训练者的竞争意识要求等，有
助于全方位提升训练者在专项比赛中所需的智能、体能、心理以及技术
等方面的竞技能力。

2. 比赛训练法的分类与应用

依据比赛性质的不同，可以将比赛训练法划分为四大类，分别为教
学比赛训练法、模拟比赛训练法、检查比赛训练法以及适应比赛训练法，
如图 3-6 所示。

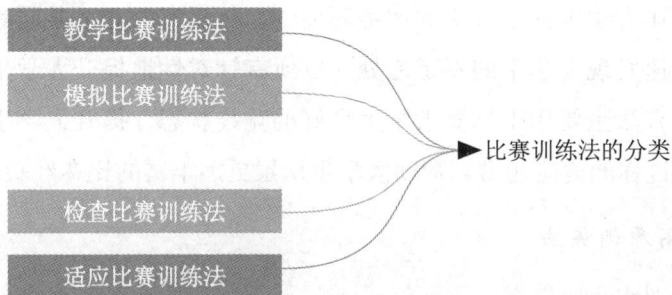

图 3-6　比赛训练法的分类

（1）教学比赛训练法的应用。教学比赛法是指从教学规律出发，再
依据专项比赛的基本规则，对训练做出合理的规划与安排，以达到充分
挖掘训练者潜力的目的。如将不同训练程度的大学生组织在一起进行让

步性的教学比赛，能够更好地激发大学生的训练情绪。该方法更多用于增加运动负荷强度，提升运动技术的熟练程度，培养大学生良好的竞技能力与强烈的竞争意识。

（2）模拟比赛训练法的应用。所谓模拟比赛训练法，指的是通过对真实比赛环境与对手进行模拟，按照比赛规则安排训练。该方法主要用于培养大学生的实战能力，有效锻炼大学生排除干扰的能力，不断提升大学生对真实比赛的预见性以及心理承受能力。

（3）检查比赛训练法的应用。所谓检查比赛训练法，是指通过对真实比赛条件的模拟，严格按照比赛规则来安排训练。该方法主要用于赛前检查大学生在训练中的各方面情况，如运动成绩、专项技术水平以及负荷能力，快速锁定大学生的薄弱之处，科学、全面地分析训练计划的执行情况和失利原因，以便有针对性地调整与完善训练计划，从而提升训练的效果与质量。

（4）适应比赛训练法的应用。适应比赛训练法是指通过人为方式对真实比赛环境进行模拟来设计与安排训练，主要包括访问赛、邀请赛等多种形式。让大学生处于真实的比赛环境中，与真实的对手共同参加比赛，能够快速发现大学生的不足之处，以便有针对性地提升大学生的竞技能力。该方法主要用于培养大学生良好的竞技状态，提升大学生对田径运动比赛过程的适应能力，帮助大学生积累更加丰富的比赛经验。

（九）高原训练法

1.高原训练法的概念

高原训练法是一种通过高原低压、缺氧环境刺激训练者机体的补偿机制，发展有氧代谢能力的训练方法。长期居住于高原环境，人体会产生适应，通过一定的生理机制，体内的促红细胞生成素的数量会逐渐增多，进而使骨骼制作出更多的血红细胞，提升氧运输能力，增加最大摄氧量。

2.高原训练法的分类与应用

高原训练法一般分为三种类型，分别为"高住高训"训练法、"高住低训"训练法、"低住高训"训练法，如图3-7所示。

图 3-7　高原训练法的分类

（1）"高住高训"训练法的应用。"高住高训"训练法是一种最为常见的高原训练法，要求训练者在特定的地理环境进行训练，长时间处于低氧环境能够使训练者受益于高原适应生理机制的变化，但是会对训练带来一定程度的不利影响。人在高海拔地区时，最大摄氧量会明显下降，当人们在以最大有氧供能频率跑步的过程中，代谢系统所制作的氧气量与平原不同，所以无法达到与平原地区相同的跑步速度。因此，在"高住高训"训练过程中，要充分考虑上述因素，帮助训练者及时有效地恢复，避免出现过度训练的问题。

（2）"高住低训"训练法的应用。"高住低训"训练法指的是训练者居住于低氧环境，但训练场所在平原地区。该方法需要应用于海拔变化明显的地理环境，居住于高海拔的训练员定期前往低海拔地区进行训练。"高住低训"训练法有效实现了最大摄氧量条件下的跑步强度与速度，使得训练者的身体对因海拔变化造成的含氧量变化产生生理适应。"高住低训"训练法的可行性对地理条件提出严格要求，随着海拔模拟器的推广与应用，情况逐渐有所改观，为"高住低训"训练法的应用提供了可能性。在应用该方法进行田径运动的训练时，为了确保训练强度的适度性，要注意在高海拔的每项训练都需要减缓步频，如恢复训练。

（3）"低住高训"训练法的应用。"低住高训"训练法是指组织训练者在高海拔模拟环境中完成训练，随着海拔模拟器的广泛运用，该方法也得到了极大的发展。"低住高训"训练法并不适用于耐力项目的训练，但从治疗的角度来看，该方法具有非常重要的实用价值，当训练者出现肌肉拉伤情况时，由于在恢复期无法保持跑步速度，所以在正常环境中很难达到训练的生理强度，而通过使用高海拔模拟舱，能够利用较低的速度达到较高的训练强度，有效保证了训练者受伤部位免受影响。

第三节　大学生田径运动的训练负荷与恢复

大学生田径运动的训练离不开运动负荷，运动负荷是衡量运动训练效果优劣的重要指标。运动负荷是引起机体变化，改善大学生训练效果、运动成绩的基本要素。没有运动负荷就没有运动训练，没有运动恢复就得不到提升。田径运动作为一种体能类的项目，其训练效果的增强是以深入挖掘大学生的体能潜力为基础。因此，在大学生田径运动训练中，对大学生施加高强度的运动负荷是取得良好训练效果的前提保障。而如果不注重运动后的恢复，就相当于浪费了运动，吃力不讨好，所以运动恢复也是不容忽视的重要环节。

一、田径运动负荷的概念

概念是各门科学的基石，是认识发展的重要阶梯。在一定的历史条件下，一切概念都反映着人类对事物认识的程度，这并非认识的重点，而是新认识的起点。因此，进一步认识与明确运动负荷的概念，对田径运动负荷理论的研究具有重要意义。

关于运动负荷概念的表述比较多，一方面反映出运动负荷本身具有一定的复杂性，另一方面说明了学术界对运动负荷的概念存在模糊的认识。目前学术界对运动负荷的定义尚未达成统一，虽然人们对运动负荷概念的理解有所出入，但对负荷结构的解释方面保持着一致性，即运动负荷主要由负荷量、负荷强度两个因素构成，并根据负荷量与负荷强度之间的关系，搭配不同量和不同强度的数值，构建出不同训练效果的特定负荷结构和运动负荷分类等知识体系。

二、田径运动负荷的分类

根据有机体承受负荷的能力，可以将田径运动训练负荷分为以下五种类型，[①] 如图 3-8 所示。

①过量负荷：超出有机体机能能力；

②维持性负荷：可以有效避免已增长的蛋白质结构遭到破坏以及机体其他方面的衰退；

③发展性负荷：可以让某一方面的适应性蛋白质进行合成，并使机体出现发展性变化；

④恢复性负荷：虽然无法阻止衰退变化，但对再生过程具有正向作用。

⑤无用负荷：无法对机体起到发展、维持或恢复的作用。

---

① 爱特科·弗尤.训练负荷[J].体育科研，1994（3）：20.

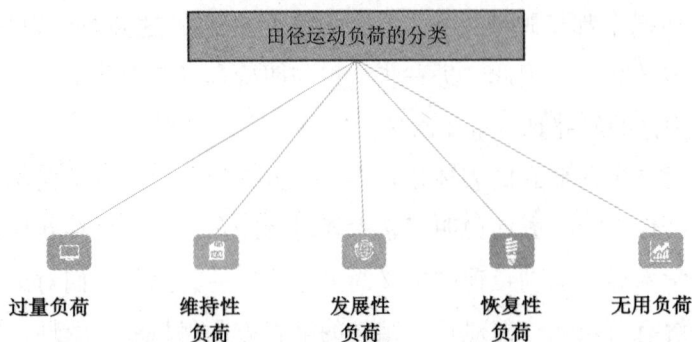

图 3-8　田径运动负荷的分类

三、田径运动负荷的定性

在大学生田径运动训练中，运动负荷定性的基本内容主要包括以下三方面。

（一）田径运动负荷具有专项性

田径运动负荷的专项性指的是田径运动负荷要符合大学生所参加的、与自身水平相称的比赛要求。以此为依据，可以将田径运动负荷划分成专项性负荷和非专项性负荷。专项性练习是影响专项性运动成绩的直接因素，非专项性练习是间接因素。专项练习是取得高水平成绩的主要手段，目前专项练习已经成为培养高水平田径运动员的不二法门。大学生田径运动训练成功的前提，主要就在于要从始至终将训练维持在专项训练水平持续提升的轨道上运行。[①]

（二）田径运动负荷是供能系统的作用方向

在田径运动训练中，肌肉活动过程中所需的三种主要能源分别为磷酸原无氧能源、乳酸性无氧能源以及有氧性能源。在训练实践过程中，

---

① 延烽.训练中运动负荷的定性及度量 [J]. 中国体育教练员，1999（4）：8-10.

所采取的各种训练手段与方法均属于有氧与无氧的混合性供能。在安排运动负荷的过程中，对功能系统作用的方向进行定性是一项至关重要的工作。当前阶段，通过测定血乳酸的方式来确定供能系统的作用方向，在大学生田径运动项目的训练中取得了良好效果，对大学生田径运动水平的提升起着重要作用。但需要明确的是，不管采取哪一种训练手段，血乳酸浓度均会发生一定程度的变化，如果训练手段或方法不符合专项性要求，仍然无法达到提升专项训练水平的预期效果。

（三）动作协调性的复杂程度

田径运动负荷的大小与动作协调性的复杂程度存在正相关关系，随着田径运动技术动作协调性复杂程度的增加，有机体所承受的运动负荷也逐渐加大。在周期性（动作周而复始）的田径运动项目中，如竞走、跑，由于动作协调性的复杂程度相对较低，所以通常不会对运动负荷产生较大的影响。动作协调性的复杂过程在训练过程中是独立存在着的客观事物，对其进行区分是科学合理地控制训练负荷必不可少的重要过程。

四、田径运动负荷的度量

运动负荷的度量指的是对运动负荷进行具体计算。田径运动训练中的负荷度量值主要取决于量与强度两方面，从计量角度来看，负荷量主要由单次或多次练习完成的功能工作量、负荷持续时间等内容组成；负荷强度与练习的紧张度等密切相关。量与强度这两个指标只可以评定具体项目、单个或成组练习等。将各种物理计量值诸如时间、次数、距离等笼统进行相加，用这样的结果表示一节田径运动训练课的运动负荷，显然是一种不确切的做法。

田径运动训练负荷的大小有两个重要的衡量指标，即"内部指标"与"外部指标"。"内部指标"指的是有机体对所完成练习做出的反应。在用"内部指标"评定运动负荷的大小时，可以依据完成某项动作时主要机能系统所表现的各种指标来判断，如完成某项动作的心率、需氧量、时间、用力大小、肺通气量以及血液中乳酸的累积量等。"外部指标"可以根据运动总量的指标进行确定，主要涉及训练课数量、以里程计算的周期性运动量、以小时计算的运动总量等。在实际操作过程中，负荷量的"外部指标"通常选择训练手段与方法中使用频率较高的计量参数，如100米跑10次，跑步总量为1000米。负荷强度的"外部指标"通常选择训练手段与方法中使用频率较高的计量单位，如100米跑每次跑11秒。

田径运动训练找度量负荷的一切指标仅仅可以反映出负荷含义的一部分，而且用图形来反映某一负荷定性与定量的所有信息，目前尚不存在可能性。在田径运动训练中，要充分考虑负荷的综合效应，制定科学、具体的生理、生化指标，并辅以先进的科研仪器设备，对运动负荷做出合理性、准确性的计量，更好地评判运动负荷的效果，这是科学训练的重要标志之一。

五、大学生田径运动训练的恢复方法

（一）采取教育学手段促进恢复

教育学恢复指的是在田径运动训练中，根据训练的目的与任务，有针对性地设计训练内容、训练手段、恢复时间、恢复方式以及运动负荷等，从而加快恢复过程的方法。教育学恢复方法是训练恢复工作的重中之重，该方法是以合理安排训练的方式来推动训练恢复工作的有序开展。在安排训练恢复计划时，教师要从大学生当下的身体状况出发制定科学的训练计划，设置适度、适量的运动负荷，准确把握训练强度和间歇时间，在帮助大学生消除疲劳的同时，有效保证训练的质量。在田径运动训练中，教师要积极采取多样化训练手段，避免单一枯燥教学手段使学生产生厌倦感、疲劳感，进而培养学生参与训练的兴趣，维持学生对训

练的新奇感，唤起学生的内驱力。不仅要设置适当的负荷，还要给学生留出充足的休息恢复时间，以保证大学生按计划完成训练任务。在训练过程中，教师可以穿插一些富有节奏、轻松愉快的练习，促进学生身体的恢复。结束高强度的训练之后，教师可以逐渐降低训练强度，做好整理活动，帮助学生的身体机能更好地恢复至练习前的水平。

（二）采取生物学手段促进恢复

生物性恢复主要指向的是人的体能与身体机能的恢复，其目的在于为人的体能增强提供物质基础、提升人体内细胞代谢水平。现阶段的大学生田径运动训练，要求大学生以更快的速度、更高的强度杰出地完成训练任务。因此，大学生在训练时会消耗很多能量物质，身体器官诸如呼吸、肌肉非常容易疲劳。所以生物性恢复是必不可少的。生物性恢复基础理论以超量恢复原理为主。生物性恢复以营养学、医学等学科的方法手段为主，是目前使用频率最高的恢复手段之一，有助于加快身体机能的恢复。营养是加快体能恢复、促进工作能力提升的关键因素之一，所以需要合理搭配各种营养素，通过膳食为大学生补充所需能量，保持能量摄入与消耗的平衡。在避免因身体负荷带来消极后果、提高机体工作能力两方面，医学恢复方法占据着十分重要的地位。

（三）采取心理学手段促进恢复

现如今的田径运动不仅是体能与技术层面的角逐，其实它更是一场心理战。有科学研究结果显示，运动员心理能量的消耗是机体消耗的4～5倍。[①] 由此可见，相比于躯体性疲劳，心理性疲劳的解除需要耗费更多的时间。而且，中枢神经系统是人体极易产生疲劳的部位之一。训练或比赛环节结束之后，教师合理利用心理调整措施帮助大学生快速恢复，有助于减缓精神的紧张程度，帮助大学生快速走出压抑的心理状态，

---

① 王平.现代田径运动竞训发展探究[M].长春：东北师范大学出版社，2015：96.

快速地恢复消耗掉的精神能量，同时也有利于身体其他器官系统的有效恢复。在训练与比赛活动中，心理能量对大学生体能的充分发挥具有十分重要的作用。行之有效的心理恢复能够使大学生了解并克服训练过程中的困难，锻炼大学生的抗干扰能力，使大学生全身心投入训练比赛中，消除回忆与设想所造成的干扰，即消除"想赢怕输"的心理与恐惧心理等，提高大学生技术动作的规范性、准确性，使大学生更快速、有力地应对来自内外部的刺激，从而培养大学生的应变能力和适应能力，不断改善田径运动训练的效果。

（四）采取社会学手段促进恢复

社会性恢复指的是以信息为交换手段，通过对大学生人际关系、社会关系的改善，以优化大学生的生活、学习、训练等环境，加快大学生身心恢复的步伐的特殊恢复手段。充分利用社会性恢复，不仅能培养大学生良好的竞技状态，还有助于提高大学生的综合素质。社会性恢复强调个体与群体之间的相互作用，要想成为一名出色的田径运动员，脱离社会甚至对抗社会是万万不行的，这只会给自己带来不必要的精神与心理上的负担。社会性恢复就在于协调、理顺个体与社会之间的关系，使人体恢复与社会需求慢慢趋于吻合，使运动恢复更具人性化。在国内高水平运动队伍中，由于个体与管理人员、队员以及教练之间的关系不融洽而影响恢复，甚至离队的事件时有发生，其教训需要引起高度重视。

总而言之，一套健全、完整的恢复过程理论应当是包括教育、生物、心理、社会系统在内的理论体系。系统性恢复是提高大学生田径运动水平的有效手段。而且，大量实践证明，相比于生理性疲劳，对心理性疲劳、社会性疲劳的消除需要耗费更多的时长，所以，在田径运动训练中必须要加强对心理恢复、社会恢复手段的应用，充分发挥两者的积极作用。

六、改善大学生田径运动训练效果的几点建议

实践证明，要想成为田径场上的杰出者，良好的体能是不可或缺的一项重要指标。一个人体能的优劣，主要在于营养补充是否到位、恢复手段是否科学。因此，将大学生疲劳的消除与恢复作为田径运动训练的重要内容，并认真抓好落实显得尤为重要。下面为改善大学生田径运动训练效果提出几点建议，希望有一定的借鉴与参考意义。

（一）牢牢把握运动恢复的差异性

在训练计划的制订过程中，所选择的恢复手段必须与每位大学生的具体情况相符，包括性别、年龄、个性特点、身体素质、心理调节功能、生理调节功能等，保证恢复手段的有效性、合理性。

（二）充分认识运动恢复的系统性

运动恢复需要从多维度诸如教育、生理、社会及心理等有计划地组织大学生进行恢复，帮助大学生智力、身体、社会、情绪以及精神等方面得到有效的全面恢复，如大脑保持活跃状态、身体素质保持高水平状态、人际关系处于和谐状态、情绪保持平稳状态、精神压力保持良好状态。在过去，人们对训练恢复的认识主要集中于生物学层面的研究，随着田径运动的发展、研究的不断深入，人们加强了对恢复的认识延伸至心理学、社会学等领域，田径运动训练恢复手段不断丰富，使得运动恢复趋于系统性发展，不仅提升了田径运动水平，还可以促进大学生的个性发展和全面发展。

（三）切实提升运动恢复的计划性

运动恢复是田径运动训练的重要组成部分，对于田径运动质量与效果的提升起着不可替代的作用。将所有运动恢复手段整合到田径运动训练计划中，并以计划为牵引合理执行，作为重要的训练原则与手段，切

实将运动恢复与运动训练放到同等重要的地位，从而高度重视运动恢复。这就需要教师不断加强对运动恢复过程的认识，在制订田径运动计划时，应当从各项运动的专项特点入手，有针对性地设计科学的恢复手段，为田径训练效果与质量的提升提供有力保障，促进大学生田径运动水平的提升。

（四）高度重视运动恢复的持续性

运动恢复具有持续性特点，田径运动恢复手段是消除与恢复大学生运动疲劳的重要方式，应当贯穿于田径运动训练、田径比赛的全过程。每一节训练课结束后以及训练组间，教师要安排学生进行积极性的休息，有效地调节学生的情绪，减缓学生因运动导致的肌肉酸痛程度，进一步提升学生身心能量储备，使学生以健康的状态投入训练与比赛中。

第四章 走跑类项目的教学与训练实践

第一节 短跑的教学与训练

作为世界体育史上最古老的体育项目之一，短跑不仅是田径运动的基础，也是其他运动项目的素质基础。[①] 短跑项目是体能训练的有机组成部分，既需要速度又需要力量，还需要一定的技术含量，并且展现出周期性特点。本节将重点论述短跑的教学与训练实践。

一、短跑项目的技术动作

一般情况下，短跑的技术主要包括起跑、途中跑以及终点冲刺跑三方面，如图 4-1 所示。

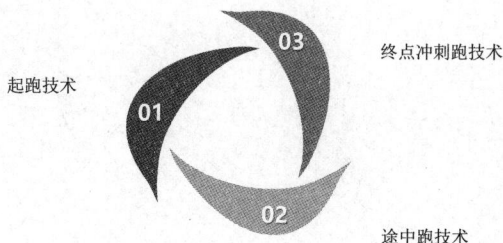

图 4-1 短跑项目的技术动作

[①] 靳涛. 论现代田径短跑项目特点 [J]. 文化创新比较研究，2018，2（7）：149，152.

（一）起跑技术

通常来说，短跑起跑按照规定采用"蹲踞式"起跑方式，运动员需要在发令枪发出起跑信号后即刻跑出。"蹲踞式"起跑主要由三个环节组成，分别为"各就位""预备""起动"。

当运动员听到"各就位"的口令后，需要放松心情，做深呼吸动作，在起跑器前俯身撑地，将双脚分别蹬在起跑器的前后抵趾板上，将有力的腿放在前面，另一条腿膝盖着地，跪于地面，双手放置地面上，间距略比肩宽，手指形成拱形，如图 4-2 所示，躯干保持微弓状态，重心转移至两手两脚支撑点中央。运动员应当保持注意力的高度集中，等待下一个口令的下达。

"预备"口令下达之后，运动员应吸气抬臀，臀部略高于肩部，身体重心稍微前移。此时，运动员身体重量主要依靠其双臂和前腿的支撑，有助于支撑腿的起动发力。前腿 90 度屈膝，后腿 120 度屈膝，两脚掌紧压起跑器抵趾板。保持上述姿势、状态，主要是为了在运动员起动时蹬摆配合协调，有助于提高起动速度。运动员形成以上姿势、状态后，应集中注意力等待发令枪响。

运动员在听到枪响后，双手需要第一时间离地，两臂屈肘，快速有力地前后摆动，与此同时，双腿蹬离起跑器，屈膝，快速有力地向前摆动自己的双腿。此时，运动员身体具有较大的前倾幅度，这也就是所谓的"起步跑"。

图 4-2 起跑前手部姿势

（二）途中跑技术

途中跑的距离最长，跑步速度也最快，是短跑项目全程中的主要阶段。途中跑要求运动员上体保持自然放松的状态，腿部动作幅度大，步子频率快，用前脚掌着地并使劲向后蹬，期间踝、膝起到重要的缓冲作用。途中跑技术是短跑技术中的精华部分，主要包括两腿动作、摆臂、上体姿势以及重心起伏。

在途中跑的过程中，运动员要始终目视前方，躯干保持正直或略微前倾状态，颈部自然放松，不易过度紧张。一言以蔽之，运动员在跑动过程中，必须要保证动作的高度协调性，频率快，动作幅度大，呼吸短且快，使重心始终处于平稳状态，运动轨迹为直线。

（三）终点冲刺跑技术

终点冲刺跑是短跑的最后一个阶段，此时运动员的速度应达到途中跑的最高速度。从跑步方法上来看，终点冲刺跑与途中跑基本相同，不同之处在于终点冲刺跑要求运动员要提高速度来进行终点冲刺。终点冲刺跑的最后环节就是让躯干尽可能向前倾斜，使胸部冲过终点线。

在短跑的最后阶段，运动员常常会因为体力不足使得跑速有所下降，对最终短跑成绩造成不利影响，所以在终点冲刺跑过程中，为了提高途中跑速度，要求运动员尽最大努力加快摆臂速度，上半身应适当前倾，同时腿要用力后蹬。在即将到达终点之前，运动员的上体要快速前倾，使胸部或肩部冲过终点线。为了防止发生跌倒，运动员在成功冲过终点线后不宜立即停止跑动，而是应该加大步伐，缓缓降低跑速。

二、短跑的教学设计

（一）短跑的教学目标

短跑教学的认知目标、技能目标以及情感目标三个层次的目标，如表 4-1 所示。

表4-1　短跑的教学目标

短跑的教学目标	具体目标
认知目标	了解短跑运动的发展历程
	了解国内外短跑的技术水平
	了解短跑竞赛的规律变更
	掌握短跑的概念、技术组成、技术动作环节要领以及影响短跑成绩的因素
技能目标	熟练掌握正确的短跑技术动作
	自主分析技术的不足之处，并根据实际情况使其得到有效解决
	能够科学地进行短跑锻炼，提高自身的短跑能力

续　表

短跑的教学目标	具体目标
情感目标	通过短跑学习，使学生真切体会到努力后取得成功的喜悦感
	通过短跑比赛公平、公正的竞争，引导学生树立良性的竞争意识
	培养学生互帮互助、相互指导的合作精神
	培养学生人际交往能力，让学生勇于展示并超越自我
	培养学生健康的习惯，增强学生自信心

（二）短跑教学的重难点

1. 短跑教学的重点

途中跑是短跑项目全程中距离最长的跑段，约占全程的 60%～70%，对速度要求也非常高，是短跑教学的重点内容。途中跑要求练习者达到最高的跑步速度，并保持速度不变。在教学过程中，需要教会大学生途中跑的各项技术动作，主要包括摆臂动作、腿部动作以及上体姿势等。在实际教学中，教师可以利用蹲踞式起跑教学，帮助大学生更好地体会起跑中的动作要领，调整其心态，培养大学生良好的适应和应变能力。总之，有效的途中跑教学，既有助于发展大学生的速度、耐力、力量等素质，又能够提升其加速能力、高速奔跑能力。

2. 短跑教学的难点

在短跑技术教学中，起跑后的加速跑技术是一项难度较高，且具有一定复杂性的技术。高效的加速跑教学，有助于大幅度提升大学生的身体协调性、灵敏性，发展其速度、力量、耐力等素质，提高其内脏器官的功能水平，增强其下肢肌肉力量。与此同时，还能让大学生更加直观、快速地学习与了解跑的基础知识与技术，帮助学生准确掌握正确姿势，培养大学生努力刻苦、顽强拼搏、勇往直前的精神品质。

在短跑教学过程中，教师要注重"各就位""预备""跑"三个口令的连贯性，加强对加速跑教学的重视程度，致力于大学生动作的连贯性与协调性的提升，教会学生如何有效处理速度与步长的关系。在短跑各项技术教学中，还要侧重于对学生自然放松能力的培养，加强对学生运动技术的改进与运动技能的提升，全面提高学生全程跑成绩。除此之外，还要有步骤、有计划、有重点地提高学生的身体素质以及快跑能力。

（三）短跑的教学策略

1.准备活动

短距离跑时间短、强度大，对人体器官机能系统提出了严格要求。为了帮助学生更快速地了解与掌握短跑各项技术，教师不仅要组织学生进行常规的准备活动，还要引导学生进行专项准备活动，主要包括内脏器官的适应性练习、关节的活动以及跑的专门性练习等。其中，内脏器官的适应性练习是指以高频率、小幅度的动作练习和短距离快跑练习的方式进行准备活动，主要包括原地快摆臂、原地快跑、原地快速高抬腿以及 30 米快速跑练习等；关节活动部位的练习主要是指各个关节活动部位进行舒展性、拉松练习，如肩、膝、韧带，此项练习主要是为了提高各关节部位的灵活性；跑的专门性练习指的是以高抬腿跑、后踢跑、小步跑以及后蹬跑等内容为主的练习。除此之外，在短跑教学之前，教师还可以组织开展一些反应性游戏活动，锻炼学生的反应能力，使学生从身体和心理上都做好充分的准备进行短跑学习。

2.技术教学内容与手段

短距离全程跑充分体现了学生的身体素质与技术水平，在学生短跑之前，需要教师为其开展短跑的基本技术教学，从而提高学生的身体素质和快跑能力。

（1）短跑的一般知识。

教学手段：①介绍短跑的发展概况，讲解短跑的项目特点，传授短跑的基本技术。②技术示范。为学生示范两次蹲踞式起跑 60 米的完整短跑技术，引导学生分别从正面、侧面认真观察。第一次示范以呈现完整技术为主，第二次示范主要是对关键技术环节的详细讲解，让学生了解与注意关键技术细节。③组织学生观看优秀运动员的技术图片、视频。

（2）跑的专门练习。具体是指根据跑的技术动作所设计的一系列跑的分解动作专门性练习，主要包括跨步跑、折叠跑、高抬腿跑、车轮跑等，主要目的在于帮助学生掌握与提升跑的技术水平。跑的专门性练习既能帮助初学者了解与掌握跑的基本技术，又能用来对某一技术环节加以改进。

教学手段：①讲授、示范跑的专门性练习动作。②带领学生进行慢节奏练习。③让学生体验与感知各个练习动作。

（3）直道途中跑技术。

教学手段：①讲授并示范直道途中跑技术特点。②讲解并示范原地摆臂技术要领，让学生按照技术要求原地反复练习摆臂。③讲解并示范途中跑技术，并正确摆臂。

（4）弯道途中跑技术。

教学手段：①介绍弯道途中跑技术特征，并对弯道 30 米跑进行示范。②将 10 ～ 15 米半径的圆圈作为练习场地，让学生亲身体验弯道跑。③学生练习弯道跑时，教师应站在距离跑道外侧 3 ～ 5 米处，以便更准确地全方位观察学生。

（5）加速跑技术。

教学手段：①讲解加速跑技术要领，并示范 2 次。②组织学生在直道上进行 30 ～ 80 米的匀加速跑。

（6）蹲踞式起跑技术。

教学手段：①讲解安装起跑器的三种方法，分别为"普通式""接近式""拉长式"；讲解示范 30 米蹲踞式起跑；组织学生动手依次尝试起跑器的安装方式，体会每种方式的优势与不足，并找到适用于自己的起跑器安装方式。②讲解"各就位""预备""跑"三种口令的技术动作。③组织学生进行 3～4 次的站立式起跑练习，复习与巩固起跑后的加速跑技术。

（7）终点跑技术。

教学手段：①组织学生进行慢跑、中速跑、加速跑等不同速度的跑步练习，反复练习撞线技术。②在距离终点 10～15 米处，反复练习上体前倾压线动作。

（8）全程跑技术

教学手段：①复习与巩固途中跑的所有技法、专门练习等。②提升学生对起跑、加速跑相关技法的掌握程度。③加深学生对终点冲刺、撞线技术的理解。

3. 教学评价

短跑项目教学评价主要是以教学目标为依据，采取过程性评价与终结性评价有机结合的方法做出的科学合理的评价。

（1）理论评价。教师可以通过课堂提问、卷面测试、课后作业等多种方式，全面地了解学生对短跑基本理论知识的理解和掌握程度，以及学生运用短跑知识解决实际问题的能力高低。因此，教师要做好教学安排与数据记录工作，为理论评价提供数据支撑。

（2）技术技能评价。通过成绩达标与技术评定相结合的方式对学生技术技能进行评价。成绩达标与否主要是根据学生 100 米、200 米成绩进行确定；技术评定主要是从实效性、经济性两方面对短跑技术进行评定。

（3）日常学习评价。根据学生日常学习中的考勤、课堂表现、学习态度、回答问题能力、作业完成情况、同伴评价等情况进行综合性评价。

三、短跑项目的训练方法

（一）针对力量的训练

通常情况下，短跑项目的力量训练主要包括负重抗阻训练、借用力量运动器材以及对抗性训练等多种方法。其中，负重抗阻训练是增强肌肉力量的基本手段之一，需要采用杠铃用最快的速度来完成练习。借用力量运动器材是指以力量运动器材为工具辅助练习，从而达到锻炼腿部肌肉的目的。对抗性训练指的是以双人方式进行负重蹲起、推拉等练习。

（二）针对速度的训练

在短距离跑训练过程中，速度对跑步者的成绩起着决定性作用，而肌肉力量、肌肉收缩频率是影响人跑步速度的两大因素。因此，为了提高大学生的短跑速度，需要着眼于其肌肉力量、肌肉收缩频率的提升，不断提升其肌肉的协调性。在针对速度提升的日常训练中，教师可以多引入一些有助于提升反应的加速跑的练习内容，如要求学生做出半蹲预备的姿势，当教师发出哨声指令后，学生需要立即起跑，并反复多次练习。

（三）针对步频的训练

在平时的短跑训练中，教师可以针对大学生设计一些有利于锻炼手臂力量的游戏，如跟随音乐进行击掌、摆臂练习，或者是引导学生进行各种姿势的原地摆臂练习，包括原地摆臂练习、蹲姿做摆臂练习、弓箭步摆臂练习、原地高抬腿摆臂练习，使大学生树立正确的摆臂动作概念，强调摆臂的向前性，提高大学生摆臂与摆腿方向的一致性。另外，教师还可以加强对原地高抬腿的练习，让学生站在原地前脚掌着地快速交替高抬大腿，保证重心的稳定性，有助于大学生步频的加快。

（四）身体柔韧度的训练

通常而言，人体各关节的活动范围是影响身体柔韧度的决定性因素，身体柔韧度的提升对短跑步幅改善具有积极影响。在短跑项目的训练中，教师要重视对大学生身体柔韧度的训练，可以让学生两人一组共同完成相互压背练习，或者是组织学生多次进行站立伸臂的练习，保证各个关节都能得到充分的活动，从而提高学生身体各个关节的协调性。当大学生具备良好的柔韧性时，就能在短距离跑的过程中迈出更大的步幅，保证各个关节之间高度协调配合，使肌肉得到充分的放松，再配合全身肌群的运动，从而提高运动效率。

（五）加强对大学生的心理指导

大学生短跑成绩的提升是一个循序渐进的过程，拔苗助长、急功近利的做法是训练中的大忌。如果大学生急于提升短跑成绩，缺乏对日常训练的高度重视，盲目地追求比赛带来的刺激感，这样的心态是不端正、不健康的，最后结果往往会适得其反。因此，在日常短跑训练中，教师要加强对大学生的心理指导，提高大学生对日常训练的重视程度，以健康、正确的态度看待每一次训练，不能因为练习项目难度低就不认真对待，科学、循序渐进地提升短跑成绩，在一定程度上可以保证运动训练的有效性。

第二节　跨栏跑的教学与训练

跨栏跑作为田径运动中径赛的一种，是一个技术性、节奏性较强的短跑项目，要求在一定的距离之内，跨过规定数量、距离、高度的栏架。本节将重点论述跨栏跑项目的教学与训练实践。

一、跨栏跑项目的技术动作

（一）男子110米跨栏跑技术

1. 起跑至第一栏的技术

在男子110米跨栏跑中，起跑点距离第一个栏共13.72米。起跑至第一栏的技术特别重要，要求运动员可以在枪响声发出后第一时间起动并加快速度，找准合适的起跨点，为成功跨过第一个栏做好充分准备。起跑至第一栏的技术要求主要包括以下三点。

第一，通常情况下，运动员从起跑点至第一个栏需要8步，由于个体间存在差异性，所以部分运动员需要9步，部分人则需要7步。在跑这一段距离时，对于需要单数步跑完的运动员，应当将起跨腿一侧起跑器摆放至后方，而双数步跑完的则恰恰相反。为了保证运动员能够踩到准确的起跨点，可以结合加速跑步点的需要，合理地调节起跑器的位置。

第二，"预备"信号发出后，运动员需要做出抬臀动作，为了增加起跑后前几步的步长，要使臀部明显高于肩部。枪响信号发出后，运动员需要立即起动，第一时间蹬离起跑器迈出第一步，加快跑步速度。在跨栏跑过程中，为了快速增加起跑后的步长，运动员加速跑的后蹬角度要稍大，同时保持较高的重心，身体与地面之间的夹角要稍大。一般来说，在运动员即将跨上栏架的前两步时，身体上半部分已经呈现出正常的跑动姿势。

第三，保证加速跑步幅的稳定性、节奏性。运动员迈出第二步之后，要逐渐增加每一步的步长，大约为15～20厘米。在跨第一个栏的前一步，运动员要跑短步，大约比前一步短15～20厘米，这样做的目的在于将运动员重心快速通过支撑点上方转移至起跨攻栏。

2.跨栏步技术

跨栏步从起跨腿的脚踏上起跨点开始，一直到摆动腿的脚跨过栏架后成功着地结束。在这一阶段，为了能够快速地成功越过栏杆，运动员要在有效越过栏架的基础上，尽量降低起跨过程中的垂直速度，提升腾空初速度，缩短身体重心抛物线轨迹。跨栏步技术主要由起跨攻栏、腾空过栏两项技术组成。

（1）起跨攻栏技术。起跨攻栏是从起跨脚踏上起跨点开始到起跨腿后蹬结束离地瞬间为止，这一时间段内运动员所做的动作即起跨攻栏技术。起跨攻栏技术的要求主要有以下三点。

第一，起跨攻栏要找到准确的起跨点。如果起跨点与栏架之间的距离过长，将不利于运动员上栏，会增加腾空时间；如果起跨点与栏架之间的距离过短，也会对运动员上栏造成一定阻碍，增加起跨时的跨腾角度，形成跳栏，增加腾空时间。一般来说，优秀运动员的起跨点与栏架之前的距离为 2.00 ～ 2.20 米。

第二，起跨、蹬地要加快速度，这也就意味着正式起跨前一步的步长要减少 15 ～ 20 厘米。这样做的主要目的包括两方面，一方面是让运动员保持较高的重心，最大限度地降低垂直速度，另一方面是使运动员重心快速通过支撑点上方转移至攻栏动作。起跨腿用前脚掌在靠近身体重心投影点附近的起跨点快速着地起跨。运动员在攻栏过程中，要保证起跨腿快速伸展膝、髋、踝等相关关节，上半身向前倾斜，髋部前送，手臂向前摆动时尽可能前伸，尽可能地将重心向前移动，形成适宜的起跨蹬地角度，一般维持在 65 度～ 70 度为宜。

第三，攻栏摆腿快，起跨脚着地后要立刻屈膝摆腿向前。在攻栏的过程中，运动员应该朝着前上方快速折叠摆动大、小腿，因为摆动半径会有所减少，所以为了呈现出更优的起跨攻栏的效果，需要加快腿的摆动速度。

（2）腾空过栏技术。所谓腾空过栏，指的是从起跨脚掌离地开始一直到摆动脚下栏着地结束，而在这一时间段内所做的动作即腾空过栏技术。运动员进行腾空过栏时，由于其身体处于腾空状态时无法调节与改变自身的位移速度，以及身体重心的运行轨迹，所以，运动员在这一阶段要使上肢保持协调，并提高摆动腿与起跨腿的速度，从而更加迅速、准确地完成跨栏动作和着地动作，如图 4-3 所示。

图 4-3　腾空过栏技术动作

　　运动员在起跨蹬离地面之后，摆动腿的高度超过栏板时要迅速前伸，当脚跟即将接近栏板时，要尽量伸直。此时，上半身要迅速前倾，尽可能让胸部靠近摆动腿的方向，摆动腿的另一侧手臂要尽可能地向前摆动，形成髋横轴与肩横轴交叉扭转的状态，以保证身体的平衡性。与此同时，为了保证运动员的双腿在下一个跨栏中迅速做出剪绞动作，其摆动腿与起跨腿之间要保持较大的角度，从而起到肌肉预先拉伸的作用。

　　运动员的摆动腿脚掌成功跨过栏架后，需要迅速做出下压动作。此时，后方的起跨腿屈膝外展，迅速朝着前方拉引。在向前提拉的同时，起跨腿的脚跟向臀部靠近，膝部位置要高于踝部位置，脚尖朝着上方翘起，与摆动腿的下压形成剪绞动作。

　　当摆动腿处于下压状态时，运动员的上体就会略微抬起。当摆动腿的前脚掌着地时，膝关节伸直，踝关节起到缓冲作用，此时身体重心偏高。摆动腿下栏着地时，身体仍然向前倾斜。在起跨腿向前提拉时，身体重心移动过支撑点，此时跨栏步动作完成，接下来进入栏间跑阶段。

当起跨腿着地时，运动员应该尽量向身体重心投影点周围靠拢，从而降低着地时的水平速度的损耗。一般情况下，优秀运动员跨栏步的着地点距离栏架为 1.30 ～ 1.45 米。

3.栏间跑技术

栏间跑技术指的是从运动员完成上一个跨栏动作着地开始，一直到下一个栏起跨结束这段距离中所表现出的技术动作特征。在这一阶段，要求运动员的跑动既要速度快也要保持节奏感，为下一个攻栏动作做好充分准备。相比于短跑的途中跑，栏间跑技术的不同之处在于其需要在固定的距离内完成固定的步数，同时还要为过栏做准备。在栏间跑过程中，运动员的身体重心较高，跑步速度较快，栏间三步的步长比例分别为小、大、中。

下栏动作和栏间第一步紧密相连。在下栏着地时，运动员摆动腿的膝关节几乎处于伸直状态，参加后蹬、动作的伸肌群尽可能拉长，同时起跨腿通过屈膝外展提拉，放脚落地。由于起跨腿与摆动腿之间形成了交叉步动作，使得抬腿速度和后蹬力量有所降低，所以栏间第一步的步长在三步中最小。在下栏着地时，运动员需要通过支撑踝关节、脚掌力量来进行充分的后蹬，髋部在起跨腿的带动下朝着前方提拉，并通过快速有力地摆动双臂，加快跨跑的速度，从而使跨跑效果更优。一般来说，优秀运动员栏间第一步的后蹬角度大约为 60 度，步长不小于 165 厘米。

栏间第二步是提升跑步速度的关键所在，是栏间跑步长最大的一步。运动员在进行栏间第二步时，其跑动动作几乎已恢复至正常的跑步动作，这一步抬腿位置比较高，力量更强，速度更快。一般情况下，优秀运动员的栏间第二步步长大约为 2.10 米。

栏间第三步与起跨攻栏紧密相连，这一步的跑步速度也达到最快。运动员在这一步不仅要快速跑进，还需要为起跨攻栏做好充分准备，所以，这一步的抬腿低、放脚速度快，并且与身体重心投影点相接近。栏间第三步的步长处于栏间第一步与栏间第二步之间。

4. 终点跑技术

终点跑技术指的是运动员成功跨过所有的 10 个栏架之后一直到终点为止这段距离内所做的动作。在跨越过所有栏架之后，对运动员的步点不再提出要求，所以运动员在越过最后一个栏架时，要尽可能地下压摆动腿，拉近着地点。成功跨过栏架之后，运动员的起跨腿就可以立即快速地向着前方摆动。在这一时间段内，运动员应当进行充分的后蹬，加快摆臂速度，将跑速升至最快，从而更加迅速地冲击终点。

（二）男子和女子 400 米跨栏跑技术

从过栏技术角度来看，男、女 400 米栏与 110 米栏之间并没有太大差别，而男子 400 米的栏间距相对更长，栏架高度也有所不同，而且部分栏架被安排在弯道上，所以从用力程度、细节、形式以及动作幅度角度来看，两者存在一定的区别。在男、女 400 米栏中，运动员起跑至第一个栏所用步数与栏间跑所用步数息息相关，通常来说，前者比后者多 5 步，如男子 400 米栏栏间跑需用 13 步，起跑至第一栏用 20 步；或 14 步与 21 步；或 15 步与 22 步。

1. 女子过栏技术

相比于男子 400 米跨栏，女子的栏架高度较低，所以对女子运动员的部分要求也比较低。从上体倾斜角度、后蹬力量、摆臂幅度以及起跨腿的提拉速度四个角度来看，女子 400 米跨栏跑均比其他类型的跨栏项目难度要小，其跑跨技术与"跑栏"相接近。

2. 男子过栏技术

从过栏技术要求来看，该项目的过栏技术介于男子 110 米栏和女子 400 米栏之间。

3. 栏间跑技术

栏间跑的步数应具有稳定性、固定性的特点，步长要具有较高准确性，强调节奏感。栏间跑要求运动员具有较强的肌肉力量，同时拥有良好的空间定向能力、目测能力，由此才可以更加精准地踏上起跨点。栏间跑的实跑距离在 32.7 米左右，一般情况下，男子需要跑 13 ～ 15 步，女子需要跑 15 ～ 17 步。

4.跨弯道栏技术

男、女 400 米跨栏会在弯道位置设置 5 个栏架，弯道跨栏不同于直道跨栏，所以相应的过栏技术也会有一定改变，而且对起跨腿的选择也提出了特定要求。一般情况下，相比于左腿起跨，运动员右腿起跨会更加有利，究其原因，主要是右腿起跨可以借助于向心力成功过栏，并使运动员身体保持在平衡状态，以防因为身体失衡造成犯规。

5.跨栏步技术

由于 400 米跨栏跑的跑程比较长，相邻两个栏架之间的距离比较远，栏间跑步数比较多，所以对运动员的栏间步节奏的控制能力提出了更高标准的要求。除此之外，要想更加迅速地跑完全程，还要求运动员具备良好的专项耐力、自强不息和坚忍不拔的意志品格。

二、跨栏跑的教学设计

（一）跨栏跑的教学目标

跨栏跑教学的认知目标、技能目标以及情感目标三个层次的目标，如表 4-2 所示。

表4-2 跨栏跑的教学目标

跨栏跑的教学目标	具体目标
认知目标	了解跨栏跑的发展与演变历程
	了解跨栏跑的技术演变
	掌握跨栏跑的概念、技术环节、动作要领以及影响运动成绩的因素
	了解跨栏跑场地、器材以及裁判规则的变化

跨栏跑的教学目标	具体目标
技能目标	熟练掌握跨栏跑各项动作技术
	完成并示范跨栏跑技术组成部分的动作
	分析自身动作技术的不足，并有效解决
	增强学生的组织纪律性，培养学生安全意识，养成遵守课堂常规的习惯
情感目标	通过跨栏跑教学，培养学生迎难而上、坚持不懈、跨越障碍的顽强意志品质
	培养学生的自信心
	培养学生坚持锻炼、超越自我的良好品质，形成积极的归因风格，提高学生的自我效能感

（二）跨栏跑教学的重难点

1.跨栏跑教学内容的重点

起跑至第一栏技术，跨栏步技术，特别是快速攻栏和双腿、上下肢的配合技术。

2.跨栏跑教学内容的难点

跨栏步与栏间跑的衔接技术，跨栏步以及下栏后身体的平衡。

（三）教学策略

1.准备活动

在田径运动项目中，跨栏跑是一项具有较强技术性和节奏性的项目，同时对身体条件、素质提出了较高的要求。在实际教学中，为了提高对课堂教学时间的利用率，帮助学生更快速地掌握跨栏技术，准备活动不仅要设置常规活动内容，还要引入一些专项性练习内容。

具体来说，教师可以借助教材、网络资源、讲解示范等多种方式引导学生参与各部位的活动练习中，而专项准备活动的设计主要以专项技术要求为设计依据，以跨栏步的专门性练习为主要内容。以髋关节柔韧性练习为例，教师可以充分利用肋木和栏架两种教学工具，组织学生进行提拉、摆动腿蹬地以及积极下压的练习，与技术特点相契合，有助于加深学生对技术的理解与掌握。

2.技术教学内容与手段

跨栏跑的技术教学一般围绕四个环节展开，即跨栏步、栏间跑、蹲踞式起跑后加速跑过第一栏以及下第十栏后的终点跑。在教学初期，教学重点主要是跨栏步和栏间跑相结合技术。在以往教学中，主要采取分解教学法，随着跨栏跑教学的发展，教学顺序发生了一定变化，更加重视学生跑跨结合的能力，因此教师会先传授栏间跑技术。同时，从教学方法上来看，以先完整后分解为主，着眼于学生跑跨能力的提升，一旦学生真正掌握跨栏跑的正确动作技能和方法就能直接过栏。此外，为了降低学生学习跨栏跑的难度，教师可以结合不同学生的具体情况，针对性地设置栏架高度、栏间距离，帮助学生更轻松地掌握跨栏跑技术。

（1）跨栏跑一般知识。

教学手段：①讲解跨栏跑特点、锻炼价值、比赛项目、栏架高度、栏间距离等。②以图片、视频等方式形象地讲解跨栏跑基本技术，也可以为学生边讲解边演示，使学生形成正确的动作表象，建立跨栏跑的完整技术概念。③讲解并示范跨栏跑技术，用站立式起跑跨过 2～3 个栏。

（2）跨栏步技术。

①摆动腿过栏技术。

教学手段：a.原地摆动腿过栏技术。处于伸直状态的支撑腿用前脚掌支撑地面，上半身保持正直，摆动腿屈膝向高处抬起，带髋向前，然后大腿尽可能下压，膝关节自然放松，小腿在惯性的作用下摆出，着地于身体重心投影点稍前方。b.慢跑过程中做摆动腿过栏练习。初期慢跑4步左右做一次摆动腿过栏练习，待熟练后，每跑一步做一次练习，不断加快练习速度，保持自然放松状态。c.慢跑过程中做栏侧摆动腿过栏练习。在摆动腿距离栏架较近的一侧，通过慢跑的方式到达栏架侧后方

1米左右的位置，使用起跨腿着地，摆动腿屈膝向上提举，小腿快速朝着栏架上方摆出，随后尽可能地下压双腿，直腿下落利用前脚掌进行支撑。当学生已经熟练掌握该动作后，可以加快跑步速度，连续跨3～4个栏架。

②起跨腿过栏技术。

教学手段：a.手扶肋木进行起跨腿提拉练习。学生在摆动腿距离栏架较近的一侧站立，纵向或横向摆放栏架，与肋木相距大约1米，双手扶住肋木，上半身前倾，两眼平视前方。此时开始起跨腿伸直并积极摆向后方，接着屈膝向外伸展，经腋下朝着前上方位置提拉越过栏杆。要求抬膝、展髋形成较大幅度，身体逆转角度较小，练习速度由慢至快。栏板前端要略高于后端，学生起跨腿顺着栏板朝着前方提拉，膝提拉至身体正前方，小腿自然放松下垂。b.在走步中进行起跨腿过栏练习。迈出4步左右摆动腿做过栏动作并着地，起跨腿离开地面后，双腿折叠向外伸展，经过身体两侧至栏架上方向前提拉过栏，上半身略微向前倾斜。要求起跨大腿提拉至身体正前方。c.通过慢跑或快跑的方式在栏架一侧进行起跨腿过栏练习。在起跨腿距离栏架较近一侧进行慢跑或快跑，当跑至距离栏架1.5～2米的位置时，摆动腿攻栏，起跨腿离开地面后双腿折叠向外伸展，经过身体两侧至栏架上方快速朝着前方提拉。摆动腿着地后，起跨腿朝着前方提举，迈出下栏之后的第一步，并接着向前跑。要求学生起跨腿更有力地蹬地，快速提拉跨过栏架，与摆动腿密切配合。练习跨越4个栏时，相邻两个栏架相距7～8米，先通过走动的方式完成动作，之后通过慢跑的方式完成动作。

③过栏时双腿形成剪绞动作和上下肢配合动作。剪绞动作指的是双腿腾空阶段，摆动腿迅速积极下压着地的同时，起跨腿快速提拉的双腿协调配合的动作。在这一过程中，加强上下肢的密切配合程度，对腾空时间的缩短起着促进作用，进而使身体更快地重新获得支撑。

教学手段：a.在原地进行"跨栏步"模仿练习。在原地呈自然站立状态，摆动腿屈膝高抬大腿，同时向前摆出小腿用前脚掌落地，在摆动腿下落的过程中，起跨腿后蹬离开地面后屈膝向外伸展，经过身体两侧朝着前方提拉落地。b.原地进行摆动腿过栏练习。在距离栏架30～40厘米处，起跨腿支撑站立，上半身保持正直，摆动腿做出屈膝动作并置于栏板上，小腿自然放松下垂。之后摆动腿直腿摆起，起跨腿迅速有力地后蹬离开地面，随后摆动腿积极进行下压并用前脚掌着地，与此同时，起跨腿迅速提拉跨过栏架。c.以慢跑方式进行跨栏步练习。在慢跑过程中，摆动腿屈膝朝着前上方摆出，随后大腿下压用前脚掌着地，同时起跨腿用力蹬离开地面后，屈膝向外伸展，经过身体两侧朝着前方提拉至身体正前方。要求左右双臂密切配合。练习初期每跑三步做一次，熟练之后每跑一步做一次。d.高抬腿从栏架一侧或栏架上方过栏。这一过程中身体重心较高，朝着前方高抬腿跑至距离栏架1米左右的位置起跨。练习中要求学生尽量减少腾空时间，两腿剪绞速度要快，上下肢配合要密切，下栏后接着通过高抬腿跑准备跨下个栏架。e.栏间跑一步连续过栏。根据学生实际能力设置栏间距离，通常设为3～3.5米。要求学生快速跑至第一个栏架，跨越栏架时双臂、双腿密切配合，可以先以侧栏跑一步连续跨栏方式进行练习，然后再以栏上过栏的方式进行练习。

（3）蹲踞式起跑过第一栏技术。起跑过第一栏的技术，从总体上可以概括为"快""准""稳"，其中，"快"指的是起跑速度快，加速较快；"准"指的是栏前步点、起跨点准确；"稳"指的是栏前跑节奏具有较强的稳定性。

教学手段：①试跑练习。以站立式起跑方式向前跑8步，检查起跨、步长的距离。②在跑道上摆放标志物，为学生建立起跑至第一栏8步步长的空间定位感提供帮助。③跑8步跨越横杆。移除跑道上的标志物，让学生按照已熟悉的步长和节奏，以较快的速度跑8步跨过横杆。④起跑过第一栏专门练习。学生起跑后向前跑8步，用摆动腿在栏架一侧练习过栏。⑤站立式起跑越过第一栏。⑥蹲踞式起跑跨过第一栏。借助于起跑器，根据信号快速起跑过栏。

（4）跨栏步和栏间跑相结合技术。

教学手段：①站立式起跑跨 2 ~ 3 个栏。在练习中，男生、女生栏高分别设置为 91.4 厘米、76.2 厘米，男生、女生的栏间距离分别为 11 ~ 12.5 米、10 ~ 11 米，均为跑 5 步。②站立式起跑跨 3 ~ 5 个栏。根据学生具体情况设置栏高、栏间距，以站立式起跑方式连续跨过 3 ~ 5 个栏。③适当减少栏间距，站立式起跑过 5 ~ 8 个栏，提高学生栏间快节奏跑的能力。④蹲踞式起跑跨过 5 ~ 10 个栏，侧重于提高栏间跑节奏的稳定性。

（5）全程跨栏跑技术。

教学手段：①站立式起跑跨越 8 ~ 10 个栏架，适当降低栏架高度、缩短栏间距。②将不同栏高、栏距组合在一起进行练习。从整体上进行设置，前三个栏架高度相对较高，中间两个栏架高度相对较低，最后 2 ~ 3 个栏架高度相对较高。或者前两个栏架高度相对较低，中点两个栏架高度相对较高，最后 2 ~ 3 个栏架高度相对较低。栏间距也要根据实际情况做出适当调整。③设置 8 ~ 10 个栏架，降低栏架高度，进行节奏跑练习。栏高设置为 76.2 厘米为宜，栏间距设置为 8.3 ~ 8.5 米为宜。④蹲踞式起跑跨 5 ~ 7 个栏架。着眼于学生跑步速度的提高，以及跨栏步和栏间跑相结合的技术的改进，使学生形成良好的栏间跑节奏。⑤成组听信号站立式或蹲踞式起跑跨 5 ~ 10 个栏。⑥男生、女生分别进行 55 米、50 米半程跨栏跑，并对其做出技术评定与计时检测。

3. 教学评价

（1）理论评价。从回答问题情况、课堂讨论、作业完成情况等方面进行评价，同时教师要做好相关内容的记录。

（2）技术技能评价。采取成绩评定和技术评定两种方式进行考核评价。

（3）日常学习评价。根据学生日常考勤记录、学习态度、课堂参与度等情况进行综合评价。

（4）通过教师评价、学生自评以及同伴互评相结合的方式进行评价。

三、跨栏跑项目的训练方法

（一）加强身体素质训练

大学生的身体素质不仅会影响到跨栏跑技术训练的进度，还关乎着大学生的身体健康。一般来说，为了加强大学生的身体素质训练，教师会从以下两方面入手。一方面，针对缺乏吃苦耐劳精神的大学生，教师会根据学生实际情况灵活调整耐力、力量训练方案。基于大学生热爱生活、充满热情的性格特征，教师可以组织学生观看一些有关跨栏跑训练的具有代表性的电影，或者是具有趣味性、生动性的训练素材，在给学生带来乐趣的同时，使学生从中受到鼓舞，对跨栏跑的力量、耐力训练形成全新的认识，并自觉、主动、积极地配合教师完成训练内容。另一方面，教师可以利用线上、线下等多种渠道，组织周期性的跨栏跑安全训练讲座，进一步增强大学生的安全意识，提高自我保护能力。

（二）注重专项力量素质训练

众所周知，当前竞技体育运动项目十分重视运动员的躯干力量练习，特别是核心力量的训练，并将其作为训练中一个必不可少的环节。鉴于此，教师在大学生跨栏跑技术训练中，应当重视对大学生进行专项力量素质的训练，为学生后续的跨栏跑奠定良好的基础，使其最终能够取得理想的成绩。

速度力量训练在跨栏专项力量训练中占据首要位置，速度力量素质是影响运动员神经肌肉兴奋与抑制的快速转换能力，但是，在实际生活中，不少大学生无法充分发挥出最大肌肉力量。基于此，教师在面向大学生开展专项力量训练时，应该侧重于学生快速力量的提高，并以此为基础进一步发展学生的最大肌肉力量。具体来讲，教师可以利用为大学生特别定制的专门练习专项力量的练习器，组织学生进行集等动、等长、等张于一身的训练，以达到发展学生最大肌肉力量的目的。

（三）优化心理素质训练

在跨栏跑训练中，教师一方面要结合大学生的心理特征，有计划、有组织地针对心理素质实施预防性训练、专项训练。例如，教师可以定期组织形式多样的集体性活动，包括野外挑战赛活动、户外聚餐活动等，使大学生感受到集体的力量，敞开自己封闭的内心，学会通过自我疏导化解心理郁结。另一方面，教师除了要有意识加强对大学生的心理素质训练，还要掌握更多提高大学生心理素质的方式方法。处于青春期的大学生大多具有敏感的心理特征，教师要充分尊重与保护大学生的隐私，不要在公开场合批评大学生、揭露大学生身上的不足之处，尽可能采取一对一沟通、线上沟通等方式，与大学生之间建立良好的师生关系，从而赢得大学生更多的信任，循序渐进地提高大学生的心理素质。

第三节　中长跑的教学与训练

中长跑是 800 米以上距离的田径运动项目，需要运动员展现出极高的耐力和速度，既需要力量，也需要恰当的配速。中长跑教学和训练极其重要。对于提升运动员体质健康水平具有重要作用。

一、中长跑项目的技术动作

（一）起跑

中长跑运动选择的是站立式起跑方式，要求运动员首先调整自己的呼吸，让自己的心脏跳动平稳有力。当听到预备跑动的口令后，运动员需要以较快的速度走到起跑线位置，两脚保持前后开立，通常按照自己的习惯将一只脚放于前方，前脚的脚尖要紧贴着起跑线后沿，两腿膝盖向前弯曲，上半身微微向前倾斜，两臂一前一后做出摆臂姿态，要求将身体重心放于前腿上，注意保持姿态的稳定性，集中注意力等待口令的发出。

（二）加速跑

运动员需要根据自己的实际情况，在起跑后大约 100 米的距离内，适当地调节自己的跑步节奏，找到自己练习时的最佳节奏。在加速的过程中，运动员应当保持上半身前倾，用前脚掌着地。左右两臂用力摆动，脚掌用力蹬地，大腿尽可能地向前摆动，在此过程中要注意保持身体的协调性，速度加快的同时，步幅也会随之增大，此时运动员还要慢慢调整呼吸频率。由于运动员身体素质有所差异，所以加速跑的距离、力量的分配，应该根据运动员的战术需要、特点来确定。

（三）途中跑

在中长跑运动中，途中跑不仅是距离最长的跑段，也是花费时间最久的一段距离，它是影响运动员能否在中长跑中跑出好成绩的决定性因素。在中长跑运动中，根据运动场形状的不同，可以将途中跑划分为直道跑、弯道跑两种类型。在直道跑过程中，要求运动员进行垂直跑动，此时不仅大腿不可以靠内或靠外摆出身体，应该正对前方，用脚前掌扒地，整个身体也不能向左右扭动做曲线跑动；在弯道跑过程中，要求运动员左腿膝关节向外侧微微伸展，右腿膝关节适当内扣，用左脚前脚掌外侧落地，以及右脚前脚掌内侧落地，整个身体的重心向左侧倾斜，右侧手臂朝着左侧方向摆动，左侧手臂朝着左外摆动。

（四）冲刺跑

在中长跑运动中，冲刺跑是最后一段距离的加速跑，也是全程跑中最后一个跑程。要求运动员使出自己最后的所有力量，战胜疲劳感，超越自我，尽自己最大的努力创造出令自己满意的成绩。这一跑段要求运动员提高摆臂速度，身体向前倾斜。运动员可以根据自身体力情况、战术要求，确定适合自己的冲刺跑距离。

二、中长跑的教学设计

（一）教学目标

1.认知目标

教师讲授中长跑的一般知识，让学生初步了解中长跑的要求和注意事项，培养学生学习中长跑的积极性。

2.技能目标

通过中长跑教学，使学生掌握中长跑的基本技术、技能与方法，并能利用所学的技术动作进行练习、完成简单的比赛，提高学生身体的协调性、灵敏性。

3.情感目标

通过中长跑项目的学习与练习，培养学生对中长跑运动的兴趣，使学生养成拼搏努力、坚持不懈、吃苦耐劳、积极进取的精神品质，形成健康的生活方式。

（二）教学内容的重难点

重点：途中跑技术是中长跑教学的重点，是指起跑后经过一段距离的加速跑后达到并保持一个最高速度的过程。帮助学生掌握与合理运用途中跑技术是教学工作的重中之重。

难点：蹬与摆的协调配合、呼吸节奏的调整是中长跑教学的难点。在中长跑运动中，前摆和后蹬方向相反，后蹬是人体向前位移的力量来源，但要想获得良好的后蹬效果，离不开有机体各部位的协调配合，尤其是摆动腿有力地前摆。正确的呼吸方法决定着中长跑技术的正常发挥。中长跑是一项消耗能量大的运动项目，机体会产生一定的氧债，为了确保机体氧气的充足，呼吸不仅要配合跑的节奏，还要具备一定的深度与频率。

（三）教学策略

1.准备活动

（1）一般性准备活动。一般性准备活动的主要目的在于热身，让学生关节、肌肉不再黏滞，提高学生韧带、肌肉的伸展性、弹性。具体来说，可以组织学生进行诱导练习、辅助练习等，通过慢跑、拉长等多样化的练习方法，为一般性准备活动的开展做好充分的准备。

（2）专门性准备活动。专门性准备活动主要是为了消除学生内脏器官的固有惰性，提高机体的性能水平，从而使学生尽早地进入运动状态。一般情况下，专门性准备活动主要采取以下几种手段进行练习：

①慢跑：慢跑10～20分钟，或者慢跑800～2000米。

②柔韧性活动：针对颈、肩、腰、髋、膝、踝等部位的伸、屈及环绕练习。

③伸展性活动：振臂、扩胸、体转、体前屈、侧压腿、弓箭步等练习活动。

④加速跑：在直道、弯道场地练习加速跑。

⑤跑的专门性练习：小步跑、后蹬跑以及半高抬腿跑等练习。

2.教学内容与手段

（1）中长跑的一般知识。

教学手段：①普及中长跑运动的发展状况。②讲解中长跑锻炼的健身价值，强调学习中长跑的重要性。③介绍中长跑教学的步骤和教学的主要内容。④讲解并示范中长跑技术要点，让学生初步了解与体会中长跑技术，建立正确的技术概念。⑤引导学生从自身实际情况出发，用最大强度跑完规定距离。

（2）途中跑技术。

教学手段：①教师讲解并亲身示范途中跑技术，或者利用图片、视频等直观教具进行展示，帮助学生更透彻地了解途中跑技术的要求、要领与方法。②组织学生均速跑 80～100 米，保持中等以下速度即可。③组织学生加速跑 80～100 米，速度由中等以下逐渐升至中等以上。经过多次练习，让学生初步了解途中跑对摆臂动作、躯干姿势以及腿部动作的要求，并注意协调步伐与呼吸，从而掌握正确的呼吸方法。④变速跑。首先，让学生以中等速度跑 100 米，随后以中等以下速度跑 100 米；其次，让学生以中等速度跑 200 米，随后以中等以下速度跑 100～200 米；最后，让学生以中等速度跑 300 米，随后以中等以下速度跑 100～200 米。通常而言，男生、女生的变速跑总距离，大多控制在 1500～2000 米、800～1000 米。此外，变速跑要求学生合理控制跑速，不仅要做出正确的跑步动作，还要注意呼吸方法的正确性。

（3）站立式起跑，起跑后的加速跑技术。

教学手段：①教师讲解并亲身示范站立式起跑和起跑后加速跑技术，或者利用图片、视频等直观教具进行展示，帮助学生更直观地了解技术要求、要领和方法。②将所有学生分成若干个小组，每组 4～6 人，以小组为单位，站立于起跑线后方，根据教师的"各就位"口令反复练习站立式起跑的预备姿势，让学生感受并摸索出站立式起跑时适合的两脚位置和身体姿势。③以小组为单位，在起跑线后集合站好，等待教师发出"各就位""跑"的指令，运用站立式起跑和起跑后加速跑的方法跑 30～80 米。④组织学生中速跑 200 米、300 米或 400 米。要求学生以站立式起跑方式重复跑 200～400 米，途中跑始终保持中等速度，注意起跑动作的正确性，跑步过程中要保持动作的自然放松，跑步速度要均匀，步伐和呼吸密切配合，加强对学生速度感知力的培养。男生、女生重复跑的总距离分别控制在 1200～1500 米、600～800 米。

（4）终点跑技术和全程跑技术。

教学手段：①介绍终点跑和全程跑技术的要求，并传授相应的方法。②根据学生水平划分小组，采取站立式起跑方式，组织学生中速重复跑200米、400米或600米。在50～150米的后程阶段，要求学生适当加速冲刺跑过终点。男生、女生重复跑的总距离宜分别控制在1200～1500米、600～800米。③根据学生水平划分小组，采取站立式起跑方式，组织男生、女生分别以中等速度匀速跑1200米、600米。在100～200米的后程阶段，要求学生根据自身体力情况适当加速，冲刺跑通过终点。④根据学生的体力情况设计跑步方案，男生、女生跑步距离分别为1200～1500米、600～800米。⑤组织男生、女生分别进行1500米、800米全程跑比赛，并由教师做出相应的考核评价。

3.教学评价

基于中长跑教学目标的导向作用，教学评价可以从以下几方面入手。

（1）知识和能力评价。通过课堂提问、卷面测试、课后作业等多种方式，考查学生对中长跑锻炼价值、技术结构等中长跑理论知识的理解和掌握程度，以及学生学以致用的能力。

（2）学习态度、意志品质评价。根据学生日常学习中的出勤率、学习态度、回答问题情况、作业完成情况等方面进行评价。

各项指标评价分数所占的权重如下：知识占10%，能力占10%，学习态度占10%，技评占30%，达标占40%。

三、中长跑项目的训练方法

（一）强化思想教育，注重意志力培养

在大学生体育教学中，中长跑教学始终是令教师和学生头痛的一大难题，因为它的内容本身具有一定的单调性、枯燥性，难以激发学生内在的兴趣与热情，而且学生在中长跑训练过程中，非常容易出现气短、

胸闷、恶心、四肢无力等生理现象，所以对于大部分学生来说，完成中长跑是一个巨大的挑战。而部分学生由于缺乏战胜困难的勇气和坚持不懈的毅力，所以对长跑课有一定的恐惧感。鉴于此，教师在训练中有必要加强学生的思想教育，首先要让学生认识到气短、恶心等生理现象是中长跑运动较为常见的现象，通过适当地调整呼吸便能使之得到有效缓解，同时还要不断鼓励学生依靠顽强的意志力跑完全程。为了更好地开展大学生的思想工作，教师要积极与学生进行思想交流，善于用奥运会冠军的事迹鼓励学生，培养学生自强不息、迎难而上、不畏艰险的良好品质，使学生具备战胜自我的勇气，从而逐渐消除对中长跑的恐惧心理。

（二）开展专项训练，提升学生能力水平

作为一项需要速度和耐力的综合性项目，中长跑对运动员的速度和耐力提出较高的要求。所以，在日常训练中，教师要采取科学训练方法，不断加强对学生速度、耐力等方面的专项训练。

1. 速度训练

对于中长跑比赛运动员来说，在比赛中往往都是到最后几十米或几米才分伯仲，若是速度慢必然会输，这充分说明了速度的快慢对运动员最后冲刺水平起着决定性作用，是运动员取得理想成绩的重要一环。因此，中长跑技术训练应当重视速度训练，并确立以其为核心的指导思想。在速度训练过程中，教师可以采取变速跑的方法，即组织学生在较长的时间内以不一样的速度进行交替跑的训练方法。通常来说，变速跑分为越野变速跑、场地变速跑两种，其中，越野变速跑主要选择在田野间进行，但是近些年基于对安全因素的考虑，这种方式很少采用，所以日常训练中通常采用的是场地变速跑的方法。

2. 耐力训练

中长跑除了要求运动员具备较快的速度，还要求具有绝对的耐力。相关研究显示，当一个运动员的耐力不断下降，肌肉处于疲劳状态时，其速度、力量、协调性以及反应等多方面都会出现下降趋势。① 从这个意义上来看，耐力是运动员取得优秀成绩的重要保证和关键所在，所以，在日常长跑训练过程中，教师还要加强对学生耐力的训练。

由于有氧训练是发展专项耐力的前提，所以耐力训练可以将有氧训练作为主要内容。在有氧训练过程中，首要任务是提高学生的最大吸氧量，而持续负荷法则是有氧训练的主要方法之一，也是效果明显的方法。耐力训练的主要内容还包括肌肉力量耐力的提升，此时教师可以组织学生进行负重练习，如借助杠铃做全蹲、半蹲的练习，或者是采取克服本身体重阻力的跳跃练习方法，主要有跨步跳、单脚跳、多级跳等。在训练初期，教师可以先进行小强度的训练，再逐步加大训练负荷，以防止学生身体受到损伤，从而有效训练学生的耐力。

（三）灵活改变训练方式，激发学生兴趣

由于中长跑训练是一个长期、枯燥的过程，所以为了培养并维持学生的练习兴趣，教师必须充分把握学生心理特点，积极改进训练方法，充分发挥学生的主观能动性，营造轻松有趣的课堂氛围，使学生兴趣盎然地完成中长跑练习。例如，在实际训练中，教师应当善于根据跑步内容和距离设计出多种跑步方式，通过追逐跑、变速跑、超越跑以及定时跑等多种形式来锻炼学生。如在超越跑中，教师可以将学生划分为若干小组，以小组为单位，要求学生排成一纵队绕着操场进行慢跑，最后一人率先加快速度从队伍右侧跑至前方领跑，之后减慢速度恢复慢跑，接着由倒数第二人、第三人依次进行。通过充满趣味性的训练方法，可以在一定程度上提高学生训练热情，由被动训练向主动训练转变，使原本枯燥乏味的中长跑训练变得生动有趣。

---

① 陆霞. 田径运动教学与训练 [M]. 长春：吉林出版集团有限责任公司，2019：169.

第四节 马拉松跑的教学与训练

马拉松跑是一项具有包容性、开放性的田径运动，可以为参赛者带来强烈的自我实现感，正逐渐成为越来越多大学生热捧的时尚运动之一。高校开展马拉松长跑教学具有较强的现实意义，既能提高学生心理素质，又能培养学生的学习兴趣，使学生以一种更加饱满的精神状态迎接新的学习生活。

一、马拉松跑的技术动作

马拉松跑的技术，大致与中长跑的技术相似，但由于马拉松跑的距离更长，运动量更大，并且往往会经过地形不同的公路，所以，马拉松跑在技术上有其独特之处，具有更加省力、经济以及适应地形不一的公路跑的特点。

在马拉松跑时，运动员的上半身要微微前倾或保持正直，后蹬力量比较小，大腿前摆幅度较低。相较于中长跑，马拉松跑蹬地后小腿上摆动作幅度相对较小，脚的着地点更靠近身体重心投影点附近。与此同时，运动员应尽量全脚掌柔和着地，或者是先用脚的外侧着地，再逐渐过渡至全脚掌，保证用力顺畅。两臂摆动的幅度应该比较小，摆动起来要自然、放松。在加速跑、上坡跑、冲刺跑过程中，运动员应加强两臂与双腿之间的密切配合，进行有力的积极摆动，以达到提高跑步速度的目的。运动员应根据自己的身高、体重、训练水平确定步长和步频，并结合跑步途中的地形做出适当的调整，保证以均匀的跑步速度跑完全程。在这一过程中，呼吸节奏要与跑步速度相适应，呼气应有适宜的深度。

二、马拉松跑的教学设计

（一）马拉松跑的教学目标

1. 认知目标

通过马拉松跑教学，学生能初步了解马拉松跑的要求、要领及注意事项，培养学习马拉松跑的兴趣。

2. 技能目标

通过对马拉松跑技能的讲授，学生能掌握马拉松跑的基本技术、技能与方法，并能利用所学的技术动作进行练习、完成简单的比赛。

3. 情感目标

通过中长跑项目的学习与练习，培养学生对长跑运动的兴趣，使学生养成挑战自我、超越极限、坚忍不拔、永不放弃的精神品质。

（二）马拉松跑教学的重点

1. 技术教学应与发展学生耐力相结合

马拉松跑技术要领主要是放松、省力、匀速跑，换言之，技术动作要体现节能化、实效化。马拉松跑的技术动作教学应以此为目标开展，从教学初期就要紧紧围绕这一目标，充分结合学生的生理反应，包括稳态问题、极点问题等，而这些生理反应需要以一定的运动负荷为基础。因此，马拉松教学要具有一定的强度，教师应了解学生的"极点"，让学生掌握有效克服极点进入稳态的方法。

2. "感知"与知识传授相结合

在马拉松教学中，"感知"跑步动作的结构是非常重要的内容。马拉松教学强调肌肉的发力顺序，即大肌肉群发力，小肌肉群结束，发力点在腰髋部位，具体发力顺序如下：大腿、大臂分别带动小腿、小臂，在带动的过程中形成"鞭打"的动作。教师在引导学生感受发力顺序的同时，还要让学生有机结合"想"与"练"，在跑步的过程中思考如何练习动作和用力方法，想好之后再进行练习，使之具有想完练、练完想的特点。为了将感知与传授的知识结合到一起，应采取充分利用多重感官的方法，将脑想、眼看、耳听、身动贯穿于马拉松跑教学的全过程。

3. 完整技术与分解技术相结合

在完整技术教学中，强调身体重心前移的平稳性，腿和臂之间的协调配合，大小腿的放松与折叠，髋关节的前送，步长和步频的适度性，前摆与蹬伸的配合，迈步和呼吸的协调性，动作的连贯性，而上述技术都需要体现在完整技术当中。在教学实践中，必须针对每一技术环节，展开专门性的分解技术教学，帮助学生更好地掌握每一项动作技术。总之，分解技术教学需要以完整技术为基础，其最终目的是促进学生对完整技术的掌握。

（三）马拉松跑的教学策略

1. 开展马拉松跑比赛

正如练习篮球的基本技术是为了能够在篮球比赛中灵活运用一样，马拉松跑比赛一方面能够使学生在练习中变得更加勤奋，并对马拉松跑产生浓厚的兴趣，另一方面通过马拉松比赛，又能提高大学生马拉松跑的技术水平，因此，学校可以通过组织丰富多彩的马拉松跑比赛，激发学生对马拉松跑的热情和兴趣。与此同时，学生通过参加比赛也可以增进彼此之间的友谊，并借此机会互相切磋技艺，从而提高自己的马拉松跑运动技能。学校还可以通过设立科学的奖励机制，鼓励与吸引学生积极参加马拉松跑比赛。

2. 以学生为主体开展教学

新课改提倡充分发挥学生的主体作用，所以，教师要转变自身的教学观念，提升自己的教学才能，在马拉松跑教学中善于激发学生的积极性与主动性，让学生用自己喜欢、适应的学习方式，学习和领悟马拉松跑的技巧和魅力。此外，教师在言语上要多鼓励学生，充分尊重学生的主观能动性，相信学生的自主学习能力，适当地"简政放权"，让学生成为学习的主人，从而使学生更好地学习和掌握马拉松跑的知识和技能。

（四）马拉松跑的教学评价

1. 理论评价

通过课堂提问、卷面测试、课后作业等方式，了解学生对马拉松跑理论知识的掌握情况，以及学生运用马拉松跑知识解决实际问题的能力。

2. 技术技能评价

以教学大纲为依据，再结合学生的实际学情制定马拉松跑技术技能评价标准，由教师或专门的考核小组担任主要的评价主体，对学生的马拉松跑技术技能掌握情况进行评价。

3. 学习态度评价

根据学生日常考勤、课堂表现、作业完成等情况评价学生学习态度。

三、马拉松跑项目的训练方法

（一）以有氧耐力为主体进行准备期的训练

在马拉松跑的准备期训练体系中，有氧耐力训练占据着主体地位。对于运动员来说，其有氧耐力基础是否牢固，决定着最终成绩的稳定性。有氧耐力训练不仅需要有较长的训练时间和跑动距离，还需要具有较大的运动量，因此，教师应该根据学生的机体反应对运动强度进行衡量。衡量的标准定量体现在平均强度值，即随着平均强度的不断增大，其强度仍然保持在以有氧训练为主体的范畴内。具体训练方法包括以下两种：

（1）以提高大学生长时间腿的支撑能力为目的，组织学生跑25千米、30千米、35千米、38千米，通常情况下，这种训练由每五分钟一千米开始逐渐提高速度。

2. 以提升学生最大有氧能力，发展专项速度耐力为目的，组织学生进行1000米×12、2000米×6、3000米×3、5000米×3场地间歇跑，间歇时间宜控制在 2 ～ 3 分钟。

（二）混氧训练

混氧训练的强度高于有氧训练，其主要目的在于通过提高平均训练强度，提升学生的无氧阈水平，从而达到理想的训练效果。根据组合形式的不同，可以将混氧训练大致划分为三种类型，分别为课与课的交替、组与组的交替、长段落中的分段落交替。混氧训练内容主要包括以下两方面。一是在长距离有氧训练中强化速度训练力度。二是长时间有氧越野跑训练中，引入一些以时间为控制标准的练习，如短时间变速跑，要求个体运动强度与个体无氧阈值相接近。

（三）高原训练

基于缺氧条件下所开展的有氧训练，能够极大地提升训练效果，主要表现在以下两方面。一方面，通过有效的高原训练，可以提高整个有机体血液中氧的输送能力，同时使骨骼肌肉组织的毛细血管作用得到明显的改善。另一方面，在缺氧条件下进行有氧训练，可以使肌肉细胞的新陈代谢过程更好地适应有氧代谢、无氧代谢提供能量的条件。此外，高原训练也存在一定的缺陷，即达不到与平原相近的运动强度。为了使学生更快、更好地适应高原环境，教师可以先安排一些负荷量较大的训练，运动量尽量与平原相近，训练强度大约占平原训练的 70 ～ 85% 为宜，还可以设计一些集体性、对抗性较强的球类运动项目。如此一来，大约一周时间学生便能适应高原环境。

（四）跑的技术训练

日本研究表明，马拉松跑的步频控制在每分钟 200 步为宜，而步长的正常比例为身高加 10 厘米。[①] 从身体形态角度来看，我国大学生与日本大学生具有相似性，在马拉松跑的技术训练中，可以要求运动员步频

---

① 陆霞.田径运动教学与训练 [M]. 长春：吉林出版集团有限责任公司，2019：175.

达到每分钟跑 200 步。当学生可以真正习惯这样的跑步节奏时，就能保持跑步速度、身体重心的平稳性。

（五）身体素质训练

身体素质训练是马拉松跑训练的重要内容，也是不容忽视的基础训练项目之一，它能够为大学生掌握和提高马拉松运动技术、战术奠定良好基础。马拉松跑的身体素质训练可以从以下三方面着手，如图 4-4 所示。

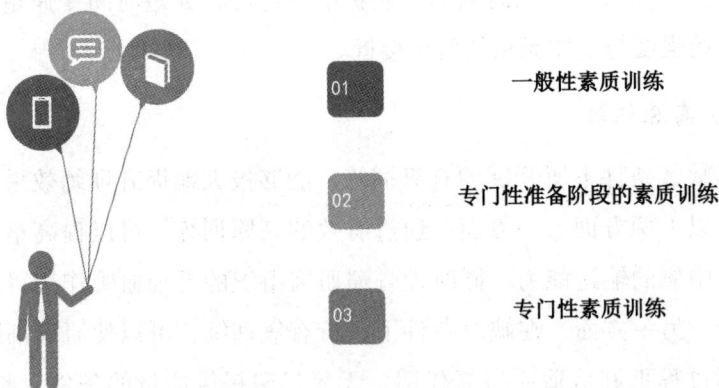

01 一般性素质训练

02 专门性准备阶段的素质训练

03 专门性素质训练

图 4-4　马拉松跑的身体素质训练

1. 一般性素质训练

大学生身体素质的全面发展，能够为其后续阶段参加多元化训练奠定良好基础。一般性素质训练可以运用持续性与间歇性相结合的方法，组织一系列球类运动、韵律和谐运动、全身力量素质训练等活动，以促进学生身体素质的全面发展。

2. 专门性准备阶段的素质训练

采用跑的动作，在较大范围内进行高强度的间歇训练和重复训练。可以练习以下内容：①跑的基本动作练习；②单脚、双脚的跳跃；③栏架跳跃练习；④在有负荷与无负荷条件下进行伸展、屈曲运动。

3.专门性素质训练

在跑的动作中完成。可以练习以下内容：①利用起伏的地形进行100～200米的上坡、下坡跑；②拉引橡胶带等训练；③沙滩跑；④持续上坡跑，距离大约15km，均为上坡，无下坡。

第五节　竞走的教学与训练

竞走运动起源于英国，是以日常行走为基础而逐渐发展起来的一项田径运动。竞走通常分为场地竞走、公路竞走两大类，前者以"米"为单位，后者以"千米"为单位。从速度上看，竞走要快于日常行走，主要原因在于竞走的步幅相对更大，而且步频相对更快。竞走适合各个年龄段的人群，对锻炼腿的前后肌肉、肩颈有一定好处，还能促进脂肪的消耗。

一、竞走运动的技术动作

（一）姿势

竞走运动的姿势相比于其他田径运动并不复杂，相反更为简单。在向前迈步的过程中，要求运动员的整个身体一直保持放松、平直状态，特别是背部，盆骨不可以发生倾斜，如图4-5所示。同时，运动员的头部也要一直处于一种自然的位骆，双眼目视前下方的路面，从而保证身体姿势的正确性。

图 4-5 竞走运动的姿势

（二）髋部动作

髋部运动是人体向前移动的原始动力，通过髋部地向前转动，后腿在推动作用下离开地面。这一原理就如同一个发动机，脚和膝关节在髋部运动的推动力作用下加快速度向前运动。在之后摆动的动作中，膝关节向前方移动以追上髋的位置。当脚接触地面时，脚后跟所处位置要略超过膝关节。

（三）正确步长

正确的髋部动作是有效增加步长的前提和基础，由此才能保证放脚动作可以在同一条直线上完成。如果转髋动作无法做到准确、到位，或者骨盆柔韧性不足，就不能使双脚落在同一条直线上，而是落在了一条直线的两侧。

（四）摆臂动作

不同运动员形成的摆臂动作有所不同。一般情况下，运动员的屈肘角度应处于 45 度～ 90 度之间，且角度要具有稳定性，其肌肉在摆臂的全过程中要一直处于自然放松状态。屈臂摆动相比于直臂摆动，其转动半径相对较小，摆动速度相对较快。运动中摆臂方向应当保持前后摆动。

在摆臂运动中，运动员的双手不可以交叉于身体的中线部位，摆臂动作要尽可能自然、放松，并一直保持较低位置，手的运动轨迹应该是由臀后腰带水平位置沿着弧线摆向胸骨位置。两个肩胛骨也要尽量放松，不能过度紧张，当摆臂动作完成时不能耸肩。

在摆动过程中，运动员双手始终处于放松状态，不易过度紧张，双手半握或握成拳头，拇指放于食指和中指之间。手腕不可以下垂或上下甩动，而是应该保持伸直状态。

二、竞走运动的教学设计

（一）教学目标

竞走教学的认知目标、技能目标以及情感目标三个层次的目标，如表4-5所示。

表4-5　竞走的教学目标

竞走教学目标	具体目标
认知目标	了解竞走运动的起源与发展过程
	了解竞走运动的锻炼价值、文化特征和运动特点
	了解竞走的定义、竞赛规则以及裁判方法
	了解竞走运动成绩的影响因素
	了解竞走教学的重难点、技术结构
技能目标	通过练习，熟练掌握竞走运动基本技术、技术结构以及动作要领
	主动利用腰腹转髋和蹬地力量，完成竞走技术动作
	能够分析错误动作，并提出正确的纠正方法

竞走教学目标	具体目标
情感目标	通过练习，使学生对竞走学习产生兴趣和求知欲
	引导学生树立远大理想以及锲而不舍、吃苦耐劳的精神
	培养学生公平竞争、遵纪守法的意识
	培养学生团结协作精神

（二）竞走教学的重难点

1.竞走教学的重点内容

（1）竞走过程中身体重心平稳移动。在竞走运动中，人体的重心要保持小幅度的波动，因为这样不仅能缩短身体重心移动的轨迹，节省更多的体力，还可以很好地避免出现腾空犯规问题。特别是要严格控制身体重心的上下波动幅度，通常要求小于5厘米。为了让身体重心在竞走中保持平稳性，运动员可以从脚落地方式、着地距离以及后蹬方向等多个方面下功夫。

（2）骨盆绕支撑腿髋关节垂直轴的转动。竞走速度之所以快于日常行走，主要原因之一就在于竞走步幅相对更大，而步幅的增加更多是依靠骨盆绕支撑腿髋关节垂直轴转动而实现的。在竞走教学中，组织学生在迈步时进行骨盆绕支撑腿髋关节垂直轴的转动练习是教学重点。

（3）双支撑技术。虽然田径竞赛规则强调竞走要没有人眼可见的腾空，但对于竞走初学者而言，为了今后的竞走能力可以得到进一步提升，还是要学习与掌握双支撑技术。初学者在学习和练习中，可以前脚脚跟与地面接触，脚尖向上翘起，并与后脚脚尖蹬地的动作保持同步。同时，重点感受前脚脚跟和后脚脚尖静止站立，以及慢速大步竞走的过程中前脚脚跟与后脚脚尖在同一时间接触地面的肌肉感觉。

（4）支撑腿在前支撑阶段膝关节应伸直。在竞走的前支撑阶段，为使支撑腿膝关节处于伸直状态，脚跟在接触地面时脚尖要上翘，在脚掌滚动、身体重心前移时，支撑腿膝关节要积极地伸展，伸膝动作应持续至垂直支撑面。此时，与摆动腿一侧的膝和髋相比，支撑腿一侧的膝和髋的位置要略高一些。

（三）教学策略

1.准备活动

相比于其他田径运动项目，虽然竞走运动的教学强度较小，但部分关节的运动幅度较大，如踝、髋、肩、膝，需要不断重复相同的动作，通常来说，走的时间越长，身体就越容易出现紧张情况。因此，在竞走教学的准备活动中，教师要重点扩大学生髋、肩关节的活动范围，引导学生积极地屈曲与伸展自己的踝关节和膝关节。同时，还要加强躯干、颈部、肩带以及下肢肌肉群的屈伸练习，尤其是踝关节、膝关节和髋关节的肌肉。这样做的目的在于让学生在竞走练习中的动作更加放松、自然，有助于学生更准确地掌握竞走技术。

2.教学内容和手段

（1）竞走的一般知识。

教学手段：①教师边讲解边示范竞走技术动作，同时利用图片、视频等丰富的方式直观地呈现技术动作的细节，帮助学生加深对竞走运动技术特点和竞赛规则的了解。②强调竞走的健身价值，激发学生学习竞走的兴趣和欲望。③介绍竞走教学的重难点知识，详细讲解竞走技术特点，引导学生树立正确的竞走技术概念。

（2）竞走技术。

教学手段：①组织学生沿着直线走 60 ～ 100 米，要求尽可能地增大步长，脚跟先接触地面，着地时膝关节保持伸直，动作不宜过于紧张，而是要自然放松。②组织学生分别以慢速、中等速度竞走 100 米，要求从脚跟接触到地面时起至垂直支撑膝关节必须始终伸直，前脚脚跟接触地面前，后脚脚尖不得离开地面，在此期间不可以出现腾空现象，重点感受蹬地时屈曲与伸展踝关节、髋关节的动作过程。

（3）骨盆绕支撑腿髋关节垂直轴的转动动作。

教学手段：①引导学生两腿左右开立，在原来的位置上踏步走，尽可能地向前方送髋，这样做的目的在于让学生感受骨盆绕支撑腿髋关节垂直轴的转动。②组织学生在行进过程中做前交叉步走动作，这样做的目的在于让学生感受骨盆绕支撑腿髋关节垂直轴的转动。③组织学生分别以慢速、中等速度大步竞走大约 100 米，在竞走过程中重点让学生体会两点内容，一是骨盆绕支撑腿髋关节垂直轴的转动方法，二是脚跟先接触地面后迅速滚动至全脚掌的动作过程，主要目的在于增大学生步幅。

（4）骨盆绕支撑腿髋关节矢状轴的转动动作。

教学手段：①引导学生两腿左右开立，在脚掌不离开地面的前提下，多次反复使身体重心在两腿之间转移流动。基于此，让学生在脚掌稍离地的情况下再次重复上述动作。非支撑腿的髋部做垂直向下的运动，支撑腿的膝关节要最大幅度地伸直，以保证支撑腿一侧的膝和髋分别高出非支撑腿一侧的膝和髋。②让学生站于台阶之上，其中一条腿站立在台阶边沿位置，起到支撑自身体重的作用，并最大限度地伸直膝关节。另一条腿悬于空中，髋部多次反复做上提和下沉动作。③组织学生分别以慢速、中等速度竞走大约 100 米，主要是让学生在竞走中优化骨盆绕支撑腿髋关节矢状轴的转动方法，并感受脚跟先接触地面后快速滚动至全脚掌的动作过程。

（5）支撑腿在前支撑阶段膝关节伸直的动作。

教学手段：①引导学生两腿前后开立，前脚脚跟、后脚前脚掌接触地面。后腿屈膝向前摆动，身体重心以较快的速度从两腿之间转移至前腿上。此时，支撑腿膝关节最大限度地伸直，且支撑腿膝和髋的位置要分别高出摆动腿的膝和髋。②组织学生以慢速、中等速度竞走 100～150 米，在竞走中不断体会与摸索，提高支撑腿从接触地面至垂直支撑膝关节伸直的动作质量。

（6）摆臂和肩部动作。

教学手段：①两腿左右开立，稍宽于两肩，在原地做屈肘摆臂练习，屈肘摆臂过程中要以肩关节为轴。在摆臂时两个肩膀要以人体为垂直轴进行适度的转动。②组织学生分别以慢速、中等速度竞走 100～150 米，在走进时主要提高摆臂动作的正确性，同时肩关节冠状轴与髋关节冠状轴做适度的扭转动作。

（7）弯道竞走技术。

教学手段：①组织学生绕着一个半径为 10～15 米的圆圈竞走。②以田径场弯道为训练场地，组织学生竞走 100～120 米，重点感受弯道竞走时身体姿势的变化。

（8）完善竞走技术。

教学手段：①组织学生以中等速度竞走 100～400 米。②组织学生变速竞走：200 米中速、200 米快速交替进行。③组织学生以均匀的速度竞走 400 米或 800 米。

在学生竞走过程中，教师可以选择一个适当的位置观察每位学生的技术动作，及时发现学生运动技术问题，并给予正确的指导。

3. 教学评价

竞走教学的时间比较短，相应的教学评价主要从以下两方面入手。

（1）竞走知识与技术掌握程度的评价。教师可以通过安排期末理论考试、布置作业、课堂提问等方式，了解学生对竞走知识与技术的掌握程度，以便做出科学合理的评价。同时，组织学生进行竞走比赛，以对学生竞走技术做出相应评价。

（2）学习态度评价。教师可以根据学生的出勤情况、回答问题情况、技术练习的积极性等，对学生学习态度做出评价。

三、竞走项目的训练方法

竞走比赛作为一项考验运动员耐久力的运动，有着相当长的运动距离，因此，对运动员的体能和技术动作都有着非常严格的要求。要想掌握竞走技术动作，取得良好的竞走成绩，运动员必须加强系统性的练习。竞走运动强度处于中等水平，动作技术具有明显的周期性特征，对力量素质的要求不高，需要重点提升耐力素质。具体来说，竞走运动具有以下几个生理特点。第一，运动性机能变化特点：由于竞走支撑时间通常比较长，使得肌肉长时间处于兴奋状态，舒缩的适宜交换不足，因此，运动员在竞走过程中肌肉长期紧张状态，极其容易引发严重的局部疲劳。第二，呼吸机能变化特点：运动员在参加竞走运动时，每分钟需氧量最高为 3.5 升，需氧量低于最大摄氧量水平，摄氧量处于相对稳定状态；每分钟肺通气量为 70～80 升。第三，中枢神经系统机能特点：在兴奋的过程中，竞走运动员的肌肉长期处于紧张状态，并将大量的脉冲反馈给大脑，进而有效触发运动中枢与皮层的感觉神经元，因此，会产生一个刺激的过程。相比于长跑和超长跑，神经过程会出现不同情况的均衡性。由于神经过程的均衡性不高，所以会缩短竞走运动员的反应潜伏期。基于对竞走运动生理特点的梳理与总结，以期对竞走运动的训练提供理论方面的参考与指导。

（一）竞走的素质训练

一个人的体能好坏，是影响其竞走运动成绩的重要因素之一。竞走运动不仅要求学生具备较强的耐力，还需要具备高水平的身体素质。因此，在大学生竞走运动训练中，加强体能训练是必不可少的重要内容。

1.耐力训练

耐力反映了人体长时间不间断工作的能力，良好的耐力是取得优秀竞走成绩的基础。通常情况下，引导学生进行中等强度的运动练习，是促进其耐力提升与发展的常见手段，练习内容主要包括以下几方面：长期慢速、中速步行或跑步；各种球类活动；各种游泳活动等。在训练周期的每个阶段，都应该不间断地进行耐力训练。通常情况下，在准备期阶段，一般耐力训练所占比例较大。

一般来说，基于超耐力培养的竞走训练强度需要略高于实际竞走比赛强度，而且竞走训练的距离要少于实际竞走比赛距离，训练时往往采取重复和间隔的方法。近些年来，现代竞走水平呈现出逐渐上升的发展趋势，所以，运动员不仅要做好一般耐力训练，还要以此为基础，不断提高超耐力训练水平。

2.力量训练

在竞走训练中，一般力量训练多用以发展下背部、脚踝、臀部的肌肉力量，既能增强学生这些部位的肌肉力量，还能提高肌肉的放松、伸展能力。一般力量训练的重复次数可以适当增加，注重加强学生肩膀、手臂、腿部的肌肉力量。

专项力量训练主要用来增强与竞技步行直接相关的肌肉群的力量，主要包括逆风走、山地行走、跳绳手臂摆动练习等。这种训练方法适用于高难度竞走比赛的练习。

3.速度训练

通常来说，竞走的速度训练主要采取的是高强度的竞走训练方法，且训练距离接近或短于专项训练距离。例如跟随一定速度的自行车走、下坡走、顺风走等。

4.柔韧性训练

柔韧性练习是竞走训练中不可或缺的训练内容，有必要定期开展柔韧性练习。尤其需要强化对韧带关节、肩关节周围肌肉以及髋关节柔韧性的练习力度。另外，无论是何种柔韧性训练，都需要先进行静力性柔韧练习。

5.恢复训练

竞走活动的运动量和消耗量均比较大，容易使学生产生疲劳感，为了保持身体健康，每次竞走运动结束后学生都需要注意休息。为了帮助学生身体尽快恢复体力，教师可以采取慢跑、慢走、关节按摩等多种方式。在条件允许的情况下，学生可以摄入一些营养物质，如花生、核桃、豆类、鲜奶、紫薯等，以快速地恢复体能，同时还具有提升身体素质的功效。另外，在夏季进行竞走时容易大汗淋漓，学生可以饮用一些碱性电解质饮料，多食用一些富含维生素的新鲜水果和蔬菜。

（二）竞走的技术训练

掌握良好的竞走技术是取得优秀竞走运动成绩的重要前提，再加之田径比赛规则中对竞走技术提出严格规定，所以，大学生必须准确掌握规范、标准的竞走技术。特别是初学者更要深入了解竞走比赛的规则，加强技术练习。

1. 摆臂练习

摆臂练习的主要目的在于让学生熟练掌握摆臂技术，更加精准地控制竞走过程中的步长和步频，保持身体的平衡性。

（1）原地摆臂。双脚左右站立，略窄于肩膀。以肩关节为轴心，半握拳，肘部弯曲90度手臂多次反复前后摆动。在摆臂过程中，前摆不能超过身体中线，高度要低于下颌，后肘稍微朝着外侧摆动。

（2）与腿部动作配合完成原地摆臂动作。双脚开立，两脚之间的距离控制在15～25厘米，支撑腿一侧的髋关节在矢状面内向后伸展，手臂向后方摆动，前脚掌着地。

2. 盆骨动作练习

盆骨动作练习的主要目的在于让学生更深刻地认识到盆骨在竞走技术中的重要性，并熟练掌握盆骨在竞走中的运动形式，提高学生整个动作的协调性、自然性，同时，对学生直线行走的培养也具有积极影响，有助于学生更好地控制身体重心和步长。

（1）原地进行转髋练习，双腿交叉行走，在肋木的支撑作用下进行转髋，使学生髋关节更加灵活，从而形成准确的转髋技术。

（2）双腿在竞走的过程中左右交叉分别落在中线两侧。

第五章　跳跃类项目的教学与训练实践

第一节　跳高的教学与训练

跳高作为田径运动田赛项目之一，是人体通过有节奏的助跑、起跳、落地等多种动作形式跳跃高度障碍的运动。根据技术类型的不同，可以将跳高类项目分为背越式跳高、仰卧式跳高以及跨越式跳高三种类型。本节将主要围绕背越式跳高进行论述。背越式跳高作为一种跳高技术，正式形成于 20 世纪 60 年代后期，是现代先进的跳高技术。它之所以能够取代其他传统的跳高方法，主要是因为它可以更加充分地发挥出运动员爆发力等潜在能力。

一、跳高类项目的技术动作

背越式跳高技术具有快速的突出特征，而且可以与力量完美地结合在一起，从而提高技术动作的效率。背越式跳高的完整技术主要由四部分组成，分别为助跑、起跳、过杆、落地，各个部分之间联系密切、相互影响。

（一）助跑

1. 助跑的注意事项

（1）助跑应先找准起跳点。起跳点位置通常在离近侧跳高架的立柱

1 米左右处。确定好起跳点之后，从起跳点平行于横杆方向向前自然迈出 5 步，在该位置上向右转动 90°，接着向正前方自然迈出 6 步，在此位置上画出一个标志点，最后继续向正前方自然走 7 步，将此位置标记为起跑点，由标志点向起跑点画一弧线，此段为最后 4 步的助跑弧线。通常来说，标志点和起跳点之间的弧线半径为 5 米左右。

（2）助跑要快、准、稳。在助跑过程中要尽可能高抬膝关节，最后一步应该短于前一步 10 ～ 20 厘米。

（3）助跑前段适宜的助跑速度为快速。由于助跑后段所跑轨迹为弧线，所以身体要向圆心方向倾斜，随着助跑速度的加快，人体内倾角逐渐变小，最后前脚掌沿弧线落地。通过上述方式助跑不仅身体重心比较高、跑速较快，落地也更加积极，能够有效地稳定水平速度，保证起跳动作的速度、爆发力。又因为助跑运动轨迹是弧线，身体在起跳的瞬间侧对着横杆，更有利于转体。

（4）助跑要与直线跑和弧线跑有机结合起来。助跑前段应采取直线跑的方式，助跑后段是起跳前的最后三四步，应采取弧线跑方式，主要目的在于降低身体重心，增加起跳时的工作距离。

2. 弧线助跑技术

（1）绕圆圈弧线助跑。画一个半径为 5 ～ 8 米的圆圈，在沿此圆圈练习助跑时，运动员要适度倾向于内侧，抬高大腿，注意四肢的协调配合。练习一段时间之后，可以选择半径稍大的圆圈进行练习。

（2）由直线进入圆圈弧线助跑。在直线跑的过程中，身体上半部分微微向前倾斜，后蹬充分有力。转变为弧线助跑后，身体要适当向内侧倾斜，增加身体外侧手臂和腿的摆动幅度，动作要自然放松、积极有力。

（3）面向横杆弧线助跑。结合实际情况合理调整身体内倾角度，最后几步的速度要有所加快，提升弧线助跑的速度。

（二）起跳

起跳指的是在助跑后到达起跳点时跳起的一瞬间动作，此时身体处于腾空状态。通常情况下，起跳动作技术由起跳、脚着地缓冲、蹬伸三部分组成。

背越式跳高起跳位置通常位于与横杆垂直面相距 60～100 厘米处。在做起跳的动作时，运动员要先蹬伸弯曲的腿，同时朝着前上方屈膝摆动，用髋关节发力来带动大腿的摆动。在惯性的作用下，小腿会与大腿折叠，即屈腿摆动，当膝部摆动至水平位置时要马上停止，它会在惯性的作用下继续上摆，而膝部一侧的髋也会在膝部带动之下进行上摆。与此同时，运动员要发力上提肩部，左右两臂在同一时间朝着横杆后上方摆出，这样更容易使身体腾空并沿额状轴旋转。

需要注意的是，运动员起跳时必须要用力、充分伸直踝、膝、髋关节，而且身体也要尽可能与地面保持垂直。另外，骨盆要早于肩腾起。

（三）助跑与起跳相结合

1. 短助跑起跳"触高"

在确定好起跳点的前提下，可以将一个物品悬挂于起跳点的正上方，垂直向上起跳，同时用手尝试触碰悬挂物。

2. 三步或五步助跑起跳上垫

采取弧线助跑的方式起跳，使身体垂直于地面腾起，然后踩上海绵垫。要求动作流畅连贯，一气呵成。

3. 绕圆圈做三步或五步的起跳

在弧线助跑的基础之上，做三步或五步的助跑起跳，注意保证最后两步动作的快速性和平稳性，以及起跳动作的连贯性。

4. 短助跑起跳上海绵垫

三步或五步助跑起跳，然后做肩背部着垫的动作，使身体躺在海绵垫上。助跑时速度要逐渐加快。倒数第二步摆动腿接触地面后动作要连贯、快速。

5.海绵垫前做三步或五步助跑起跳

在确定好起跳点之后，画出助跑弧线，并沿着弧线进行助跑起跳即可。

（四）过杆和落地

当腿过杆时，身体上半部分向前倾斜，脚尖内转下压。腿顺利越过横杆之后，在脚尖继续动作的同时，起跳脚朝着后外侧旋转并上提，膝盖向胸部方向移动，自然向上摆出小腿直至与横杆平行。随后，抬起上体，朝着起跳腿方向扭转摆动腿同一侧的肩膀，抬起双臂。由于此时身体沿着纵轴进行旋转，所以身体的上半部和臀部都可以迅速越过横杆。

过杆后，首先落地的是摆动腿，其次是起跳腿，注意在这一过程中做屈膝缓冲的动作，以减小冲击力。在两腿过杆时，两臂向下垂放（如图 5-1），在起跳腿过杆之后，两臂向上举起（如图 5-2）。

图 5-1　背越式跳高动作

图 5-2　背越式跳高动作

二、跳高的教学设计

（一）跳高的教学目标

跳高教学的认知目标、技能目标、情感目标，如表 5-1 所示。

表5-1　跳高的教学目标

跳高的教学目标	具体目标
认知目标	了解跳高运动的起源与发展
	了解跳高运动技术的演变过程
	了解不同跳高姿势的技术特点
	认识跳高运动的锻炼价值
	树立正确的背越式跳高概念
	了解跳高比赛的规则和裁判方法
技能目标	掌握背越式跳高的基本技术
	发展学生下肢力量和跳跃能力
	能够有效改进落地动作

续 表

跳高的教学目标	具体目标
情感目标	让学生体会跳高运动的乐趣
	学会如何审视跳高运动的美感
	培养学生对跳高运动的兴趣
	培养学生勇敢顽强、克服困难、挑战自我的意志品质

（二）跳高教学的重难点

1.背越式跳高教学的重点

（1）助跑和起跳的结合。助跑属于一项周期性运动，起跳属于非周期性运动，在由助跑向起跳的转换过程中，不仅发生了较大的动作结构变化，还必须要保证动作转换的自然性、连贯性。这一技术环节完成效果的好坏，对过杆技术、起跳效果有着直接影响。而要想完成好这一技术环节，不仅要合理地控制助跑速度和助跑节奏，还要完成好助跑倒数第二步的动作。因此，运动员必须要对这一技术动作的每个环节引起重视。

（2）起跳技术。起跳技术的好坏，直接影响到跳高技术水平的高低，也是跳高技术的关键环节。因此，在跳高教学中，教师必须认真对待起跳技术教学，并将起跳技术教学作为跳高教学的重点，从而高效地完成整个跳高技术的教学任务。

（3）弧线助跑。背越式跳高最后几步采取弧线助跑的方式。弧线助跑技术的好坏，对背越式跳高技术的好坏具有非常重要的影响，对起跳速度和效果、过杆动作姿态有着直接影响。通常情况下，初学者容易将弧线跑跑成直线跑，上半身会直接冲着横杆而去，从而做出错误的起跳动作。因此，有必要重视并加强助跑教学。在背越式跳高教学中，在正确的弧线助跑的基础之上做出合理的过杆"背弓"动作是教学中的重点。另外，在正确的助跑节奏和弧线内倾的基础上，做出正确的起跳动作并

150

形成横杆上的"背弓"是完整技术教学中至关重要的教学内容。

2.背越式跳高教学的难点

准确的起跳点。起跳位置对过杆动作的顺利完成非常重要，起跳点与横杆相距过近或过远都会对过杆产生一定影响。所以，要想让学生成功过杆，必须找准起跳点。尤其是初学者，由于其助跑节奏感比较差，步长缺乏稳定性，再加之对横杆存在一定的畏难感，所以要想跑准步点具有较大难度。

（三）教学策略

1.准备活动

背越式跳高各个动作之间存在着十分密切的联系，而且技术具有一定的复杂性，开展合理的专项准备活动，既能充分活动学生身体，又能为学生后续更好地学习相关技术动作打好基础。比较常见的跳高专项准备活动主要有以下两种。

（1）基于起跳技术提升的准备活动。沿着小弧线大步行走；沿着弧线倾向内侧中速跑；沿着跑道的直线、曲线中速跑。

（2）基于专项柔韧性发展的准备活动。背对着肋木，进行大腿前侧肌的拉伸练习；在行进的过程中进行垫上"背弓"练习、双手反握"波浪起"练习等。

2.技术教学内容与手段

（1）跳高的一般知识。

教学手段：①借助录像、图片、动画等直观教学资源，帮助学生学习与了解跳高技术，初步建立对跳高技术的印象。②教师简明扼要地讲解完整的背越式跳高技术，并辅以示范，使学生明确助跑、起跳、过杆以及落地等技术环节之间存在的关联性。

（2）背越式跳高的辅助性练习。

教学手段：①原地做一系列挺身展髋练习，主要以单臂支撑、双脚连续起跳等形式做挺身展髋练习。②借助各种器械完成各种挺身展髋练习，主要以背对双杠、背对肋木、站在弹跳板上做跳上海绵垫的练习等形式做挺身展髋练习。③以海绵垫为辅助工具完成各种挺身展髋练习，在海绵垫上可以进行送髋成桥、双人送髋成桥、倒体成桥等各种练习。④以橡皮筋为辅助工具完成过杆练习，主要有以下两种方法，其一是背向橡皮筋，在原地做起跳动作，以跳跃过橡皮筋；其二是面向橡皮筋，采用弧线助跑的方式，跑 2～3 步后双脚起跳越过橡皮筋。

（3）起跳技术。

教学手段：①原地迈步做放起跳腿练习。②沿着直线走动并做放起跳腿练习。③沿着弧线走动并做放起跳腿练习。④向前行进中做放起跳腿、摆臂、摆腿的配合练习。⑤沿着弧线助跑四步起跳，起跳后进行蹬摆配合练习。⑥沿弧线、直线助跑起跳，做摆动腿放置适当高度的练习。⑦面向海绵垫，助跑 3～5 步起跳，进行跳上海绵垫的练习。⑧面向横杆，做助跑 2～4 步起跳练习。

（4）助跑技术。

教学手段：①在半径大小不一的圆中进行助跑加速的练习。②在不同半径的圆中进行直线转入弯道跑练习。③面向横杆和海绵垫，进行弧线助跑练习。④掌握正确丈量助跑步点的方法。

（5）全程助跑与起跳相结合技术。

教学手段：①沿弧线快速助跑,5～7 步起跳，进行头顶高物的练习。②沿弧线快速助跑，5～7 步起跳，进行双手触高物练习。③面向横杆，通过弧线助跑的方式做起跳练习。

（6）过竿落地技术。

教学手段：①通过原地起跳的方式，做背越过杆练习。②助跑 3～7 步进行越过横杆练习。③选择辅助性练习中的相关过杆落地技术练习。

（7）助跑起跳和过杆相结合技术。

教学手段：①助跑 3～4 步，进行起跳过杆练习。②增加海绵垫高度，助跑 3～4 步，进行起跳落在海绵垫上的练习。④选择辅助性练习中的相关起跳和过杆技术进行练习。

3. 跳高教学中常见的错误动作、成因及纠正方法

（1）起跳前没有进行弧线助跑。

成因：对起跳太过专注导致助跑技术被忽视。

纠正方法：通过语言、画线等方式加以提示。

（2）弧线助跑身体未向内倾斜。

成因：起跳前未采用弧线助跑，或者身体重心过低，或者弧线助跑曲线过小。

纠正方法：增加外侧肢体动作幅度，加大身体向内倾斜角度；提高身体重心，尤其是外侧重心。

（3）助跑加速不均匀，节奏不稳定，导致起跳失败。

成因：面对不断升高的横杆，学生容易产生胆怯和恐惧心理，助跑步点不准确，节奏感不强，注意力分散。

纠正方法：用橡皮筋代替横杆消除学生的恐惧感，调整助跑距离，寻找最适宜的助跑步点，通过画线的方式逐步提升学生的节奏感。

（4）起跳后过早倒杆。

成因：因常见错误动作（1）、（2）、（3）所致，或者学生产生的恐惧心理。

纠正方法：在（1）、（2）、（3）纠正方法的基础上，再通过跳高台等方式帮助学生掌握正确的起跳技术。同时，教师多运用积极的鼓励性语言帮助学生克服恐惧心理。

（5）屈体过杆。

成因：未形成正确"背弓"动作的肌肉感觉，进行起跳时摆动腿大幅度用力向上摆动，之后挺髋展体完成"背弓"动作。

纠正方法：开展垫上送髋成桥、原地高台过杆以及助跑过杆等练习。

（6）落地时臀部着地。

成因："背弓"动作持续的时间过短，过杆时收大腿。

纠正方法：延长杆上"背弓"动作持续的时间；过杆时，在保持"背弓"动作的同时"踢"小腿过杆。

（7）全程助跑缺乏节奏感。

成因：学生尚未树立正确的全程助跑节奏的概念，没有寻找到不同阶段助跑正确的用力感觉。

纠正方法：以跑道直曲段分界线处为练习地点，引导学生先进行10米左右的直线后蹬跑，并在进入弯道的前10米左右的位置转变为加速跑；教师通过声音提示等方式提醒学生调整助跑节奏。

4.跳高教学应注意的问题

（1）在教学过程中，教师要有意识不断提高学生的助跑速度和助跑节奏，尽可能安排少量的短助跑练习和慢速度起跳练习，这样做的目的主要在于帮助学生更快地形成快速助跑和快速起跳的技术定型。

（2）为了提升学生的起跳技术，教师在助跑和起跳相结合的技术教学中，要注意提高学生的助跑和快速蹬伸能力。同时，教师还要重视学生对正确摆腿、摆臂协调配合技术的掌握程度，这项技术对于起跳动作的改善起着重要作用。

（3）在传授过杆技术时，教师要注重引导学生寻找身体重心与横杆所处的正确位置，要提醒学生一直沿着身体重心运动的方向快速、规范、协调、连贯地完成过杆动作，保证整个动作的节奏感和连贯性。

（4）背越式跳高容易出现的伤害事故主要包括以下几种：

①在落地的瞬间，如果不用肩背着垫，很容易造成颈部扭伤。

②通过弧线助跑方式进行起跳时，如果脚往外撇，很容易造成踝关节扭伤。

③对于初学者来说，在过杆时如果收腹过大，膝关节很容易撞击脸部，要尽量避免此类事故发生。

5.教学评价

基于跳高教学目标的导向作用，跳高教学评价的内容主要包括以下四方面。

（1）理论知识评价。教师可以通过安排期末考试、课堂提问、布置课外作业等方式，全面评价学生对理论知识的掌握情况。

（2）技术技能评价。这是跳高教学评价的重要内容。跳高技术技能评价标准应该根据教学大纲、学生具体学情等进行制定，由教师或专门的考核小组担任评价者，对每位学生的技术技能情况进行客观、公正的评价。

（3）学习态度评价。可根据上课出勤率情况、回答问题情况、作业完成情况等数据对学生学习态度进行评价。

（4）教育技术评价。教学单位采取集体考核的方式，对教师及其教育结果进行评价。

三、跳高项目的训练方法

（一）力量训练

1.支撑力量训练

（1）一般支撑力量训练。利用重量较小的杠铃进行弓步走训练，可以增强学生的躯干肌肉力量，发展下肢肌肉群快速地转变克制工作与退让工作的能力。同时，利用重量较大的杠铃进行半蹲训练，还可以增强学生下肢肌肉群克制性和退让性快速转变的力量。此外，利用重量较大的杠铃进行单腿静蹲、单腿跳训练，也可以增强学生下肢肌肉群的克制与退让力量。

（2）专项支撑力量训练。对于背越式跳高运动而言，专项支撑力量指的是在一定时间内，直接参与背越式跳高技术动作的特定肌群通过密切配合，能够有效克服阻力的力量。一般来说，专项支撑力量的训练可以从以下几方面入手。

首先，负重沙袋进行跳箱训练。在训练的初始阶段，先让学生利用单脚完成负重沙袋跳箱训练，随着训练量的不断增加，学生身体素质也会有所上升，有助于增强其下肢肌群的克制与退让快速转换的力量。

其次，在不同高度和坡度的台阶上进行由上向下的跳跃练习。常见的练习方式有单腿训练、双腿训练、单双腿组合训练等。随着训练的不断深入，台阶的高度和坡度也应该进行适当地调整提升。

最后，摆动腿触碰标志物的训练。教师可以让学生将沙袋绑在摆动腿上，并在前方悬挂一定高度的标志物，让学生利用摆动腿积极地触碰标志物，以提高摆动腿的力量。

2. 背越式跳高的快速力量训练

（1）一般快速力量训练。在短时间内，为了让学生可以有效发挥出最大力量，教师可以在快速力量训练中选择重量较轻的器械进行训练，这样做，不仅能降低学生完成动作的难度，还能保证训练质量。例如，教师可以组织学生进行负重深蹲跳练习，要求学生两脚开立，与肩同宽，杠铃的重量通常约为学生体重的 1/3，负重下蹲的动作幅度一般控制在 90 度以内，期间腰部应挺直。

另外，在教师的正确指导下，学生可以进行负重上下交换腿跳训练。要求两脚开立，与肩同宽，挺胸收紧腰腹部，杠铃重量约为学生体重的 1/3，杠铃需要固定在学生肩部之上，重复进行快速上下交换腿跳。这样做，可以循序渐进地提升学生的一般快速力量，为后续的专项快速力量训练奠定良好基础。

（2）专项快速力量训练。对于背越式跳高而言，快速力量指的是在短暂时间内可以克服自身重量充分施展出最大力量，以获取更加快速的起跳初速度。在专项快速力量训练中，教师可以采取助跑起跳摸高练习，鼓励和引导学生不断尝试与实践，更好地体会跳高运动的弧线助跑，使其在跳高时可以习惯性地用起跳腿进行起跳，头部尽可能地触碰高处的标志物。随着训练的不断深入，以及学生训练水平的不断提高，悬挂的标志物高度也应进行适当地调整提升。

（二）速度素质训练

1. 移动速度训练

移动速度训练以形式多样的短跑练习为主。在实际训练中，教师可以在训练过程中引入追逐跑、变速跑、加速跑等形式的短距离跑，这样做，不仅能提高移动速度训练的丰富性，提高训练的针对性、趣味性，还能快速提升学生短跑技术，使学生更好地掌握跑步节奏。

2. 反应速度训练

反应速度训练可以从以下三方面入手：①组织游戏活动、球类活动、比赛、竞赛等。②让学生听声音做动作，根据信号做动作，进行反应速度单项练习和组合练习。③让学生进行听信号调整运动节奏的练习、听信号调整运动方向的练习、听信号调整运动速度的练习。

3. 动作速度训练

动作速度训练可以从以下三方面入手：①进行放慢背越式跳高动作的练习、加快背越式跳高动作的练习、重复背越式跳高动作的练习。②立定蛙跳、30 秒深蹲纵跳、30 秒原地高抬腿练习。③仰卧举腿练习、仰卧收腹练习、快速摆腿练习、快速摆臂练习、跨步跳高练习。

第二节　跳远的教学与训练

跳远是大学生田径运动教学中的一个重要运动项目，在提高学生身体素质，确保学生身心健康方面具有非常突出的作用。本节将针对跳远运动进行分析和研究，就如何有效进行教学和训练提出些许建议。

一、跳远项目的技术动作

田径跳远类运动项目主要由助跑、起跳、腾空、落地四个技术环节组成。

（一）助跑

跳远助跑的目的在于通过提高助跑速度，为后续的踏板和起跳做好充分准备。

1.助跑距离

通常情况下，跳远助跑距离的长短应该根据运动员的加速方式、加速能力进行确定。助跑距离是否合理，对起跳效果的好坏具有直接影响。30米跑、100米跑成绩是确定助跑距离的两项重要指标。需要注意的是，跳远助跑距离需要根据运动员身体情况、比赛时的外界条件进行合理的调整，而非一成不变。

2.姿势和加速方式

（1）助跑的起动姿势。助跑起动姿势对助跑的准确性、稳定性具有直接影响。助跑起动姿势主要有两种，即行进间式和站立式，前者行云流水，自然放松，但不容易控制速度，无法保证每次都可以踩准标志位置；后者的前三步速度均匀，容易控制身体姿势，可以提高助跑的准确性。

（2）助跑的加速方式。助跑主要包括两种加速方式，即逐渐加速、积极加速。具体来说，逐渐加速指的是以增加步长为基础不断加快跑步频率。一般这种助跑加速方式需要花费比较长的时间，可以平稳均匀地加速，进而保证起跳的准确性，为跳远成绩的稳定性提供保障。而积极加速指的是一开始就以较快的速度跑，步频始终很高，通过增加步长，使得速度得以提高。这种助跑加速方式可以在短时间内达到助跑速度的最大值，且助跑前几步步长比较短，上半身前倾角度比较大，跑步频率比较快，难以保证起跳的准确性。

无论是哪种助跑加速方式，运动员要想取优秀成绩，关键就在于能否在助跑最后 10 米达到本人助跑速度的最高值。

3. 助跑节奏

对于跳远运动员来说，掌控好助跑节奏能够使其利用最高速度快速地完成起跳动作。在某种程度上来看，助跑速度与跳远成绩呈线性正相关关系。

助跑速度的利用率指的是运动员在跳远助跑中对最高速度的使用水平，通常用助跑速度与平跑过程中最高速度的比值来表示。在跳高运动中，运动员助跑速度的利用率是跳高水平影响跳远水平的重要因素。随着跳高技术的不断发展，美国学者提出助跑速度的利用率甚至可达到99%。[①]

总的来说，熟练掌握正确的助跑方法是准确踏上起跳板的重要前提，要想达到这一标准还需要做到以下两点。

（1）保证助跑距离的相对稳定性，密切关注自身身体状况、助跑道质量、比赛时风向等内外部条件变化，并进行针对性地调整与改变，从而提高踏板的准确性。

（2）保持固定不变的前三步步长、助跑加速方式以及起动姿势。

（二）起跳

起跳主要的目的在于尽可能减少水平速度的损失，并获得一定的垂直速度，使身体重心发生变化，创造出较适宜的腾起角。其中，随着身体重心腾起初速度的增加，起跳效果也会更好。通常来说，优秀运动员的腾起初速度保持在每秒 9.2 ～ 9.6 米，身体重心腾起角在 18 度～ 24 度之间，腾起高度大约为 50 ～ 70 厘米。

---

① 王德涛 . 田径运动健身价值与实践研究 [M]. 北京：科学技术文献出版社，2018：46.

起跳主要包括三个动作，即起跳脚着板、弯曲缓冲以及蹬伸起跳。

1. 起跳脚着板

起跳脚触地时，起跳脚基本处于伸直状态，与助跑道平行线成60度～70度的夹角，脚跟先接触地面并迅速滚动至全脚掌触地。上半身略微向前倾斜，躯干角度大约为90度～100度，双眼目视前上方，在起跳脚接触地面之前，摆动腿已经开始折叠并迅速向前摆动跟上起跳脚。在起跳脚抵触地面的一瞬间，双臂摆动至躯干两侧。

2. 弯曲缓冲

在重力和惯性的影响之下，当起跳脚接触地面时，起跳腿的踝、膝、髋三关节进行弯折以起到缓冲的效果。此时膝关节通常成140度～150度大小的角。此时，以较快的速度向前移动髋部，并带动摆动腿尽可能地折叠前摆。跟随腿部运动继续摆臂，与起跳腿相距较近的手臂从后甩向前，另一只手臂从前甩向后。需要注意的是，在这一阶段要保持上体挺直，身体重心向上移动。

3. 蹬伸起跳

当身体重心转移至起跳腿的上方时，起跳腿要迅速、积极地蹬地，踝、膝、髋三个关节要尽可能蹬直，同时，摆动腿以髋部肌群发力，在带动作用下大小腿呈现出折叠状，以膝领先，快速摆向前上方，直至大腿达到水平状态。两臂要密切配合腿部动作摆向前上方，当上臂与肩部处于水平状态时，要有意识地"突停"。完成蹬伸动作后，积极地蹬伸起跳腿的踝、膝、髋三个关节，蹬地角度大约为75度，摆动腿大腿基本处于抬平状态，小腿自然下垂，头部和上体保持正直。整套动作讲求"快、准、狠"，一气呵成。需要注意的是，整个起跳动作要控制在0.1～0.13秒内完成，初速度控制在每秒9.2～9.6米为宜，腾起角控制在18～24度为宜。

（三）腾空

运动员跳起之后，摆动腿屈膝向前摆动直至大腿接近水平状态，起跳腿在身体后方保持自然放松，结束起跳后在空中继续保持的身体姿势称为"腾空步"。通常情况下，"腾空步"后的空中姿势主要分为三种，分别为蹲踞式、挺身式、走步式。

1."蹲踞式"腾空

"蹲踞式"腾空可以增加运动员在空中保持腾空步的时长，可以积极抬高摆动腿，弯曲膝关节，加大上肢与身体重心之间的距离。腾空步后，起跳腿向摆动腿靠拢，两腿在同一时间向上抬，膝盖与胸部贴近。注意此时身体前倾的角度不能过大，双腿在与落地点相距大约 0.5 米处时基本伸直，双臂继续做下划动作，便于运动员更加平稳地落地。

这种方式虽然难度低、便于操作，但也存在一定的弊端，最为突出的就是起跳后因为上体前倾和双腿弯曲，重心与身体下肢相距较近，进而缩短了旋转半径，加大了向前旋转的力矩和角速度。基于此，使得运动员腾空后，容易产生前旋，被迫过早放腿，为了保持身体的平衡，运动员要保持上体和头部的正直。

2."挺身式"腾空

"挺身式"腾空可以尽可能地舒展身体。当起跳呈现出腾空步之后，伸展摆动腿的膝关节，小腿随之沿着弧形轨迹依次朝着前、下、后方向摆动，双臂也依次朝着下、后、前充分摆动。与此同时，展髋放下摆动腿，并后摆向起跳腿靠拢，当摆动腿放下时，两臂同时落下，摆动腿继续向后运动，身体伸直、展开髋部、头部略微后仰，尽可能地展开身体挺身。

在脚即将着地时，向后方摆动双臂，身体向前方倾斜，以较快的速度完成收腹举腿动作，小腿充分前伸，脚跟先接触地面。为了快速、有效地攻克腾空后身体维持好平衡这一大难点，就要加强对身体协调、平衡方面的训练力度。

3. "走步式"腾空

相比于"蹲踞式"腾空、"挺身式"腾空这两种方式，"走步式"腾空的难度要更大，但受到优秀运动员的普遍青睐。完成起跳身体呈"腾空步"时，身体后方的起跳腿要以髋关节为中心，向上抬高大腿并屈膝带动小腿向前伸直，同时摆动腿要以髋为中心，大腿带动小腿朝着下、后方摆动，两腿在空中做交换动作。此时，为了保持身体平衡，双臂要做环绕运动。

完成空中换步之后，即空中第一步后，身体重心达到最高点，完成了空中换步动作，形成另一个腾空步，即空中第二步。摆动腿屈膝前提（即半步）并与踏跳腿并拢，前伸小腿准备落地。整个过程从"腾空步"开始，一共需走两步半，强调两腿之间的默契度以及双臂在空中的协同配合。

（四）落地

落地的主要任务是采取合适的落地技术，最大限度地增加跳跃距离，避免伤害事故的发生。落地方法主要包括滑坐式、折叠式两种，所谓滑坐式落地法，指的是运动员身体在腾空至最高点时便开始折叠，最后将腿和骨盆向前移动，上半身略微向后仰。由于落地姿势看上去如同坐着，故而得名。

所谓折叠式落地法，指的是运动员在到达腾空的最高点时，双腿尽可能地向上、向前伸出，上半身向下折，双臂由上向前以较快的速度后向后摆。这种落地方法在挺身式、蹲踞式跳远中应用较为广泛。

二、跳远的教学设计

（一）教学目标

跳远教学的认知目标、技能目标、情感目标如表 5-2 所示。

表5-2　跳远教学的目标

跳远教学的目标	具体目标
认知目标	了解跳远的起源与发展过程
	了解跳远运动技术的演变历程
	了解各种跳远姿势的技术特点
	树立正确的蹲踞式跳远、挺身式跳远、走步式跳远的概念
技能目标	熟练掌握跳远的基础技术
	掌握发展跳跃能力的基本方法
	提高学生跳远成绩
	学生能够自主发现自身跳远方面的不足并改正
情感目标	学会审视跳远运动的美感
	培养学生对跳远运动的学习兴趣
	激发学生对跳远运动的热爱
	培养学生勇于克服困难、敢于迎接挑战的意志品质

（二）跳远教学的重难点

针对完整的跳远技术来说，助跑和起跳相结合技术是教学的重点，过渡阶段技术是教学的难点。实际上，不同技术环节有其不同的教学重点和难点。以助跑教学为例，助跑的加速方法就是教学的重点，助跑的准确性就是教学的难点；以起跳教学为例，起跳腿的蹬伸技术就是教学的重点，起跳腿的着地缓冲技术是教学的难点；以挺身式腾空技术教学为例，两腿前伸技术就是教学的重点，缓冲引体移过落点技术就是教学的难点；以蹲踞式跳远腾空技术教学为例，腾空步技术就是教学的重点，并腿团身前伸腿准备落地技术就是教学的难点。

163

（三）跳远教学策略

1.准备活动

跳远运动作为田径运动中的跳跃项目，对身体素质和身体条件提出了较为严格的要求。为了提高课堂教学效率，让学生更快速地掌握跳远技术，准备活动中不仅要设置常规活动内容，还要积极引入专项性练习内容。

具体来说，教师可以根据教材、网络资源创编准备活动的内容，灵活运用讲解示范等多种方法，引导学生充分活动身体的各个部位。而专项性练习内容则主要根据专项技术要求进行设计，侧重于"腾空步"的专门性练习，帮助学生更加熟练地掌握跳远的基本技能。

2.教学内容和手段

（1）跳远的一般知识。

教学手段：①介绍跳远运动的起源和发展过程。②普及跳远运动的锻炼价值。③采用挂图、视频等直观方式讲解跳远的基本技术和技术特点。④播放优秀跳远运动员的技术录像，并做好技术分析工作。

（2）跳远起跳技术。

教学手段：①通过挂图、视频等方式，完成对起跳技术的讲解与示范。②让学生感受起跳脚踏板技术的动作过程。③让学生感受起跳过程中上下肢动作的协调配合。④向前行走3～4步模仿起跳练习。⑤上2步做起跳模仿练习。⑥向前行走并进行一步一起跳模仿练习。⑦助跑3步进行一次起跳的练习。⑧助跑5步进行一次起跳练习。⑨助跑7步进行起跳越过栏架练习。

（3）助跑与起跳相结合技术。

教学手段：①讲解并示范助跑技术，主要包括助跑技术的要求和特点，传授起动方式、加速方式以及助跑的步数和距离。②传授全程助跑技术，主要从两方面入手：一方面，组织学生在跑道上按照规定步数完成不起跳的全程助跑练习；另一方面，组织学生在跑道上根据全程助跑的步长做好标记点，并完成起跳的全程助跑练习。③传授助跑与起跳相结合的技术，主要从三方面入手，第一，短距离助跑与起跳相结合的练习；第二，中程距离助跑与起跳相结合的练习；第三，全程助跑与起跳相结合的练习。

（4）蹲踞式跳远技术。

教学手段：①组织学生原地对蹲踞式动作进行模仿。②助跑 4 ～ 6 步，起跳后做"腾空步"动作的练习。③助跑 4 ～ 6 步，起跳后呈现出"腾空步"后，向前提举起跳腿，并靠近摆动腿，两腿形成空中蹲踞动作，然后两腿向下伸展落于沙坑。④6 ～ 8 步助跑，进行完整的蹲踞式跳远练习。练习过程中，起跳要达到一定高度，同时要牢牢抓住关键技术进行练习，如"腾空步"动作、收起跳脚时机。"腾空步"必须要做得充分，尽可能延长腾空时间，不要过早收起起跳腿。⑤改进和完善空中技术。a.原地向上跳起，在身体处于腾空状态时收腹屈膝练习蹲踞式姿势。b.短距离助跑 4 ～ 8 步，在起跳区域练习蹲踞式跳远，起跳区域宽 30 ～ 35 厘米。在练习过程中，助跑的步子不要过大或过小，要有意识地结合助跑和起跳。在正式练习之前，教师需要教会学生如何通过反方向助跑丈量步点的方法，不断提升学生在区域内起跳的能力。c.中程助跑 6 ～ 10 步，缩小起跳区域，练习蹲踞式跳远动作。在练习中，采取"先高后远"的作业条件限制方法，让学生熟练掌握蹲踞式跳远技术。"先高后远"指的是准备一根高度约为 30 厘米的横杆，将其放置于起跳区前方所跳远度三分之一的位置，再准备一个白布带，作为标志物放置于沙坑里所跳远度三分之二的位置的沙面上，学生通过助跑起跳，先做腾空步越过横杆，再做蹲踞动作，然后双腿前伸跨过沙坑中的标志物，最终落于沙坑。⑥全程助跑蹲踞式跳远。这项技术难度比较低，教学中以介绍为主。

（5）挺身式跳远技术。

教学手段：①讲解并示范挺身式跳远技术，帮助学生形成正确的挺身式跳远技术概念，初步了解与掌握挺身式跳远技术的要求、要领及方法。②掌握挺身式跳远下放摆动腿和两臂的配合动作要领。a.原地进行自然下放摆动腿和两臂之间配合的模仿练习。b.原地练习起跳动作，当身体处于腾空状态时，做挺身送髋以及摆动腿下放成伸展动作，接着举腿前伸下落于沙坑。c.一边走一边做摆动腿下放成挺身动作。d.三步助跑起跳，接着做下放摆动腿成直体动作，同时两臂做绕环摆动作落地。e.一边自然跑一边起跳，在起跳中做下放动腿成挺身动作，双脚同时落于地面。f.以低跳箱盖为辅助工具进行起跳，做挺身动作。③讲授完整的挺身式跳远技术。a.利用踏跳板助跑4～6步进行起跳，练习挺身式跳远技术。通过练习，增加学生腾空的时间和高度，有助于学生更好地在空中完成挺身动作。b.面向起跳区，4～6步助跑起跳，练习挺身式跳远动作。c.面向缩小的起跳区，6～8步助跑起跳，练习挺身式跳远动作。d.助跑10～12步，接着起跳做挺身式跳远动作。e.全程助跑进行挺身式跳远练习。

（6）走步式跳远。

教学手段：①通过挂图、视频等直观方式讲解走步式跳远技术，再结合示范法帮助学生树立正确的走步式跳远技术概念，并掌握走步式跳远技术的要求、要领及方法。②练习交换步与两臂摆动动作。a.原地练习并体会两步半交换步和摆臂的动作。b.在自然走步中练习换步和摆臂动作。c.通过单、双杠支撑进行交换步的练习。d.在上台阶的过程中练习并体会走步动作过程。e.在下台阶的过程中练习并体会走步动作过程。f.助跑4～6步起跳，练习交换步成弓步下落于沙坑。③掌握完整的走步式跳远技术。a.助跑4～6步，在踏跳板上进行起跳，练习二步半走步式跳远动作。b.4～6步、6～8步助跑练习走步式跳远动作。c.全程助跑做走步式跳远动作。

（7）下落着地技术。

教学手段：①结合示范视频讲解下落着地动作。②练习原地立定跳远身体处于腾空状态时的收腹举腿动作。在练习过程中，要求大腿尽可能靠近胸部。③练习立定跳远：站立于沙坑边沿的位置，练习立定跳远动作，双臂向后方用力摆动，接着双腿充分前伸，脚跟先落于沙坑，然后以较快的速度屈膝，双臂用力向前摆，使身体重心越过落点。在练习过程中，可以将一个明显的标志物放置于接近个人落地点的位置，如白色布带，采取作业条件限制法组织学生完成跳远练习，在落入沙坑之前，双腿向前提举，接着小腿用力前伸，脚跟领先落于标志物前。

（8）完整的跳远技术。

教学手段：①丈量全程助跑的步点，多次反复练习全程助跑的蹲踞式、挺身式跳远动作，让学生巩固掌握跳远技术的动作要领。②从学生实际情况出发，分别采取针对性的有效手段，全面提升并巩固学生各个技术环节的技术水平。③评定每位学生对完整跳远技术的掌握程度。④组织跳远比赛。

3.跳远教学中常见的错误动作、成因及纠正方法

（1）助跑步点缺乏准确性。

成因：场地、气候、身体状况及心理因素的影响；助跑起动方法不固定；助跑步长和加速节奏缺乏稳定性。

纠正方法：组织学生在不同的环境中进行练习，逐渐提高学生的适应能力，教会学生保持助跑稳定性的方法；采取固定的助跑启动方式；反复练习助跑，固定助跑的步长和节奏。

（2）助跑最后几步速度下降。

成因：助跑步点不准确，最后几步拉大步或倒小步；起跳开始之前上半身后仰，臀部后"坐"，后蹬力量、速度不足；害怕助跑速度过快而跳不起来。

纠正方法：助跑要快、准、稳，树立用速度争取远度的意识，克服

恐惧心理；较好地保持跑的直线性和动作结构，上板前的最后几步要加快步频；踏上第二标志线后尽快提高进攻速度。

（3）起跳制动过大。

成因：最后一步起跳腿上板的积极程度不足，身体重心落后，小腿过于前伸，导致最后一步过大；一味地追求腾空高度。

纠正方法：在跳远过程中，学生要有意识加快起跳腿上板时的速度，在以较快的速度进行跑进时，自然地完成起跳动作；身体重心上移，在起跳时采取"扒地式"方法；以斜坡跑道为练习场地，进行下坡跑起跳练习。

（4）起跳后身体向前倾斜、失去平衡。

成因：起跳时身体向前倾斜；过早做落地动作。

纠正方法：加强起跳腾空步的练习；起跳时，头部和上半身要保持正确的姿势；通过增加空中动作幅度以达到增大旋转半径的目的。

（5）立定跳远落地小腿前伸不足。

成因：上半身前倾角度过大；腹部力量和下肢柔韧性不足。

纠正方法：反复练习立定跳远，落地前，用大腿带动小腿积极地前伸，落地后立即做屈膝缓冲；加强锻炼腰腹力量和下肢的柔韧性。

（6）走步式跳远中换步动作幅度小。

成因：换步过程中左右大腿的摆动幅度小，仅是倒小步；上肢和下肢的配合缺乏协调性。

（7）挺身式跳远中以挺腹替代挺胸展髋。

成因：起跳不充分，起跳后摆动腿膝关节处于紧张状态，摆动腿下落速度过慢；上半身向后倾斜。

纠正方法：起跳必须充分、果断；腾空后摆动腿膝关节要保持自然放松，并快速进行下放或后摆。

4.跳远教学中应注意的问题

（1）在教学中，教师要重视教学主要环节，帮助学生进一步明确跳远技术教学的重难点，不断加大教学力度。注意不同技术环节之间的有效衔接和配合，在完成好技术教学的基础上，落实好提高身体素质的练习。

（2）教师要在技术教学上下功夫，将分解教学和完整教学有效结合到一起。切不可急于求成，要重视学生技术动作的掌握。

（3）考虑到跳远需要较大的运动量，所以教学中必须做好充分的准备活动，精心布置和检查跳远场地，避免发生伤害事故。

（4）在教学中，教师要引导学生充分发挥助跑速度，保持助跑节奏的稳定性，提高助跑步点的准确性。

（5）教师要将教学重点放在快速助跑和起跳结合的技术教学上，强调助跑速度和快速起跳技术两者间的适应性，尽可能让学生多做一些有关助跑和起跳相结合的技术练习。

（6）在起跳教学中，教师要引导学生树立正确的起跳技术概念，注意合理控制起跳速度、摆动速度和腾空速度。

5. 教学评价

基于跳远教学目标的引导，跳远教学评价应该包括以下几方面内容。

（1）理论知识评价。教师可以通过安排期末理论考试、布置课外作业、设置课堂提问等方式，了解学生对跳远理论知识的掌握程度，以便做出评价。

（2）技术技能评价。跳远技能评价是指教师对学生跳远技术技能掌握情况的评价，是跳远教学评价的主要内容之一。田径教学单位可以根据教学大纲规定的教学时数等内容，再结合学生的学习情况，集体制订科学的评价标准，由教师或考核小组担任主要的评价者，完成对每位学生的技术技能评价。

（3）学习态度评价。在跳远教学中，教师可以通过考勤情况、作业完成情况、课堂参与度等形式对学生学习态度进行评价。

三、跳远项目的训练方法

（一）身体素质训练

1.跳跃训练

起跳效果的好坏会直接影响到跳远的成绩，倘若起跳高度过低，就会缩短跳跃距离，所以，在日常跳远的训练中，要加强对大学生跳跃能力的训练，使学生合理地控制起跳高度。在实际训练过程中，可以采取由易到难、层层递进的方式，也就是说在训练初期，通过组织一些难度低的跳跃练习，使得大学生的适应能力得到提高，主要包括收腹跳、双腿跳栏架等内容的训练，以及让大学生在沙坑中练习跳跃。随着大学生运动适应能力的不断提升，教师可以逐渐增加训练难度，引入一些专业的跳跃训练，循序渐进地引导学生展开专项训练。

2.速度训练

速度是跳远运动顺利进行的重要前提，助跑是跳远运动非常重要的环节，而这一环节对最终的跳远成绩有着直接影响。近些年来，随着人们对跳远运动研究的不断深入，这项田径运动逐渐被划分为速度型运动项目，但不同于普通意义上的速度，它是指助跑、起跳、技术动作的完成速度。因此，在大学生跳远训练中，应该将速度训练置于首要位置，不断加大对学生的跑、跳、反应等方面的培养力度。在面向大学生进行基本训练时，教师还要有意识地训练学生的瞬时反应能力，换句话说，就是促使学生在助跑阶段可以在短时间内将速度提升至最高点，同时还要善于完美地衔接助跑和起跳动作，从而通过速度训练使大学生的速度提升到一个更高的层次。

3.综合能力训练

对于大学生而言，要想提高跳远成绩，综合能力的提升尤为重要。在综合能力的训练过程中，教师要从实际情况出发，有效地提升学生的综合能力。例如，通过提高学生的柔韧性，防止学生在跳远运动中出现受伤情况。与此同时，教师还可以通过急停急跑的方式，训练学生的灵敏性和反应能力，以便学生能够在比赛和训练中冷静、巧妙地解决一切突发问题。

（二）核心力量训练

1.徒手训练

针对大学生核心力量的跳远训练，教师可以从跳远运动的技术特点出发，采取徒手单人练习的方式，组织学生练习基本核心力量，感受身体肌群的力量，让学生更准确地控制身体的平衡性。例如，教师可以采取俄罗斯回转练习方式，增强学生身体的核心力量，这种方法简单易行，适用于初学者，而且可以在没有任何体育器材的辅助下完成练习。

2.运用一种器材辅助练习

在实际的跳远训练中，学生可以利用单一器材如毛巾、平衡球等，完成核心力量的练习，不断提高身体核心力量的稳定性。例如，教师可以借助平衡球这一器材，引导学生单脚踩到平衡球上，身体始终保持平衡，经过长时间重复训练，使学生身体具有较强的稳定性。教师也可以引导学生单脚站到平衡球上，身体上肢做一些对身体平衡造成干扰的动作，使身体尽可能地保持平衡，从而更好地适应身体各器官系统机能的变化。需要注意的是，在训练之前，教师要全面了解各班级学生的体质健康状况，并充分利用现有的运动器材，合理地调整训练的难度和方式。

3.利用多种器材辅助练习

在对学生的核心肌群进行训练时，教师可以发挥多种器材在教学中的辅助作用，帮助学生完成动作练习。由于学生身体在训练中大多处于不平衡、不稳定状态，这就意味着训练的难度会有所增加。教师要提前了解每位学生身体核心肌群的能力，以及这种训练方法的安全性等，并向学生示范如何运用多种器材进行练习、调整运动动作、提高身体控制力等，使学生身体周围肌群充分地参与到运动中，有效训练学生身体各部位的力量。例如，在跳远运动实训中，教师可以引导学生单脚踩到平衡球上，一只手拿着一种器材干扰身体的平衡性，同时通过协调上下肢来有效克服这种阻力，从而使身体始终处于平衡状态。除此之外，教师还可以引导学生单脚站在平衡球上，身体上肢运用器材做推、拉、下蹲等动作。这种方式的训练主要是通过训练学生身体的平衡性，使学生神经系统、肌肉系统的平衡以及控制能力得到有效锻炼和提升。这种训练不仅能提高学生部分肌群的力量水平，还能使核心肌群参与到运动中，有效锻炼学生的核心力量。

第三节　三级跳远的教学与训练

作为一项田径运动中距离最长的项目，三级跳远项目由来已久，不仅技术动作非常复杂，而且对运动员基本的爆发力、平衡性、柔韧性提出较高要求。本节将主要研究大学生三级跳远的教学与训练，希望能为大学生三级跳远运动水平的提高提供些许建议。

一、三级跳远的技术动作

（一）助跑

相比于跳远运动的助跑，三级跳远的助跑更加注重节奏，以便在可控速度下高质量完成后续动作。助跑起动主要分为两种，即原地起动方式、行进间起动方式。一种是原地起动，这种方法强调助跑的节奏感和准确性，诸如，爱德华兹、董斌等运动员大多采用这种方式；另一种是设立预跑区，运动员先慢跑几步，或用垫步等方法起动，踏上助跑标记后，开始助跑，强调在短时间内达到跑动速度的极限。这两种助跑起动方式无绝对的优劣之分，运动员可根据自身素质能力选择合适的助跑起动方式。

（二）助跑与单脚跳衔接

助跑与单脚跳的完美衔接，为单脚跳动作打下良好基础。通常来说，跑跳衔接需要上肢配合摆动，而上肢摆动又分为单臂摆和双臂摆，双臂摆需要在助跑最后一步做预摆动作，相比于单臂摆，双臂摆所需要的爆发力量要更强，可以更好地让身体获得足够的向前性，弊端就在于对整个身体的连贯性造成不利影响。单臂摆动作在助跑后快速进入摆动状态，双臂做半环转动作，起跳腿充分折叠，大小腿在髋关节处以较快的速度摆动。异侧摆动腿在起跳开始进行屈膝高摆，为使机体获得足够的向前性，此时要求大小腿呈现出一定的角度，从而增加摆动幅度，加大运动惯量。

摆动腿在向前方摆动的过程中，要求大小腿折叠角度为90度左右，进而缩短动作完成的时间和落地时间，最大限度地减少速度损失。起跳腿结束起跳后，经过折叠前摆尽可能地下压，并视情况控制大小腿折叠角度。在踩上踏板的一瞬间，运动员的起跳腿要立即做鞭打动作，以便更好地获得较强的反作用力，从而有效地完成伸髋伸膝屈踝动作，为第二跳做好准备。骨盆要保持稳定，使得机体在重心前移的情况下完成送髋动作。

（三）跨步跳

跨步跳也称第二跳。完成第一跳的动作后，起跳脚的后脚跟扒地时，摆动腿和两臂积极、有力地前摆，待起跳脚的支撑点由脚后跟滚动至全脚掌时，迅速做屈膝屈髋动作以起到缓冲作用，促使身体以较快速度向前移动，当身体重心与支撑点上方相距较近时，摆动腿和双臂朝着前上方进行摆动，并快速有力地蹬伸起跳腿。身体处于腾空状态时必须要做跨步动作，双腿之间呈现出较大的角度。当摆动腿即将接触地面时，由大腿发力带动小腿前摆，同时勾起脚尖为"扒地式"落地动作做准备，在这一过程中，两臂要积极、迅速地向后摆动，为第三跳做好准备。

（四）跳跃

跳跃也称第三跳，是三级跳远落入沙坑前的最后一跳。在第二次跳跃将要落地之前，摆动腿通过大腿带动小腿，为做扒地动作做准备，在摆动腿接触地面的一瞬间，做屈膝屈髋动作，骨盆向前移动，向起跳腿蹬伸过渡。同时，另一条腿和两臂从后向前上方大幅度摆动，起跳腿也进行迅速、有力地蹬伸，完成起跳动作。另外，在空中，上半身可以略微前倾，但不应该过度。过度前倾可能导致落地时的不稳定和跳跃距离的减少。落地前，上半身的前倾角度应该增加，这可以帮助实现最大的跳跃距离。但这也需要确保腰部和腿部的协调性，以实现平稳的落地。

（五）落坑动作

三级跳远的三次跳跃都有落地动作，落地动作的正确性对最终成绩具有非常重要的影响。在落入沙坑之前，上半身的前倾角度不宜过大，否则容易引起前旋，大腿向前屈膝高抬，膝关节尽可能地贴近胸部。在将要落入沙坑之前，膝关节以较快速度伸直，小腿向前伸直，两腿抬平，两臂协调配合，脚后跟先着地。双脚均接触沙坑之后，快速屈膝，骨盆向前移动，两臂向前伸展，使身体重心可以快速移过落点，同时做缓冲动作，这样做，既可以有效避免伤害事故的发生，又有利于提高三级跳远成绩。

二、三级跳远的教学设计

（一）教学目标

三级跳远教学的认知目标、技能目标、情感目标，如表5-3所示。

表5-3 三级跳远的教学目标

三级跳远的教学目标	具体目标
认知目标	了解三级跳远的起源和发展历程
	了解三级跳远运动技术的演变过程
	掌握不同类型三级跳远的技术特征
	引导学生树立正确的三级跳远的概念

续　表

三级跳远的教学目标	具体目标
技能目标	掌握三级跳远的基础技术
	掌握发展跳跃能力的基本方法
	培养学生跳跃能力
	提高学生三级跳远成绩
情感目标	教会学生审视三级跳远运动的美感
	激发学生对三级跳远运动的热爱与欲望
	培养学生对三级跳远技术的学习兴趣
	培养学生勇敢顽强、不怕困难的意志品质和精神

（二）三级跳远教学的重难点

1. 三级跳远教学的重点

三级跳远是人体通过快速的助跑以及有力的起跳，采用合理的姿势和动作，使身体腾越水平距离的运动项目。在缺乏准确的助跑和起跳的情况下，势必会影响到跳跃的远度。也就是说，倘若第一跳的完成效果不理想，便无法顺利地完成后续的两个跳跃动作。因此，助跑接第一跳的衔接技术是教学工作的重中之重。此外，教学重点还包括：第一跳起跳腿的交换技术、第一跳和第二跳的落地动作以及与个人特点相适应的三跳比例。

2. 跳远教学的难点

跳远运动通过助跑所获得的水平速度，经过一次起跳动作，便得到最佳的跳跃远度，而三级跳远技术与之不同，它需要由三次连续的跳跃动作组成，而每一次跳跃动作的完成，都会使水平速度受到一定损失。因此，对于三级跳远技术教学而言，如何做可以既减少水平速度损失，又获取合理的垂直速度是需要引起关注的问题。所以，三级跳远技术教学的主要难点就在于三跳中水平速度的保持率和各跳产生的垂直速度。

（三）教学策略

1. 准备活动

三级跳远要求节奏十分明显，而且对学生的身体条件和身体素质提出较高要求。为了充分利用课堂教学时间，帮助学生在短时间内熟练掌握三级跳远技术，准备活动的设计除了要引入常规活动内容，还需要增加一些专项性练习内容。

教师可以充分利用教材、网络资源创编准备活动内容，通过讲解与示范相结合的方式，全面锻炼学生身体的各个部位。专项准备活动主要围绕专项技术要求进行设计，以"交换腿""跨步跳"的专门性练习为主，帮助学生更快速地掌握三级跳远技术。

2. 教学内容和手段

（1）三级跳远技术概念。

教学手段：①通过挂图、视频、动画等直观的教学手段，帮助学生了解三级跳远技术，并建立正确的三级跳远技术概念。②为学生示范完整的三级跳远技术，使学生了解三级跳远动作的整个过程。

（2）单脚落地、跨步跳、单足跳及单跨结合技术。

教学手段：①原地反复练习正确的单脚落地技术。②在行进过程中练习正确的单脚落地技术。③以单足跳的方式练习正确的单脚落地技术。④反复练习小幅度的连续跨步跳动作。⑤反复练习立定多级跨步跳动作。⑥以短距离助跑的方式练习连续跨步跳动作。⑦练习从小幅度过渡到大幅度的单足连续跳动作。⑧连续跳上、跳下基本动作的练习。⑨练习短距离助跑单足跳上高台的动作。⑩练习从小幅度过渡到大幅度的单足跳接跨步跳练习。

（3）立定或上步三级跳远。

教学手段：①练习小幅度的立定三级跳远动作。②通过设置标志的方式练习立定三级跳远动作。③上1～3步练习三级跳远动作。

（4）三级跳远的助跑技术。

教学手段：①练习短距离的助跑。②练习中程距离的助跑。③练习全程距离的助跑。

（5）完整的三级跳远技术。

教学手段：①4～6步助跑，做小幅度的三级跳远动作。②4～6步助跑，进行三级跳远过障碍物的练习。③8～12步助跑，做三级跳远动作。④全程助跑，做三级跳远动作。

3. 三级跳远教学中常见的错误动作、成因及纠正方法

（1）起跳蹬伸不充分。

成因：起跳前身体重心未做到及时向前移动；摆动腿和两臂之间的协调性较差；腿部力量不足。

纠正方法：多次重复进行单足跳上高台的练习；加强对摆动腿和两臂之间协调性的练习；强化腿部力量的训练。

（2）第一跳两腿交换过早，上半身向前倾斜，交换腿时进行屈髋动作。

成因：起跳腿的蹬伸程度不够充分，上半身向前倾斜的角度过大，急于向前抬腿交换，导致屈髋现象的出现。

纠正方法：使学生牢记在做交换腿动作之前必须积极、充分蹬伸起跳腿；上半身向前倾斜的角度不要过大，强调两臂正确的摆动方向和适宜的摆动力量。

（3）落地不积极，制动较大。

成因：学生对落地技术概念的理解模糊；屈膝高抬不够，小腿向前伸展时前摆和回扒速度不够快，动作不够积极；膝关节处于紧张状态。

纠正方法：加强学生对积极落地技术概念的认识与理解；加强小腿快速前摆、回扒动作的练习；多次重复进行单足跳、跨步跳等动作的练习，并在这一过程中做好屈膝高抬动作，从而提高学生膝关节的灵活性。

（4）腾空后身体在空中失去平衡。

成因：摆动腿的摆动高度不够，上体前压产生前旋；左右两臂的

摆动力量不均匀，摆动腿和摆臂的用力不均衡；摆动腿和摆臂的方向不一致。

纠正方法：多做连续的小幅度练习，让学生体验并感受摆动腿和摆臂的协调配合，同时，在此过程中认真体会大幅度的摆动方向和用力配合的一致性。

（5）第二跳步幅过小。

成因：第一跳过高、过大产生较大制动；第一跳落地时上半身前倾角度偏大；落地腿的支撑力量不足。

纠正方法：适当降低第一跳身体重心的高度，或者适当缩短第一跳的距离，增加第一跳的远度；通过画标志线的方式控制三跳的比例；加大支撑腿的力量训练力度。

（6）助跑最后两步减速。

成因：过早地准备起跳，双臂的摆动幅度过大；步点准确度不高，后几步拉大步或倒小步；踏板意识较为薄弱。

纠正方法：通过放置标志物的方式助跑接起跳；通过反复练习，增强踏板意识。

4.三级跳远教学应注意的问题

（1）三级跳远的技术具有一定的复杂性，教师在教学实施过程中，应抓住基本技术环节的教学，帮助学生准确、有效地掌握基本技术要求，并引导学生进行反复练习。同时，使学生对三级跳远技术教学的重难点有一个正确的认识，并不断提高教学质量。注意各技术环节之间的衔接性，在技术教学的过程中，不断强化学生体能练习，提高学生身体素质。

（2）重点抓好每跳的技术教学。由于三级跳远技术较为复杂，训练强度较大，所以教学中应该多采取分解教学法。除此之外，为了避免发生伤害事故，教师在教学前要认真布置和检查练习场地，教学前做好充分的准备活动。

（3）在三级跳远教学中，教师应注意学生的助跑速度的合理性、助跑步点的准确性以及助跑节奏的稳定性。教师要注意发挥学生的助跑速度，不断增强学生的"攻板"意识，注意引导学生适当控制第一跳的高度，抓准交换腿的时机以及提高上下肢的协调性。

（4）教师要突出教学重点，提高学生助跑和起跳技术的衔接能力，加强快速助跑和起跳结合的技术练习。

（5）在起跳教学过程中，教师要注意让学生准确掌握起跳技术，控制好自己的起跳速度、摆动速度以及腾空速度。同时，在第二跳和第三跳过程中，要注意身体的平衡性，尽可能加快第二跳和第三跳的动作速度，注意每一跳之间的技术衔接和水平速度的损失，掌握好三跳的节奏和比例。

5. 教学评价

基于三级跳远教学目标的导向作用，三级跳远教学评价应该包括以下几方面内容。

（1）理论知识评价。通过组织期末考试（笔试试卷）、布置课外作业、设置课堂提问等方式，评价学生对三级跳远理论知识的掌握程度。

（2）技术技能评价。以教学大纲为依据，结合学生的实际学习情况，由田径教学单位集体制订技术技能评价标准，由教师或考核小组担任主要的评价者，合理地评价每位学生对三级跳远技术技能的掌握情况。

（3）学习态度评价。从学生的考勤情况、课堂参与度、作业完成情况等方面，对学生学习态度进行评价。

三、三级跳远项目的训练方法

（一）力量训练

1. 抓举训练

大学生要想取得理想的三级跳远成绩，必须具备一定的抓举能力，所以教师要引导学生进行正确有效的提臀运动，让学生上下肢循序渐进协调用力，保证上下肢协调用力的同时，要结合大学生的身体素质合理地调节训练力度。

2. 全蹲训练

引导学生多次反复地进行抬头、直腰、提臀训练，使学生能够逐步精准地控制脚踝、膝关节等部位的用力大小，有效的下半身训练还能提高大学生底盘的稳定性。

3. 半蹲训练

一般情况下，半蹲训练包括两种方式，分别为普通半蹲、负重半蹲。在负重半蹲的过程中，腿和膝关节之间呈现出90度的直角，教师要根据运动员的身体素质，开展具有针对性的强度训练。

另外，在进行力量训练前，教师应组织学生进行适当的热身，如果没有做好充分的准备便投入训练，极其容易造成肌肉的拉伤，从而影响训练的顺利开展和训练效果。与此同时，在训练的过程中，还要保证学生足部、大小腿肌肉的力量。

（二）速度训练

1. 上下坡跑

在上坡跑时，教师要随着学生身体素质的变化，适当增加训练强度，同时还要时刻观察学生的整个状态，当其身体出现异常或无法支撑时，应该立即停止训练，并紧急就医。下坡训练的难度相对比较低，能够有效避免肌肉的拉伤，教师可以随着训练次数的增加调整训练难度。特别要注意在考试或比赛之前，应该采取柔性训练适当降低训练强度，避免高强度训练给学生身体带来的损伤。

2. 追逐跑

要求两人一组，以教师口哨声为信号，学生开始以小组为单位在限定场地范围内进行追逐跑，如果后面的人可以在规定时间内追赶上前面的人，就可以获得相应成绩。

（三）弹跳力训练

1. 蹲跳训练

要求学生根据教师的指示以缓慢的速度下蹲，然后以较快的速度起跳。教师根据学生表现逐渐增加强度，训练过程中要劳逸结合，避免因训练强度过高使学生的身体受到损伤。

2. 立定跳远和多级蛙跳训练

立定跳远是三级跳远最基础的动作。在训练的时候，教师要引导学生连续多次进行立定跳远练习，并循序渐进地增加训练强度和跳远距离。在蛙跳的过程中，教师要引导学生进行不间断地摆臂，并逐渐增加训练强度，在这一过程中，要注意给学生留出充足的休息时间。

3. 跨栏跳训练

教师讲解并示范正确的跨栏跳动作后，学生开始进行训练，在训练过程中，随着训练强度的增加，栏架之间的距离也应该逐渐增加，通过多次反复的训练，使教师能够了解学生的身体极限。

（四）柔韧性训练

1. 弓步脚踝柔韧性训练

要求学生两脚开立，呈弓步状态，上半身向前倾斜，与此同时双手接触地面，接着后脚脚踝慢慢内翻，进行压腿、压脚踝练习，不断提升大小腿、脚踝的柔韧性。

2. 髋关节伸展训练

要求学生两脚开立，与肩同宽，充分伸展手臂的肌肉，呈现出大字形，朝着前方用力伸压，同时，上半身要保持直立状态，从而更好地伸展髋关节。

第六章　投掷类项目的教学与训练实践

第一节　投掷类项目的核心技术基本特征

作为体能主导类速度力量型项目，田径投掷类项目主要包括铅球、铁饼、标枪等，这类运动要求投掷者能够在短时间内迅速将手持器械掷出较远的距离。在田径投掷类运动中，要想取得良好的运动成绩，投掷者不仅要拥有较高的专项能力和专项素质，而且要熟练掌握并运用投掷技术。本节主要围绕投掷类项目核心技术进行研究，简要介绍田径投掷类项目核心技术的基本内涵，以及田径投掷类项目的基本特征，希望能为大学生投掷类项目的教学与训练水平的提升提供一定借鉴。

一、关于投掷类项目的认识

（一）投掷类项目属于动力性运动

作为一项动力性运动，投掷类运动项目中的铅球、铁饼运动主要由五部分组成，即握法、预备姿势、滑步、最后用力、身体平衡，这些动作结构均属于非周期性运动。标枪助跑属于周期性练习，投掷部分属于非周期性练习，所以标枪运动属于混合运动。

182

（二）投掷类项目是体能主导类速度力量性项目

投掷运动是体能主导类速度力量性项目，它的基础是绝对力量，核心是速度。虽然投掷运动的持续时间短，但具有较强的技术性，对爆发力要求比较高，需要投掷者按照严格的用力顺利，使肌肉进行爆发式收缩，以最大的力量、最快的速度抛出器械。因此，投掷运动对肌肉力量和速度都有较高要求。但由于不同投掷器械重量有所差异，所以不同投掷运动对肌肉力量和速度的要求也各不相同，如标枪运动的器械重量相对较轻，所以对肌肉收缩速度提出的要求相对其他项目更高。

（三）投掷类项目的技术原理

根据投掷类项目的动作结构及其技术特点，投掷类运动技术通常划分成四个联系密切的技术阶段，依次为开始姿势、预加速、最后用力、器械出手后的缓冲。这四个阶段中的各阶段技术尤为重要，不仅关系到整体动作技术的效率，对运动的结果也具有非常重要的影响。

在投掷的时候，正确、合理的握持器械的方法，对预加速阶段动作的准确性具有积极的影响，有助于将全部的力更好地集中并作用于器械上。正确的预加速阶段动作技术是最后用力动作技术的重要基础，是获得更高动作效率的前提保障。对于完整动作来说，不同阶段技术之间存在着很强的因果关系。

对于作为非周期性动作结构的铅球运动和铁饼运动来说，掷铅球的预摆、团身、滑步以及最后用力的形式大致是平面内二维方向的直线运动，掷铁饼的预摆、旋转、最后用力以及出手后的缓冲的形式大致为立体空间三维方向的复合运动。对具备混合性动作结构的标枪运动来说，其预加速阶段的助跑动作属于极具代表性的周期性动作，所以其完整动作技术属于一个混合性动作体系，且由相互联系、相互促进的周期性动作和非周期性动作共同组成。

（四）投掷类运动项目对运动员的要求

1. 形态要求

通常情况下，投掷类运动要求运动员身材高大匀称。高大匀称的身材有利于提高出手点的高度，这样能够延长运动员最后用力的工作距离，使运动员取得更好的运动成绩。同时，标枪运动对运动员速度素质提出较高要求，要求运动员能够以较快速度进行助跑，以便准确地完成投掷动作。

在运动员投掷用力时，为了更好地发挥出肩带和躯干肌肉力量，运动员要有发达的上肢和躯干肌肉，躯干通常呈近似的桶型。投掷类运动项目要求运动员手握器械完成投掷动作，所以需要运动员的手尽量长一些，这样不仅能将器械更稳固地握于手中，保持器械的稳定性，还能在一定限度上增加用力的工作距离。

2. 机能要求

中枢神经系统机能特点是大脑皮层兴奋过程占据优势，反应时间缩短，神经过程具有较强的均衡性。投掷性运动项目涉及复杂的动作结构，主要包括旋转、滑步以及投掷器械等，为了一气呵成地完成这些复杂的动作，不仅要求运动员的本体感觉器官受到刺激产生躯体动作觉，即本体感觉，还须有前庭分析器、视觉等器官发挥作用。例如在掷标枪过程中，运动员需要通过视觉器官来感知助跑的第一、第二标志线的距离，并预判标枪的飞行轨迹；在铅球和铁饼的投掷运动中，运动员需要通过视觉器官精准地判断投掷圈的范围，以及身体与圈沿之间的距离。

3. 素质要求

决定投掷类项目成绩的主要因素包括双腿和躯干伸肌肌群的速度力量、最大力量，以及对投掷进行最后加速的专项投掷反应力量。此外，协调能力也起着重要的作用，高度的协调性有助于提高运动员的定向能力、平衡能力，使其能在旋转过程中进行有目标的投掷。根据投掷项目原理可知，器械出手速度是影响投掷远近的最重要的因素。投掷类项目以速度为核心，而速度的获得需要以绝对力量为基础的爆发力，只有在一瞬间爆发出最大力量才能使出手速度达到最大值。掷标枪要求运动员采取与跑相似的技术动作，还要求运动员在全速跑进中行云流水地完成投掷动作。

（五）影响投掷远度的因素

由于不同投掷运动项目运用的器械各不相同，所以各投掷运动项目的动作形式也存在显著的差异，动作技术的空间状态也表现出不同特点。虽然各投掷项目技术的运动形式的特点有所不同，但正确、合理的投掷技术动作所遵循的运动生物力学原理是一样的，都遵循着斜抛运动的总体规律进行。以人体投掷运动的总体规律为依据，可以分析出影响投掷远度的几大因素，如图 6-1 所示。

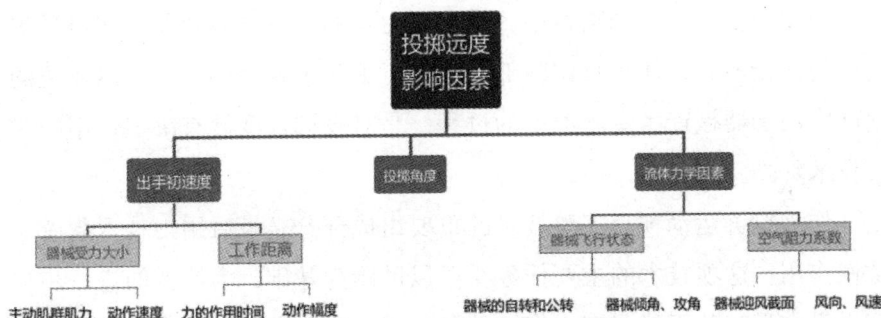

图 6-1　影响投掷远度的因素

二、核心技术的概念

（一）核心技术概念的界定

对于核心技术概念的界定，在目前已有文献的分析中，尚未发现明确、具体的相关理论表述。基于对大量文献资料的整理，经过深入、系统、综合的分析，笔者认为体育领域中的核心技术是指以体育基础理论

185

为基础，符合人体运动的基本规律，对专项技术实效性、经济性的实现起重要支撑作用，并对运动成绩起决定作用的主要技术阶段。

（二）田径投掷类项目核心技术概念界定

基于对体育领域中核心技术概念的理解与延伸，所谓田径投掷类项目的核心技术，是指以投掷技术原理为基础，符合投掷类项目运动的基本规律，对投掷专项技术的实效性、经济性的实现起支撑作用，并对投掷远度起决定作用的主要技术阶段。笔者认为，田径投掷类项目的核心技术其实就是最后用力技术。

三、核心技术基本特征

（一）核心技术与专项成绩之间的关系

在田径投掷类运动项目中，最后用力指的是在身体和器械获得预先速度的前提下，人体将身体各部分力量汇聚于手腕手指上，并以较快的速度作用于器械产生专项速度的过程，是对投掷远度具有决定作用的主要技术阶段。

作为投掷运动项目完整技术的重要组成部分，最后用力技术起着关键性作用，这项技术的主要任务在于以助跑为基础，为器械的进一步加速提供力量，基于稳固有力支撑的条件下，充分发挥出全身力量，最后借助投掷臂和手部动作将全身力量快速作用于器械之上，选择一个适宜的角度，将器械掷出更远的距离。

田径投掷类运动项目的成绩取决于距离，由于器械重量、构造等各不相同，所采取的投掷方法也有所差异。在投掷完整技术中，最后用力技术的正确性对专项技术动作的准确性有着直接影响，是影响投掷类项目专项成绩优劣的重要因素。

（二）投掷类项目助跑和最后用力技术特征

助跑技术的主要任务是获得良好的水平速度，为最后用力奠定良好基础，它是决定投掷类项目运动成绩的关键性因素。在田径投掷类项目中，预加速阶段主要包括助跑、滑步、旋转等多种形式。要想使移动速度达到最高值，运动员必须准确掌握正确的摆动腿技术，以摆带蹬，以蹬促摆，蹬摆有机结合，尽可能快速地摆动，将腿快速地用爆发力蹬起，使助跑、滑步以及旋转速度得到提升，保证人体、器械能够得到更快的预先速度，从而使身体呈现出较好的超越器械姿势，为最后用力提供有利的工作条件。助跑动作完成效果的好坏，与肌肉用力大小、助跑动作幅度、动作肌肉放松和紧张的程度等因素息息相关。

田径投掷类项目的最后用力技巧，更多是通过身体各个部分自下而上有序地用力，即右脚转蹬发力，躯干上下两端同时绕躯干纵轴的反向转动，左臂以较快的速度进行牵引并在短时间内制动，正确的左侧支撑技术等，同时依次进行加速运动和减速运动，使得毗连肌肉有序、快速地拉长，引起有力的收缩，进而有序地传递动量，并作用于器械，从而使器械获得尽可能快的出手初速度。

（三）田径投掷类项目核心技术基本特征

从力学角度去考虑器械出手速度与最后用力动作技术之间的关系，可以总结为：器械出手初速度的大小与器械所受力的大小和力的作用时间之乘积成正比，即投掷器械的出手初速度与投掷器械所受冲量的大小成正比。最后用力时，运动员可通过尽可能增大动作幅度的方式延长用力时的工作距离。在保持最大作用力的基础上，力的作用距离就成为影响器械出手速度的主要因素。提高力的作用距离是合理技术的重要组成部分，主要通过形成良好的超越器械技术动作，加大用力动作幅度构成对投掷器械的冲量是最后用力的关键。

最后用力时，运动员可从下肢、躯干、上肢依次加速与制动，使各环节在力量的递增过程中形成良好的动量传递状态。最后用力时，人体助跑获得的动量经下肢的支撑制动作用传向躯干，与此同时躯干用力并产生加速度运动。躯干运动加速后，动量传向上肢，引起上肢用力后的加速运动。身体各环节自下肢依次向上用力并相加速与制动，形成最快的器械出手速度。

在最后用力技术中，要想使器械出手初速度达到最高值，关键就在于用力的顺序合理。随着最后用力的开始，右腿要立即蹬伸，右髋在其推动作用下发生转动，使得髋轴领先于肩轴，形成较大的肩髋扭转角，从而充分地预先拉长躯干肌群。当髋轴的方向移动到接近于正对投掷方向时，肩轴要立刻转动，并领先于髋轴，形成合理的自下而上的用力顺序。

在最后用力中，右腿蹬伸用力的正确性，能够为髋部正确运动提供有效保障，而髋部动作完成效果的好坏，对身体侧弓动作能否完成具有直接的影响，并间接地影响到最终的投掷专项成绩。在田径投掷类项目中，左侧支撑动作的牢固性、稳定性，是动量有效转换的重要保证，能使身体上半部和器械向前上方运动的速度得到有效提升，进而使器械获得尽可能高的出手高度，同时，还能提高器械垂直分力，从而获得令人满意的器械出手初速度和出手角度。

1. 推铅球最后用力技术的基本特征

推铅球通常是指铅球，是一项重要的田径运动项目，是借助人体全身的所有力量，作用于一定重量的铅球，使铅球从肩上用手臂推出。

当完成推铅球滑步动作之后，双脚落地起支撑作用，形成正确的超越器械动作，即进入最后用力阶段。最后用力阶段主要有蹬、转、推、送、伸、挺、拔等连贯动作，其主要任务在于通过借助正确的滑步技术，获得合理的速度和正确的超越器械身体姿势，形成具有经济性、实效性的最后用力动作。

2.掷铁饼最后用力技术的基本特征

掷铁饼作为田径投掷类项目之一，是指投掷者一手持铁饼，在一定范围的投掷圈内通过正确的旋转动作，将铁饼从手中掷出尽可能远的距离的一类运动。从技术结构角度出发，完整的掷铁饼过程可以划分为五个部分，分别为握法、预备姿势、预摆旋转、最后用力以及铁饼掷出后的身体平衡。

掷铁饼最后用力开始于从左脚接触地面至铁饼运行到最低点，这一阶段必须最大限度发挥出腰、腿转动用力的能力，基于左腿平稳、牢固的支撑下，右髋、右腿大幅度地转动用力，这个时候投掷臂随着腰、腿的转动加快速度。与此同时，左臂要在适合的时间朝着投掷方向摆动，使胸大肌预先进行适当的拉伸，为接下来的以胸带臂加快速度用力奠定良好基础。从铁饼运行至最低点开始，一直到铁饼从手中推出，躯干和下肢不间断地朝着前方转动用力，在此基础上，在左腿的支撑作用下，再通过左腿和左臂积极地制动配合，以胸带臂迅速用力"鞭打"出手，出手点位置的高度几乎与肩持平。

3.掷标枪最后用力技术基本特征

作为一个具有复杂性的多轴性旋转项目，掷标枪的完整技术是右手持枪于右肩上方，经过一段距离的预先助跑连接投掷步，以获得动量，通过爆发式的最后用力，作用于标枪沿着纵轴按顺时针方向自转，让标枪在空中稳定地飞行尽可能长的时间，因而被称为"滑翔标枪"。

掷标枪的最后用力开始于投掷步第三步右脚接触地面，身体重心向前移动并超越支撑点垂直面，右腿转入蹬地动作这一刻。因为右髋朝着投掷方向做加速运动，所以髋轴领先于肩轴并牵引着朝着投掷方向移动。左脚接触地面后起到了重要的支撑和制动作用，为身体上半部向投掷方向运动创造了有利条件。同时，左臂大幅度摆向身体左下方，适当向下压低左肩并有效制动，右胸积极前挺牵引着投掷臂向上转动，前臂和手朝着上方翻转，当身体上半部分转动至接近正对投掷方向时，形成"满弓"姿势。这个时候，投掷臂保持伸直状态并摆放于身后，高度与肩相同，与躯干之间的角度基本为直角，右腿、右髋、右胸、右臂的连线看上去如同"弓"一样朝着后方反张。

一旦"满弓"形成，运动员需要马上转入屈体挥臂的"鞭打"动作。这时，运动员的身体重心逐渐转移至左腿，左腿被迫略微弯曲支撑，其胸部继续保持前挺，牵引着投掷臂的上臂向前，前臂也会在上臂的带动下向前，肘关节在牵制下发生弯曲。当上臂移动到垂直于肩关节上方的位置时，运动员应用左腿积极、用力蹬伸，使被拉长的腹部肌群进行强有力的收缩，其上臂在左肩和胸部的带动作用下在短时间内向前完成伸肘、挥前臂以及甩腕的掷标枪动作，进而将身体所有力量均汇聚到掷臂、手腕以及手指的动作上，最后作用于标枪纵轴上。在标枪脱离手的那一刻，运动员的手腕和手指要爆发性的发力，迫使离手后的标枪沿着纵轴按顺时针方向旋转飞进，提升标枪在空中飞行的稳定性，增强标枪的滑翔效果。通常来讲，标枪出手的角度控制在 29 ～ 36 度为宜。

第二节　投掷技术规律在教学中的有效应用

虽然不同田径投掷类项目的技术特点和形式有所不同，但它们的关键技术具有相同之处，而内在本质规律也是一样的。为了加快学生对各个田径投掷类运动技术的理解与掌握，教师必须寻找和掌握不同项目投掷之间共同的技术规律，并科学合理地应用于教学实践中，进而改善田径投掷类项目的教学效果，以实现事半功倍的预期教学目标。

一、有节奏的快速助跑

助跑和助跑前的准备动作是完成整个技术动作过程必不可少的一部分。由于田径投掷项目的不同，助跑的距离和方法也有所不同，助跑主要可以划分为直线、旋转两种形式。

在助跑过程中，器械的水平速度方向越是接近于器械出手水平方向，就越能更好地合成身体各个环节和器械的分速度和分运动，从而形成更高的助跑速度的利用率。相关研究结果显示，铅球、铁饼、标枪这三种田径投掷项目的助跑速度与器械出手速度之间的比例分别为 15%、30%、20%。[1] 但从助跑技术角度来看，不同田径投掷项目的技术要求具有一致性，即双腿协调配合进行用力、快速地蹬摆，腾空低平，稳中求快、快中向好，同时要有起伏有致、张弛交错、快慢适宜的助跑节奏。

正确、合理的助跑技术的特点是由慢到快的加速且有较强的节奏感。通常情况下，助跑速度占个人最高速度百分比的 70% ～ 80% 为宜。如果速度过慢，运动员难以充分发挥助跑速度以及获取更多的能量，这样就弱化了助跑的作用；如果速度过快，则无法保证技术动作的正确性。助跑节奏对于助跑技术来说十分重要，不仅关系到助跑速度的充分发挥，还影响到助跑速度的利用率，它与最后用力前身体姿态有着紧密的关系，间接影响到最终的成绩。在田径投掷项目的教学中，教师要重视助跑节奏的教学，采取信号、标志线、声音口令以及标志点等多种手段，加强对学生助跑节奏感的培养，一方面帮助学生掌握正确的助跑技术动作，另一方面引导学生不断尝试自己最大的可控速度，使学生的助跑节奏随着自身素质和技术水平的提升逐渐合理。对于学生助跑技术水平的评价，可以从以下三项指标入手，分别为可控速度、助跑速度利用率以及最后用力身体姿态。

二、爆发性的最后用力及正确的用力顺序

投掷技术的关键在于延长最后用力的工作距离，缩短最后用力的工作时间，从而有效提升器械的出手速度，并获得最佳出手参数。在最后

---

① 王玉滇. 田径投掷技术规律在教学中的运用 [J]. 体育科技，1999（Z1）：90-92.

用力阶段，通常铅球、铁饼、标枪等器械的速度大概分别提升 5 ～ 7 倍、2 倍、4 ～ 5 倍。器械的出手速度决定着投掷成绩，而器械出手速度又很大程度上受到爆发性用力和正确用力顺序的影响，它们都是最后用力技术核心的重要组成部分。

要想取得良好的投掷项目成绩，运动员就要在最后用力阶段用最短的时间发挥出最大力量。随着力量梯度的不断增加，加速度值持续加大，所以最后用力动作要使肌肉爆发性地积极收缩，在尽可能短的时间内达到最大力值。

合理的用力顺序保证动量的有序传递。技术上表现出快速"鞭打"的动作，首先是下肢积极支撑制动，同时躯干快速用力并产生加速运动，然后以肩为媒介传向上肢，使上肢产生加速运动。身体各部分按照自下而上的顺序，依次用力进行加速运动，动量依次传递，最终作用于投掷器械，从而使器械获得最大的出手速度。

三、稳固有力的左侧支撑

下肢稳固的支撑是投掷最后用力动作的重要基础，正确的支撑制动动作能够为动量快速传递提供基本保证。在投掷项目成绩结构中，对支撑腿的技术要求远远高于对蹬地腿的技术要求。左脚积极迅速着地支撑，既能有效提升助跑速度的利用率，又能更好地完成最后用力地转体动作，有助于投掷臂爆发性的用力，提升器械出手垂直速度。在田径投掷项目的教学中，教师要重视支撑技术教学，不断锻炼学生腿部支撑能力，使学生在投掷运动的支撑时，左膝保持较小的弯曲幅度。

四、髋关节主动用力

田径投掷类项目真正有力的爆发伸展点首先是髋关节，其次是踝关节、膝关节。在最后用力阶段，臀部身体重心的运行轨迹由后下方移动至前上方，髋部重心位移速度越快，送髋就越充分，用力也就越充分，由此既能充分发挥最大的投掷力量，还能极大地增加用力动作幅度。倘若髋关节用力技术不到位，很可能会出现单纯用手臂力量进行投掷的错误动作，导致投掷臂承受着过重的负担，造成运动损伤。

五、投掷力量、动作幅度和动作速度三者高度统一

较高的力量递增速度是取得良好田径投掷项目成绩的重要条件，良好的力量递增速度主要体现在以下两方面：一是要有较高的爆发力，二是可以快速表现出最大的投掷力量。动作幅度也是不容忽视的，根据 $V=F \times L/t$ 可知，器械出手速度 V 与受力时间 t 之间成反相关关系，与器械受力 F、受力作用距离 L 之间成正相关关系。倘若将 F 与 t 之间的比值看成是力量速度的变化，则影响器械出手速度的另一个主要因素即为力的作用距离。扩大作用力距离是合理技术必不可少的一部分，可以通过增加用力幅度以及提升"超越器械"程度来实现，妥善处理投掷力量、动作幅度以及用力时间三者之间的关系，是影响最后用力地决定性因素。

六、准确的用力方向

准确的用力方向是投掷技术的重中之重。准确的用力方向主要体现在出手角度上，器械应该控制在正确的空间位置，同时沿着出手方向做加速运动，保持垂直速度和水平速度相同的出手角度和矢量合成方向。出手角度取决于器械出手高度和出手速度，一般情况下，推铅球的出手角度控制在大约 40 ～ 44 度为宜。受到空气动力学因素的影响，掷铁饼和掷标枪的出手角度控制在 30 ～ 37 度为宜。合理、准确的用力方向是评判技术水平的重要标准，也是标枪教学中，教师经常开展强化插枪练习的原因所在。

七、肢体末端的技术和用力

田径投掷类项目对头部动作、腕关节、踝关节要求比较高，尤其是

支撑腿的踝关节，但在日常教学中，这类运动项目对手指、投掷臂手腕、脚底肌的力量和动作要求容易被忽视。因此，在田径投掷教学与训练中，教师要重视肢体末端技术和用力，通过针对性练习提升学生肢体末端与大关节之间力量的平衡性。

八、正确合理的速度——节奏技术模式

现阶段，田径投掷类项目教学与训练非常重视技术速度节奏教学，特别对于初学者，首先要帮助初学者形成完整的技术节奏，并在初学者身体素质和技术水平提升过程中不断优化技术节奏，使技术节奏渐趋合理性。合理的技术节奏具有经济和实效相统一的突出特点，可以使运动器官和技术环节之间保持高度的协调性，更有效地发挥出体能，形成具有稳定性的动力定型。任何一种速度节奏模式，都不能生搬硬套别人的模式，而是应该紧紧围绕速度这一中心并探索适用于个人的合理节奏，与技术实际相契合。

综上所述，不同的田径投掷类项目虽然技术形式有所差异，但其技术规律是相同的。在田径投掷类项目的教学和训练过程中，教师要从各项目的技术特点出发，深入理解并牢牢抓住其中的共同技术规律，开展针对性的训练，从根本上提升学生的投掷技术水平。

第三节　投掷类项目力量训练

力量指的是人体肌肉在工作过程中克服阻力的能力。力量素质是田径运动员需要具备的基本身体素质之一，尤其对投掷类运动员来说，力量是其掌握运动技术、提高运动成绩和水平的基础，在投掷类项目训练和比赛中发挥着举足轻重的作用。投掷类运动项目是一种力量美的展示，很多技术动作都离不开力量的支撑，速度的提高同样要以力量为保障。

一、铅球项目的力量训练

（一）铅球力量的分类

根据不同的分类指标，可以对力量进行以下分类。根据力量性质的不同，可以将力量划分为三大类，分别为静力性力量、动力性力量以及反应力量；根据肌肉收缩方式的不同，可以将力量划分为四大类，分别为向心收缩力量、离心收缩力量、等长收缩力量以及超等长收缩力量；根据力量的训练学作用的不同，可以将力量划分为三大类，分别为最大力量、快速力量以及力量耐力，如图 6-2 所示。

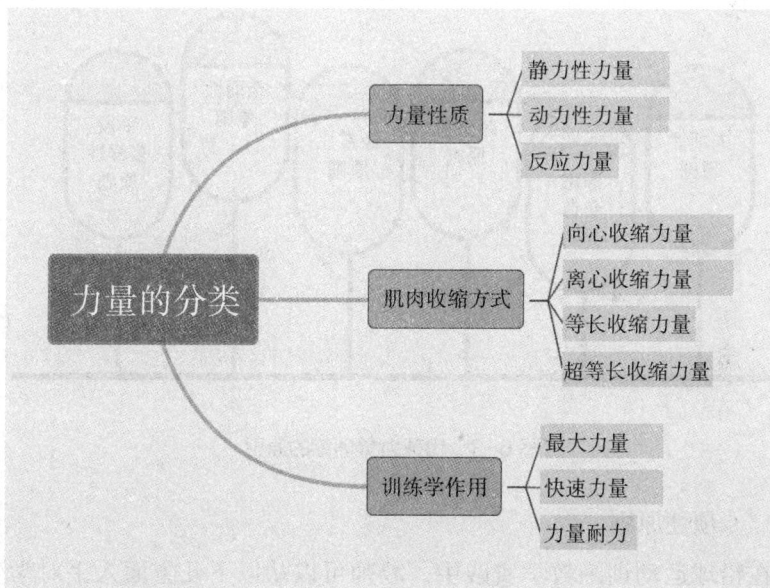

图 6-2　力量的分类

通常情况下，铅球运动员的力量可以分为一般力量、专项力量两大类。从对铅球项目起决定性作用的力量素质来看，可以将一般力量进一步细分为两大类，即快速力量、专项力量。其中，专项力量专指人体在进行特定专项活动的过程中，肌肉收缩形成的力量大小。专项力量训练指严格按照专项运动方式、肌肉收缩形式、肌肉收缩力量以及运动速度，对专项活动的力量练习进行充分模仿的训练活动。

（二）铅球力量训练的原则

铅球力量训练的原则能为铅球力量训练提供正确的方向引导，具有较强的普适性，是教师在铅球力量训练教学实践中必须遵守的根本准则，否则很可能会给学生带来肌肉损伤，或者造成学生身体肌肉力量的不平衡，还会影响到铅球运动成绩。铅球力量训练应该遵循以下几种原则，如图 6-3 所示。

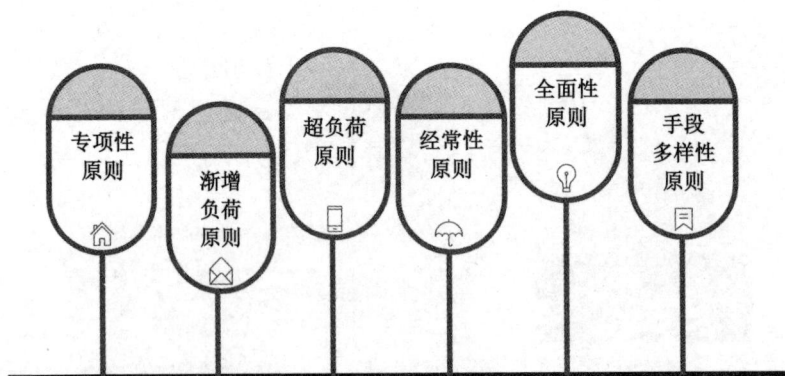

图 6-3　铅球力量训练的原则

1. 专项性原则

在铅球运动训练教学实践中，教师可以从以下几方面入手对学生进行肌肉训练。

（1）为了增加肌肉含量，有效发展肌肉力量，练习负荷强度控制在 6～12RM，连续做 4～8 组，每两组之间休息 2 分钟。

（2）在不显著增加肌肉体积的前提下，为了提高速度、耐力以及肌肉力量，练习负荷强度控制在 15RM，连续做 2～3 组，每两组之间休息 2 分钟。

（3）以增强肌肉耐力为目的的练习，负荷强度控制在 30RM，连续做 2-3 组，每两组之间休息 2 分钟。

2. 渐增负荷原则

为了保证铅球力量训练的实效性、有效性，必须循序渐进地增加负荷量，尤其对于刚开始参加训练的大学生，这样才与人体力量增长规律相契合。

3. 超负荷原则

经过一段时间的力量训练，当发现学生的力量有所增加时，必须适当增加训练负荷，由此才可以更深地刺激机体，从而更有效地刺激肌肉力量的增加。

4. 经常性原则

为了不断增强铅球力量的效果，铅球力量训练必须经常进行，由此才能保持学生已获得的力量，否则力量极其容易逐渐消退。

5. 全面性原则

全面性原则指的是在铅球力量训练中，必须全方位训练各种肌群，保证大肌肉群和小肌肉群、两侧机体同名肌之间、原动肌与对抗肌之间力量的平衡性，切不可有所偏颇，否则将容易导致肌肉发展失去平衡性。

6. 手段多样性原则

在科技日新月异的时代，为了避免铅球力量训练陷入平台期，必须采取各种各样先进的训练器材和手段，不断提升训练的综合效益。

（三）铅球力量训练的方法

目前铅球力量训练的方法比较多样，比较常见的是按照肌肉收缩形式的不同所划分的静力性练习、等张收缩练习、等速练习、拉长收缩练习以及离心性力量练习等，如图 6-4 所示。

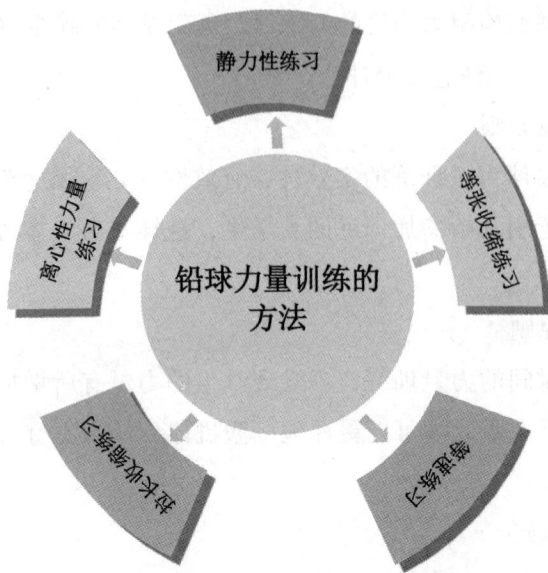

图 6-4　铅球力量训练的方法

1. 静力性练习

静力性练习，是指在不疲劳的前提下增强肌肉力量的练习方法。这种方法的突出优势在于可以保证关节的稳定性，有效预防运动损伤，不仅对最大力量的提升具有十分显著的作用，还能有效地发展静力性耐力、静力性力量。静力性练习是静态力量得以有效发展的重要手段之一，静态力量为动态力量的发展奠定了良好基础。但静力性练习也具有一定的缺点，第一，力量增加仅仅作用于某一特定关节角度，有可能会造成血压的急剧升高，尤其是对于患有心血管疾病的学生来说，可能会出现心血管意外。第二，从肌肉活动条件来看，静力性练习与动力性练习截然不同，所以这两种方法所训练的力量并非完全相同，由于铅球运动的大部分动作对速度、反应、机动性、灵活度以及爆发性要求较高，所以，如果频繁运用静力练习法，会对动作速度的提升及协调发展造成一定阻碍。

2.等张收缩练习

等张收缩指的是在负荷稳定的情况下进行相同张力的收缩。人体由众多大大小小的关节组成，随着关节角度的变化，杠杆力矩也会发生相应的变化，进而使力量在不同角度中并不相等。所以，当运动员举起重量相同的物体时，不同角度关节的肌肉张力有所差异，但这种力量训练方法在训练实践中仍然比较常见。

3.等速练习

等速练习是一种借助器械进行力量训练的方法，只要训练者竭尽全力进行对抗，便可以保证所有肌肉在整个活动范围内的承受量达到最大负荷。在等速练习中，以下几点需要注意：运动员每星期训练次数控制在 2～4 次为宜；训练周期不少于 6 星期；要设计符合铅球运动特点的练习活动，练习中完成动作的速度要尽量等同于或高于专项运动动作的速度；每种练习至少要重复做 2～4 组，当负荷较小时，每组最大力量要保证做不少于 16 次，当负荷较大时，每组最大力量控制在 8～15 次为宜。

4.拉长收缩练习

拉长收缩练习指的是利用肌肉弹性，通过牵张反射，使肌肉快速、有效地发挥出最大力量的练习活动。按照拉伸肌肉的作用力特征，可以将拉长收缩练习划分为两种不同的类型，分别为拉弹式练习和冲击式练习。其中，拉弹式练习指的是通过练习使肌肉被迫拉长并形成离心收缩的力，进而使异侧肌群在短时间内快速收缩形成牵引力，如利用适当重量的杠铃进行负重转体、用力牵拉橡皮筋以及快速蹲起。这种训练方法强度小，反弹效应较强，牵拉幅度大，对于肌肉弹性力量的增强发挥着十分显著的作用。冲击式练习以跳深为典型代表，是指通过练习使肌肉被迫拉长，并形成离心收缩的力的练习方式，它能对人体产生巨大的冲击力。冲击式练习较拉弹式强度大，有助于发展神经肌肉系统的反应能力，同时提升肌肉的爆发力效果。

5. 离心性力量练习

离心性力量练习指的是在肌肉产生张力的同时被迫拉长，使肌肉进行退让工作的练习方式。离心性力量练习，简单来说，就是肌肉被拉长的抗阻训练。目前，比较常见的离心性力量练习方法主要有以下几种：第一，腹肌训练，主要方法有仰卧卷腹、仰卧举腿以及仰卧收腿等，有助于增加肌肉的体积，塑造良好的肌肉形态。第二，二、三头肌训练，可以采取哑铃弯举等方式进行练习，有助于肌肉变得更加发达。第三，背阔肌训练，可以采取杠铃划船等方式进行练习，有助于提升肌肉的力量。

（四）专项力量训练方法和手段

投掷铅球是一个先做好准备姿势，接着加速奔跑，在加速至最大速度时将球推出的过程。要想取得令人满意的投掷成绩，这个过程的速度就必须快，这不仅需要肌肉具备较快的速度，还要具备较强的力量，即较强的肌肉爆发力。从解剖学角度来看，肌肉的生理横断面和长度是影响肌力的两个主要因素。为了增加肌肉的生理横断面，一般通过附加各种阻力的静力性练习和动力性练习来实现；为了增加肌肉的长度，一般采取适度的拉伸练习来实现，由此就能从两方面入手，更有效地增强肌力。在铅球专项力量练习的开始阶段，要坚持由易到难、循序渐进的原则。教师可以先组织学生完成一些负荷量相对较小的练习，将负荷量大概控制在最大负荷量的一半，再逐渐增加至最大负荷量。为了使学生的肌力具有更强的爆发性，教师可以引导学生以最快速度进行练习，如让学生用自己最大负荷量的 75% ～ 85%，以最快速度进行 4 ～ 6 次推铅球动作的练习。在此过程中，不得不提的一点是，身体运用多余的肌肉力量，不仅不利于运动成绩的提升，反而会对运动成绩带来不利影响。因此，在铅球专项力量练习中，为了保持全身各部位肌肉的合力方向与投掷铅球的发力方向的一致性，可以采取以下几种练习方法，如图 6-5 所示。

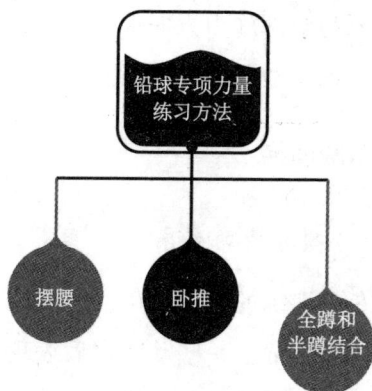

图 6-5　铅球专项力量练习方法

1. 摆腰

摆腰练习主要目的在于提升学生的转体能力，具体的练习方法为：双膝保持略微弯曲，双手握住杠铃片，注意要尽可能拉大身体与杠铃片之间的距离，接着躯体进行左右大幅度的旋转运动，速度一定要快。练习初期的强度控制在 65% 左右，重复做 10 ~ 20 次，然后逐渐增加强度并减少次数，重复做 6 ~ 8 次。

2. 卧推

卧推是仰卧推举的简称，其关键在于握距。最佳握距等于肩宽，由此，在练习过程中，就能保持力的方向与铅球投掷方向的一致性。在进行卧推的过程中，通常要连续做 5 ~ 10 组，同时要保证有 6 ~ 8 组的有效组数。所谓有效组数，指的是在当天训练中达到最大强度的 80% ~ 90% 的组数。

3. 全蹲和半蹲结合

腿是投掷铅球的发力根基，这不仅需要投掷者的腿具备较强的力量，还需要具备良好的爆发力，可以通过全蹲练习和半蹲练习相结合的方式实现。全蹲练习要求学生的运动幅度要大，确保能够更加充分地拉伸肌肉，增强肌肉收缩的力量。在半蹲练习中，屈膝角度要超出推铅球时的

10度左右，屈伸方向要与腿部施力方向保持一致，由此才可以保证腿部爆发力更加集中，从而投掷出尽可能远的距离。

二、铁饼项目的力量训练

（一）一般力量与专项成绩的关系

力量是有效开展专项训练的重要基础，一般性力量训练以肌肉训练为主，属于一般素质，它通常在一些动作之后表现出较大的力量，但对于涉及铁饼专项技术的动作无法起到显著作用。究其原因，主要是一般力量素质无法直接转化为专项运动素质。这就需要通过有效的专项训练，使投掷者的肌肉发挥出更高的力量值。在力量训练中，投掷者如果可以将多种组合投掷合理地结合到一起，不仅有助于提升投掷功率，还能促进一般力量素质向专项能力的转化，又能极大地提升力量素质水平的利用率。因此，力量素质水平的提升并不意味着专项运动成绩就一定可以提升，要想真正地提升学生的专项投掷水平，必须将一般力量训练和专项力量训练有机结合起来。

（二）快速力量在铁饼运动中的重要性

在掷铁饼运动中，快速力量是提高动作速度的基础，它不仅关系到技术的加速度节奏，还与自下而上快速协调爆发用力息息相关，是影响运动成绩的重要因素。如果在训练中有机结合力量和快速力量，则有助于提升最大力量素质水平和力量速度水平，训练效果要远远超过单纯的快速力量训练。部分中外专家将快速力量看成是投掷运动的"前途"和"生命"，究其原因，只有通过有效的快速力量训练，才可以将获取的力量能力成功转化为其他所需要的能力。为了快速增强学生的快速力量，教师可以组织学生参加各种形式的跳跃练习，主要包括纵跳、立定跳远、单脚跳、连续跳栏架、跳绳以及多级跳等。在训练过程中，教师要注意学生动作的准确性，引导学生有节奏、快速爆发用力，从而收获理想的训练效果。

（三）铁饼专项力量训练的方法

最大力量是掷铁饼运动的基础，快速力量是掷铁饼运动的核心。力量训练与运动量的有机结合是尤为重要的。最大力量、爆发力以及起动力量是制约快速力量发展的三个主要因素，只有这三种力量素质均得到有效的提升，才能从真正意义上提升和发展快速力量。在掷铁饼动作中，肌肉用力也具有一定规律，是在特定时间内沿着特定方向，并采取特定用力程度进行的。

专项力量服务于专项，是专项的基础。而专项力量和专项能力直接服务于专项技术。因此，铁饼专项力量训练的关键就在于找准行之有效的专项力量训练方法。根据训练水平和层次的不同，可以将铁饼专项力量训练划分为三大类，分别为专项基础力量、专项投掷力量以及专项技能力量的训练。专项基础力量指的是完成专项技术动作所需的最大功率和最大力量，常见的训练方法主要有半蹲、深蹲、立定跳远、立定三级跳远、多级跨跳、蛙跳、跳深、抓举、挺举、高抓、高翻、快挺、卧推等。专项投掷力量指的是完成专项技术动作所需的速度力量和爆发力量，常见的训练方法主要有前抛铅球、后抛铅球、投壶铃、对网投胶球、侧抛铃片、轻器械投掷、重器械投掷、高抛实心球、旋转推实心球等。专项技能力量指的是完成技术动作所需的爆发力量和最大功率，常见的训练方法主要有连续转髋、连续挥片、转体、杠铃轮摆、原地鞭打、仰卧扩胸、仰卧单臂挥片、肩负杠铃片旋转、徒手连续旋转等。

铁饼专项力量训练方法的采取，根据不同的训练内容和性质，体现出分化和综合相统一的特点。在实际训练中，教师可选择的方法多种多样，要从专项需要出发，选择卓有成效且适合学生个体的训练方法，从而更显著地提升学生的专项训练水平。另外，教师要有意识地结合一般力量训练和专项力量训练、专项力量训练和专项技术训练，科学合理地搭配训练手段，循序渐进地提升学生的专项成绩。

（四）铁饼专项力量训练的注意事项

1.提高力量的利用率

将力量训练和专项投掷有机结合。将小力量、快速力量以及最大力量训练与专项投掷结合到一起，通过合理搭配轻、标准以及重器械进行专项投掷练习，促进力量能力向专项能力转化，既体现专项能力上的力量，也是功率训练的关键时机，还能产生良好的后续效果。这样一来，不仅能使学生进一步巩固和提升专项技术，而且能使学生更久地保留已获得的能力。

2.与速度力量有机结合

有机结合力量训练和各种跳跃练习是发展速度力量的重要手段，所获得的效果要远远超过单一的跳跃练习。首先，杠铃力量训练是增强肌肉力量的有效方法，爆发性练习是提升速度的有效方法，而跳跃练习是介于两者之间的独特"桥梁"，有效的跳跃练习能够转化为素质能力。其次，项目的转换，通过各种各样的跳跃练习，如单足跳、双足跳、跳栏架、台阶跳、跳深、立定跳远，中枢神经系统可以建立起诸多兴奋灶，并在短时间内进行"绝对力量"向"爆发性力量"的新的转化。项目的转换在肌肉弹性的提升和快速恢复方面也发挥着特殊的作用。

3.多种力量素质协调发展

在掷铁饼运动中，力量、速度力量等水平的提升，不但能为掷铁饼运动水平的整体性提升提供有效保障，当与其他素质协调起来时，还能起到力量的主导作用。在训练中，倘若过度提升快速肌群的最大力量，容易降低躯干和下肢肌群力量，进而引发技术失调导致运动成绩发展进入停滞期。因此，必须重视小肌群的力量训练，主要包括足底肌等，可进行腕关节屈伸、脚掌的转动练习和对抗肌练习。在掷铁饼运动中，每个动作的完成都离不开对抗肌、原动肌、固定肌、协调肌的参加，否则动作将会失去平衡，出现一系列错误，对整体效果造成不利影响。通过不同的动作节奏加强力量练习，如快慢结合，能够大大提升肌肉之间收缩的协调性。

三、标枪项目的力量训练

标枪是田径投掷项目中重量最轻的器械，器械出手速度是影响掷标枪运动成绩的主要因素之一，而投、搓力量和整体动作速度对器械出手初速度起着决定性作用。力量是影响爆发力的主导因素，对于学生标枪的训练要建立在学生身体素质全面发展的基础之上，单纯依靠技术是万万不行的。在缺乏较高身体素质水平的前提下，尤其是力量素质水平较低，就难以获得最快的器械出手速度。选择合理的力量训练手段，科学开展力量训练，对于标枪力量训练活动的顺利进行具有重要意义。

（一）标枪力量训练的重要性

力量是人体通过肌肉舒张或收缩的方式克服一定阻力的能力。对于标枪运动而言，力量是影响运动成绩的主要因素之一。力量不仅是柔韧、灵敏、弹跳、速度的基础，而且是准确掌握技术的必要条件之一。对于动作技术水平较高的运动员来说，发展和提升其力量也是提升其运动成绩的重要渠道。在技术和其他因素均相同的情况下，谁拥有更强的力量，谁就能取得更优异的运动成绩。从生理学和解剖学角度来看，大学生骨骼发育具有骨骼柔软、易变形、弹性大的突出特点，肌肉生长具有良好的弹性，舒展和收缩的幅度一般较大，但由于大肌肉肌群发育时间比较早，小肌肉群发育相对比较晚，所以在实际训练中应当侧重于快速力量训练。由于速度力量素质很大程度上会受到先天遗传因素的影响，所以这项素质的提升面临着非常大的难度，但也可以通过后天进行发展和提升。以世界优秀标枪运动员苏联的鲁易斯为例，在13岁时，其可以将一块小石头扔出130米，但并未掌握高抛技能。据统计，世界上超过90%

的标枪运动员（旧标枪）在 10 ～ 15 岁少年时期的小垒球投远距离处于 110 ～ 130 米。① 这充分说明大学生标枪训练要以速度力量的发展为核心。

（二）标枪力量训练的方法

标枪力量训练可以采取以下几种方法，如图 6-6 所示。

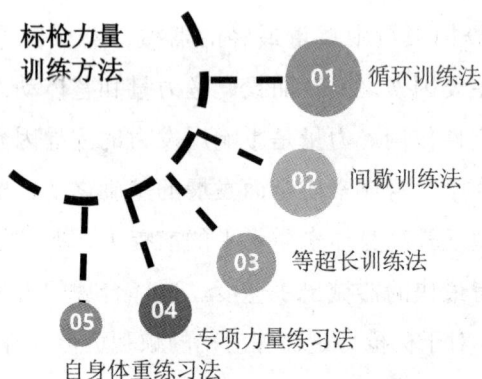

图 6-6　标枪力量训练的方法

1. 循环训练法

在标枪训练中，循环训练法指教师以标枪运动训练具体任务为中心，创建若干个练习点，引导学生根据预先制订的顺序、路线有序地完成相关内容，以循环往复的方式进行标枪运动训练。在标枪运动训练实践中，循环训练法多见于对小肌肉群的力量训练当中。根据不同的训练任务和内容，每星期可组织标枪运动训练 1 ～ 3 次，每组 6 ～ 10 点，每组 3 ～ 5 次为宜。这种训练方法的特点在于间歇时间短，每点内容具有差异性，极易使学生兴奋，不仅有助于培养学生对标枪运动的兴趣，而且能有效地发展学生的力量素质。

2. 间歇训练法

在标枪运动训练中，主要采取大强度的间歇训练法，训练负荷通常

_____

① 黄亚飞 . 田径运动的科学研究与人才培养 [M]. 北京：中国原子能出版社，2021：153.

控制在学生所能承受最大强度的90%以上，每次负荷练习的时间比较短。练习结束之后，教师应该采取积极性休息方式，引导学生进行一些慢跑式走等轻微活动，这样有助于加快乳酸的排解速度，从而改善和提升心血管系统和呼吸系统的机能。这种训练方法的优势在于能够提升学生的无氧供能能力，对学生速度和速度耐力的发展与提升起着重要作用。

3.等超长训练法

等超长训练法是一种通过肌肉弹性、收缩性以及牵张反射来促进力量发展的训练方法。在标枪运动训练中，比较常见的超等长训练法主要有持枪进行交叉步跑、节奏跑，不同形式和高度地跳深练习以及各种快速跳跃练习等。

4.专项力量练习法

专项力量练习法指的是指发展在比赛中承受主要负荷量的肌肉群的练习法。从用力特点、动作结构、动作形式角度来看，这种训练方法接近于专项动作主要部分，是标枪项目训练的主要训练方法，贯穿于训练的全过程。

5.自身体重练习法

自身体重练习法是指以克服自身体重为目的所采取的各种形式的训练方法。该方法的训练效果十分显著，对神经负担小，便于学习和练习，有助于提升学生的速度能力和弹跳能力。该训练方法主要有仰卧起坐、立卧撑、俯卧撑、仰卧的交换跑、跑坡以及各种跳跃练习等。每星期可组织2～4次，每次做3～5组，循环10～15次为宜。

（三）标枪专项力量训练

1.上肢专项力量训练方法

击掌俯卧撑：身体俯卧，平行于地面，用双手和脚尖接触地面支撑身体，两手之间的距离与两肩相同，两脚保持并拢。开始做俯卧撑的时候，双肘向两侧分开，两手慢慢弯曲，直至上臂和前臂之间的夹角为90

度，然后两臂用力推地面使身体向上移动，在两手离开地面时迅速击掌，做完击掌动作后两手快速支撑于地面，然后继续做下一个击掌动作。该项训练要求击掌速度快，击掌和双手支撑地面这两个动作迅速连贯，身体要始终保持在一条直线上，两脚尖始终与地面接触。教师要结合学生的身体素质和水平确定练习的次数和组数，并适时增加次数和组数，从而不断超越每个阶段的训练负荷。与之相适应的练习方法主要有立卧撑、引体向上等。

2. 躯干专项训练方法

仰卧负重收腹练习：身体横卧于海绵垫之上，手持重物，双手或双腿维持固定姿势，做收腹举腿或收腹弯曲上身的动作。在练习过程中，要求收腹速度快，快回时以较慢的速度放下，身体上半部或身体下半部不可以接触到海绵垫，身体在整个过程中保持紧张状态。手中所持重物的重量要逐渐增加，自始至终坚持循序渐进原则。与之相适应的练习方法主要有负重转体、仰卧两头起、肋木悬垂收腹举腿练习、站立手持重物绕环。

3. 下肢专项力量训练方法

深蹲练习：将多个不同高度的跳箱按照均等的距离并排摆放整齐，引导学生以较快的速度跳上第一个跳箱，快速跳下之后再继续跳下一个跳箱，直到跳完最后一个跳箱。跳箱练习要求采取循环练习法，接连不断跳完所有跳箱。教师要结合训练阶段确定跳箱数量和训练组数，充分利用肌肉离心收缩原理，留出充分的组间间歇时间。与之相适应的练习方法主要是与跑跳相关的练习，如跨步跳、蛙跳、单足跳、双足跳、后蹬跑。

4. 全面专项力量训练方法

助跑投掷手榴弹指运动员通过快速位移的方式，使自身和器械预先获得加速度，用手将手榴弹掷出尽可能远的距离。助跑投掷手榴弹要求运动员助跑速度快，有力地掷出手榴弹，最后用力出手速度要快，完成投掷动作后要第一时间做好缓冲，避免因为超越投掷弧而造成犯规的情况发生。

（四）标枪速度节奏训练

标枪速度节奏指的是人体在完成完整的标枪技术时，按照一定顺序所呈现的时间长短、动作快慢、用力强弱以及肌肉收缩以及舒张的时间间隔交替等方面。良好的标枪速度节奏可以充分体现出身体各个环节严格按一定顺序完成动作过程中的速度变化，为完整标枪技术动作的连贯性、加速性提供保障，有助于改善和增强最后用力地效果。标枪技术本身具有复杂性，对速度要求高，特别是对投掷过程中的速度，所以，要想提高学生标枪技术水平，加强标枪完整技术动作的速度节奏训练是必经之路。

标枪的完整技术主要包括五部分，即持枪、持枪预跑、投掷步跑、最后用力以及出手缓冲。这一过程的目的主要在于：运动员要充分利用人体所有能力将标枪出手的初速度提升至最大值，并将这一理想的高速度快速转移至标枪上，通过巧妙地组合各种因素，如预跑、交叉步跑、最后用力、出手初始条件，使助跑速度和速度利用率得到显著提升，让身体上半部尽可能超越器械，扩大用力工作距离，减少用力时间，获得更大的出手初速度。

1. 持枪助跑的速度节奏

标枪的持枪助跑由两部分内容组成，即持枪预跑、交叉步跑。从动作技术过程角度来看，持枪助跑的速度节奏具有由慢到快的加速性特点，速度和节奏两方面都有十分明显的变化。

2. 预跑阶段的速度节奏

预跑阶段的加速度表现出由慢到快的特点，此时，运动员的大腿要尽量抬高，做到后蹬积极、有力，动作轻快柔和，持枪臂跟随助跑节奏与左臂协调配合，自然前后摆动，与下肢动作密切配合，在加速过程中进入投掷步。

3. 投掷步跑的速度节奏

投掷步跑通常采用五步完成，投掷步要求每一步的速度逐渐加快，摆动积极、快速，向前方移动。投掷步跑的速度提升主要来源于下肢的快速蹬伸交叉，步幅的规律为大—小—大—小，第一步稍向前上方，可以适当提升重心。相比之下，后三步具有更强、更快的节奏性。在投掷步跑的过程中，身体上半部逐渐向后倾斜，以获得更为合理的最后用力前的姿势，同时人枪合为一体，对速度的发挥起着重要作用。助跑阶段的速度节奏感为：速度由慢逐渐过渡到快，预跑重心高且富有弹性，投掷步跑的重心要保持平稳性，步伐紧凑、敏捷、快速。

4. 过渡阶段的速度节奏

过渡阶段作为标枪完整技术的关键环节，是介于助跑和最后用力之间的桥梁，它充分利用助跑阶段获得的速度，将其转化为最后用力地加速度，所以它的速度节奏尤为重要。运动员完成投掷步之后，在左脚接触地面的瞬间，要用右腿有力、快速地蹬转，使右侧髋部在推动作用下逐渐转向投掷方向，髋轴领先于肩轴，同时肩轴在髋部的牵动下逐渐转向投掷方向。与此同时，运动员的投掷臂大幅度地朝着上方转动，前臂和手腕在其带动下朝着上方翻转，当运动员的身体上半部转移至与投掷方向正对的位置时，就会呈现出"满弓"姿势。这一过程从始至终都保持着高速度，它的速度节奏更多是依靠髋部和下肢完成的。

5. 最后用力阶段的速度节奏

在最后用力过程中，首先要提高下肢运动的速度，充分利用助跑获得的速度向上传递，再结合左侧的制动和髋部向前形成的力偶，提升躯干部和髋部以左脚落地点为支撑点向前蹬转的速度。此时，处于弯曲状态的左腿要有力且有弹性地积极蹬伸，胸部尽可能朝着正前方做爆发性"鞭打"动作，将全身所有力量汇聚于手臂和手指，并快速作用于标枪纵轴。在标枪从手中抛出的一瞬间，通过抖腕、拔枪的动作促使标枪沿着顺时针方向旋转，确保标枪在飞行过程中始终保持较强的稳定性，进而获得更好的滑翔效果，提升标枪运动的成绩。速度和力量在这一阶段均达到最高。

第七章 大学生田径运动教学与训练的发展与展望

第一节 大学生田径运动教学与全民健身的深度融合发展

作为大学体育开设较早的教学科目之一，田径运动在大学体育教学体系中处于重要的基础性地位，对学生基本运动能力的提升、学生体质健康发展具有积极的影响。目前，我国正处于全民健身的发展推广阶段，正在全方位推进和普及全民健身计划，其主要目的在于推动我国群众性体育运动的发展，从整体上提升全民族的健康素质。这一战略计划的实施，无疑为大学生体育教学提供了良好的发展契机。如何走好大学生体育教学与全面健身深度融合的发展之路，已成为引起广大高校体育教育工作者关注的重点课题。因此，基于全面推进全民健身计划的社会大背景下，积极探索大学生田径运动教学与全民健身运动相融合的有效路径，对大学生田径运动教学的改革与创新具有重大的现实意义。

一、全民健身的内涵

全民健身是为了达到提升全民族体质和健康水平的目的，由我国政府制定并实施的重要战略决策。全民健身运动号召全国人民不分性别、不分年龄，尤其是儿童和青少年，坚持每天至少参加两次体育健身活动，至少学会三种健身方法，每年做一次体质测定，从而增强全国人民的力量、柔韧性及耐力，提升其身体协调性和控制身体各部分的能力。

全民健身是一项长期性、经常性、持久性的群众性体育健身活动，肩负着保障全民族身体健康和生活幸福的重要使命，对推进社会主义和谐社会建设具有重要保障作用和积极促进作用。随着体育产业逐步上升为国家战略，全民健身的内涵不断丰富，层次不断提升。

（一）强身健体，增强国民体质

对于个人而言，长期坚持科学合理的健身锻炼，有利于促进个人的健康生长发育，提升身体素质水平，增强抵抗力。对于整个国民群体而言，养成良好的健身习惯，有利于提升民众的整体身体健康水平，使人民群众获得更强的生活幸福感。全民健身不仅能提升国民生活的丰富性，还能促进国民的身体健康发展，增强我国民众个人和整体的竞争力，从整体上提升国民身心素质。

近些年来，我国社会经济高速发展，社会生活节奏逐渐加快，人们承受着来自学习、考试、工作、社交等方面的各种压力，再加之快餐的盛行使饮食结构发生变化，引发了肥胖症、心脏病、高血压、糖尿病等诸多现代"文明病"，陷入"亚健康"状态的人日益增多。全民健身对我国民众不健康生活方式和状态的改善具有促进作用，有助于增强大众的身体健康。

（二）发展经济，助力产业发展

全民健身的深入实施，有助于推动经济发展，具体表现在以下两方面。一方面，劳动者参加科学健身活动，不仅能有效地锻炼身体，而且能使其生活和工作更加富有激情，不仅能大幅度提升劳动者的工作承受能力，而且其工作效率也会逐渐得到提升，有助于从整体上提升国民生产力水平。另一方面，基于全面健身背景下，越来越多的人热衷于偏向娱乐性质的体育项目，希望通过健身拥有更加健康的身形和体魄，大众健身需求与日俱增，为大众健身经济的进一步发展创造了宽广地发展空间，商业性俱乐部不断涌现并蓬勃发展，促进了商业健身市场的活跃与发展。

现如今，全民健身风潮正劲，积极参与全民健身的人数日益增加，民众消费需求持续扩张，对健身休闲业、服务业、用品业等业态的发展起着直接的促进作用。同时，全民健身的深入实施对与体育相关产业的发展也具有带动作用，有助于推动体育与医疗、教育、旅游、文化等产业的跨界融合发展。

（三）弘扬文化，传承民族瑰宝

作为人类体育文化的重要组成部分，民族传统体育是一笔宝贵的财富，其健身体育价值观、健身与节庆的结合以及健身传统文化等，与当前我国民众的认知具有较高的契合度。因此，民族传统体育也是全民健身非常重要的内容。在全面健身活动蓬勃开展的过程中，民族传统体育受到很多民众的青睐，成为参与人数最多的体育内容。[①]这对于灿烂的民族传统体育文化发扬光大起着积极的促进作用，有助于传承民族传统体育的文化瑰宝。基于全民健身战略的引领，通过体育部门坚持不懈的努力，多姿多彩的民族传统体育项目在沿袭中传承文化，在普及中传递健康，在新时代释放出全新的发展活力。

二、田径运动的健身属性和健身价值

（一）田径运动竞技属性与健身属性的辩证统一

田径运动属性是指田径运动本身所具有的性质和特点。田径运动具有双重属性，即竞技属性和健身属性。在大学生体育教学中，田径运动在强身健体、意志品质的培养等方面扮演着举足轻重的角色。

---

① 徐金庆，高洪杰.全民健身的实用路径及保障体系构建 [M].北京：中国书籍出版社，2021：10.

田径运动的产生和演变是一个十分漫长的过程，它是在人类长期社会活动之间中逐渐发展起来的，最初的目的在于适应生存环境，保护自身安全，追求美好生活，维持身体健康。随着社会的持续发展，田径运动逐渐趋于竞技层面发展，田径比赛逐渐成为奥林匹克运动会的重要内容，运动员在运动场上体现的奋斗进取、顽强拼搏精神令人震撼，田径运动的竞技价值依托竞技场这一舞台得到了大大的升华。同时，田径运动在身体素质水平提升方面起着非常显著的作用，许多竞技体育项目将其视为全面提高身体素质的有效手段。田径运动健身价值的延伸，是人们更好地实现田径运动初衷的根本途径，也是促进大众健康的重要渠道。

（二）田径运动的健身属性的概念和特点

属性指的是事物原本具有的、不可缺少的性质和特点。田径运动的健身属性指的是田径运动原本具有的、不可缺少的健身性质和特点。为了对田径运动有一个全面、正确的理解，单纯从竞技属性这一方面来认识田径运动是万万不行的。纵使田径运动蕴含运动竞赛的成分，但这并不意味着人们可以片面地将其看成是田径运动的全部内涵。在面向大学生以增强体质、提升身体素质和健康水平、培养意志品质为主要任务的学校体育时，田径运动发挥着举足轻重的作用。在《田径运动高级教程》一书中，"田径运动"的定义为："由田赛和竞赛、公路赛、竞走和越野赛组成的运动项目"[①]。体育院校普修通用教材《田径运动教程》当中，对"田径运动健身"做出了如下解释："田径运动健身是指人们采用田径运动的基本内容和形式，以及在此基础上拓展的健身活动"[②]。田径健身属性的特点主要体现在以下几方面，如图7-1所示。

[①] 文超．田径运动高级教程 [M]．北京：人民体育出版社，1994：1.

[②] 全国体育院校教材委员会．田径运动教程 [M]．北京：人民体育出版社，1999：90-92.

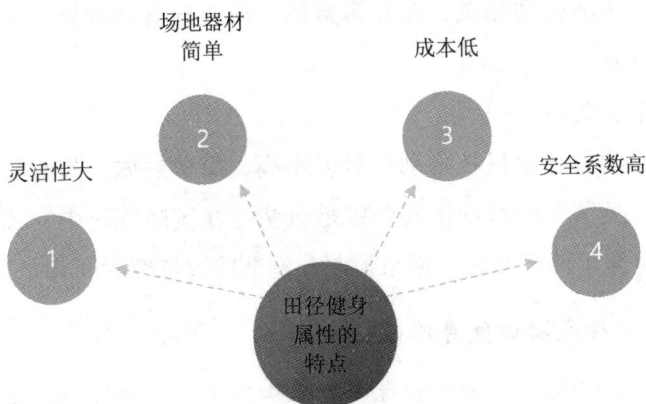

图 7-1 田径健身属性的特点

1. 灵活性大

性别、年龄、人数、时间、地点等条件都不会对田径运动健身项目的开展造成影响，男女老少均可随时随地参加田径运动健身项目，参与人数少则一人，多则成百上千人。另外，人们可以在保证自身安全的前提下，结合自身条件随意调整运动量和运动负荷。

2. 场地器材简单

最近几年，各个地区都新添了很多不同规模与功能的体育场馆，但这些场地主要是服务于体育比赛，对人民群众开放进行锻炼和娱乐的普通场馆较少，尤其是不发达地区和农村。因此，田径运动对城乡居民来说不失为锻炼和娱乐的首选项目。例如，城乡居民在进行走路、跑步运动时，可以选择平坦的庭院、街道、公园等作为运动场所；在进行跳跃运动时，可以选择松软的土地作为运动场所；在进行投掷运动时，可以选择空旷的场地作为运动场所，并利用土块、木棍、石头等物体作为投掷物，做投远、投准的练习。

3. 成本低

田径运动健身中有很多项目的技术动作来自人类的自然本能，且与人们的日常生活密切相关，是非常自然、简单的身体锻炼方式，无须投入物力和财力。

4. 安全系数高

田径运动健身项目技术动作难度不高、简单易做，具有较高的安全系数，是人类基本的运动形式和锻炼方法。在实际练习中，练习者可以根据自身身体条件等客观因素来控制和调节练习持续时间和负荷强度。

（三）田径运动的健身价值

田径运动的健身价值主要体现在生理健康、心理健康以及道德健康三方面。

1. 田径运动在生理健康方面的健身价值

首先，田径运动健身项目对于心血管系统的改善具有促进作用。长期坚持进行田径运动，不仅有助于心肌健康增厚，改善心脏功能，而且能增加每博输出量，减少每分钟心跳次数，延长心脏的舒张期，使心肌能够更好地休息，从而大大地提升心脏的工作能力。其次，田径运动对于运动系统的改善具有促进作用。经常进行田径运动，能够很好地发展肌肉的舒张和收缩能力，增加毛细血管数量，增粗管径，增加肌蛋白和肌糖原，使肌肉耐力得到很好的提高。同时，长时间坚持进行田径运动，有助于提升关节的柔韧性、灵活性和稳定性，增强关节的力量，促使骨骼可以更加的坚固和粗壮，具有更强的抗压抗折能力。再次，田径运动对呼吸系统的改善具有促进作用。大部分田径运动项目选择在户外进行，相比于户内，户外氧气更加充足，空气新鲜度更高，含有更多的负离子，有助于改善人体的呼吸系统。长期进行田径运动，能够增加机体的呼吸深度，减少机体的呼吸次数，显著改善人体呼吸系统功能，从而有效预防呼吸系统疫病。最后，田径运动对于神经系统的改善具有促进作用。通过不间断地进行田径运动，可以使机体的神经系统更加协调，有助于提高机体神经系统的支配能力，提高人体的协调性和灵活性，提高机体对外界的刺激适应能力，从而更好地预防疾病的侵扰。

2. 田径运动在生理健康方面的健身价值

世界卫生组织认为，心理健康的人普遍具有四个特征，即智力、身体以及情绪非常协调；有强烈的幸福感；主动适应环境，与人交往时保持谦让态度；在工作和职业中充分发挥自己的能力[①]。从心理学角度来看，人是集高兴、愉快、烦恼、悲伤等多种心理感受于一体的生物。身体健康与心理健康相辅相成、相互促进，身体健康对心理健康产生着直接的影响，同时心理健康直接作用于身体健康。长期坚持田径运动的人，更容易形成积极健康的心理。从这个意义上来讲，长期进行田径运动，可以从心理健康的层面促进人的身体健康发展。俗话说"笑一笑，十年少"。情绪直接关系到人体的健康。经常进行田径运动锻炼，可以使人脑的兴奋和抑制保持平衡，促进去甲肾上腺素和内啡肽的分泌，有效缓解人体所承受的压力，让人保持心情愉悦，消除抑郁和焦虑等负面情绪。另外，大多田径运动健身项目属于户外活动，新鲜的空气和开阔的环境可以让人的精神处于放松状态，有助于机体的心理健康。

3. 田径运动在道德健康方面的健身价值

道德健康，是指以不损害他人利益为前提，在满足自身需求的同时，按照被社会认同的行为规范对自身行为进行约束和控制。田径运动健身项目主张男女平等，没有尊卑贵贱，遵循公平公正竞争原则，突出体现社会的民主。田径运动很好地诠释了美好高尚、公平公正，通过长期持之以恒的练习取得优异成绩的行为是高尚美好的，而为了获得优异成绩不遵守公平公正原则的行为是卑劣丑陋的。因此，田径运动健身项目对人良好道德品质的形成具有潜移默化的影响，能在不知不觉中使参与者形成优良的道德价值观念。

---

① 中国青少年心理健康调查课题组 . 中国青少年心理健康报告 [M]. 北京：中国科学技术出版社，2013：14.

三、田径运动健身项目的设计应遵循的原则

大学生田径运动与全民健身的深度融合，需要对古老的田径运动项目进行改革，使之转变成被大学生所接受和喜爱的田径健身项目。这样一来，就能使学生深刻体验到田径运动的健身性、趣味性、娱乐性和实用性。为此，在设计田径运动健身项目时，必须从全民健身的实际和科学规律出发，遵循以下几点原则，如图 7-2 所示。

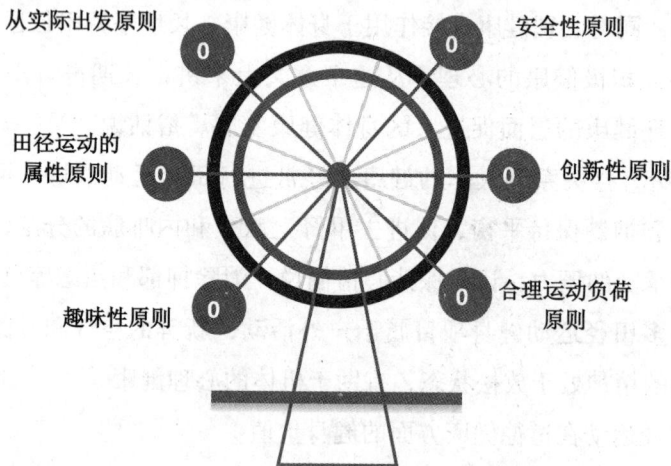

图 7-2 田径运动健身项目的设计应遵循的原则

（一）从实际出发原则

在设计田径运动健身项目时，必须从实际情况出发，根据大学生自身条件、气候条件以及场地设施等具体情况进行。由于大学生在性别、年龄、运动基础等方面存在着显著差异，所以对田径运动健身项目的要求也各不相同，这就需要教师在对田径运动健身项目进行设计时综合考虑主客观因素，在此基础上科学合理地设计项目的具体内容、规则、时间、难度、强度以及裁判等，做到有的放矢。对于初学者来说，田径运动健身项目的设计应以趣味性为主，动作轻快活泼；对于有一定运动基

础者，可以设计一些有一定难度和强度的项目。

（二）田径运动的属性原则

田径运动的健身方法和手段必须契合田径运动的本质特性和属性，否则将超出田径运动的范畴。因此，在设计田径运动健身项目时，必须以田径运动的走、跑、跳、投等基本活动形式为基础，以强健身体为目的，以娱乐为依托，策划集健身、娱乐于一体的项目。

（三）趣味性原则

兴趣是大学生参加田径运动健身项目的内在动机，在兴趣的驱使下，大学生会以轻松愉快的心情从事各种田径健身娱乐活动。其间，他们不会受到体育教学严格规定的限制，也不会一味地追求优异的运动成绩，而是将田径健身运动视为一种充满乐趣的健身娱乐形式来丰富自己的课余时间，使自己的身体和精神均得到充分的放松。因此，田径运动健身项目的策划，要充分体现趣味性，项目内容要生动活泼、有吸引力，体现创新性。

（四）合理运动负荷原则

虽然田径运动健身项目具有娱乐性和趣味性，但如果缺乏适宜的运动负荷，就会失去有效的健身意义。因此，所策划的田径运动健身项目还要具备适宜的运动负荷。如果运动负荷过高，会打击学生的积极性，导致学生过度疲劳。如果运动负荷过低，无法起到应有的健身效果，不利于激发学生的动机。因此，教师要根据学生的身体条件和运动能力，选择合适的器材规格，设置合适的运动负荷和时间，使学生在适宜的运动状态中收获快乐、提升运动水平。

（五）创新性原则

一成不变的趣味性项目纵使再有吸引力，重复性的操作也会变得索然无味，所以教师要在实践中不断积累和总结经验，调整与优化田径运动健身项目，积极探索和开发别出心裁的运动项目，吸收和借鉴其他体育项目中的趣味因素，采取多样化的娱乐体育方法，取其精华，去其糟粕，提高田径运动健身项目的新颖性、独特性、刺激性，更好地满足大学生的探究需求。

（六）安全性原则

安全是健身和娱乐的第一要素和不变法则。如果田径运动健身项目存在安全隐患，那么它将失去健身意义。因此，在策划田径运动健身项目的过程中，必须充分考虑气候、器材、内容、规则、服装、场地等所有客观因素，取消存在安全隐患、危险系数大的内容和规则，保证大学生始终在安全环境中进行运动，做到防患于未然。

四、大学生田径运动教学与全民健身深度融合的实现路径

（一）以全民健身为契机，重建田径运动教学目标

最近几年，全民健身的呼声越来越高，全民健身的口号在体育领域也逐渐响亮，这为大学生田径运动教学的改革指明了方向。通常来说，大学生田径运动教学的重点在于对学生运动能力和运动技术的培养，由此说明，将健身体育作为指导思想，更容易在群众中进行普及和推广，能使学生的身体素质得到充分锻炼，同时帮助学生根据自身特点和身体条件，结合专业的运动指导，通过田径运动达到强身健体、身心发展的目的。这种教学方式的转变，与新一轮基础教育课程改革的要求不谋而合，促进了高校田径教学的创新发展。在教学实践中，教师可以合理运用团队合作教学、互动教学等教学方式，立足于教学实际，结合学生在身体发育、心理状况、兴趣爱好以及运动技能等方面的差异性，制定差异化的田径教学目标，采取行之有效的教学措施，开展有弹性的教学，促进大学生田径运动教学的改革创新。

（二）以全民健身为出发点，构建理论与技能体系

全民健身强调培养民众的自主参与意识，主张民众自觉、主动、积极地参与到各种体育活动中，形成良好的体育运动习惯。以全民健身为出发点，大学生田径运动教学的开展，必须树立科学的课程目标，创建完善的田径运动理论与技能体系，致力于学生田径运动水平的提升，积极引导学生自觉主动地参与各种田径运动活动。这不仅与社会发展要求和学生发展需求具有高度的契合度，而且有助于提升学生的体育素质和综合能力。

（三）以发展全民健身运动为目标，引入大众化教学内容

教学内容的更新与完善是当前大学生田径教学工作的一大难关。由于学生田径基础参差不齐，为了避免无效教学造成的资源浪费，教师要尽可能地放宽学生对田径运动选择的自主权，开展差异化教学和分层次的训练，增强学生在教学中的体验，使学生收获更多田径运动带来的好处，从而改善田径运动教学的质量。与此同时，教师可以设置大众化的田径教学内容，引入一些受大学生欢迎和喜爱的田径类全民健身运动，如难度低、易操作、适用范围广、限制条件少的健身项目。这样不仅为解决田径教学与学生需求之间的矛盾提供了有效途径，还有助于田径类全面健身运动的大范围普及与推广，从而提高田径运动教学的效率。

第二节　大学生田径运动教学的职业化发展

一、"职业化"的概念

对于"职业化"这一概念，截至目前，尚没有权威机构做出准确定义。如果想要了解"职业化"，首先要弄清楚"职业"的概念。"职业"一词最

早出现在《国语·鲁语下》当中，即"昔武王克商，通道于九夷、百蛮，使各以其方贿来贡，使无忘职业。"①这里的"职"的含义是执掌之事，"业"指的是古代记事方法，通过在木棒上刻锯齿的方式记事，一个齿对应着一件事，每完成一件事就可以销掉一个齿，这就是所谓的"修业"。因此，"业"指的是事，"职业"的含义即为分内应做之事。在现代，"职业"指的是从业人员以获得主要生活来源为目的所从事的社会分工的类别。

中国对于"职业化"的研究，源于中国正式成为 WTO 成员之后，经济全球化带来的企业管理和经营模式、人才需求逐渐趋于国际化方向发展，重视"职业化"的培训和研究成为现代企业的标志。对于"职业化"的研究，我国的教育界比企业起步晚，最早看到的与"职业化"相关的研究是清华大学对于"职业化"校长的研究。因此，我国对"职业化"的定义更多来自企业。被广泛引用的定义主要有以下两种。

其一，A 公司创始人景某认为，职业化指的是职业素养的专业化，共包括职业意识、职业技能以及职业道德三部分，其中，职业意识对职业化发展具有关键性作用，是最难做到的一点。②

其二，B 公司总裁李某提出，职业化作为商业规划的重要基础，它是指不同企业之间、企业与员工之间、不同员工之间必须遵守的道德与行为准则，也是职场人需要具备的良好品质，包括职业水准、职业道德、职业精神以及职业责任。③

笔者认为，"职业化"指的是培养具有专业化知识、专业化技能、专业化思维、专业化操守的专业人士的过程。具体来说，专业化知识是对某一方面知识的系统了解与认识；专业化技能包括技术、资质、通用管理能力；专业化思维包括语言、形象、逻辑；专业化操守包括意识、态度、道德。

---

① 左丘明. 线装经典国语 [M]. 昆明：云南人民出版社 .2017：118.
② 陈斌. 高职教育的"职业化"培养 [M]. 沈阳：万卷出版公司，2008：4.
③ 陈斌. 高职教育的"职业化"培养 [M]. 沈阳：万卷出版公司，2008：4.

面对日趋激烈的教育全球化竞争，高校要想占有一席之地，就必须提升人才培养的质量和价值，其人才培养质量和价值应以满足社会和企业需求的程度为标准。要想满足社会和企业的需求，关键就在于高校人才培养模式是否新颖、有效，是否适应经济和社会发展的需要。中国社会和企业的发展需要"职业化"员工，"职业化"是对大学生田径运动教学模式的创新。

二、大学生田径运动教学职业化的特征

大学生田径运动教学职业化具有四个方面的突出特征，即职业性、规范性、社会性、灵活性，如图 7-3 所示。

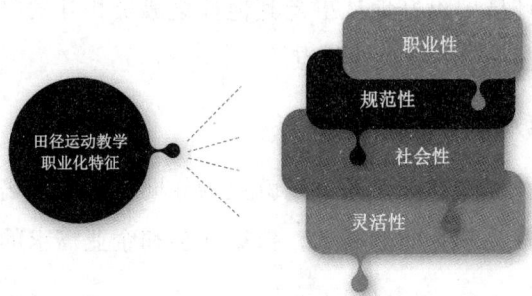

图 7-3　大学生田径运动教学职业化的特征

（一）职业性

大学生田径运动教学的职业化旨在培养职业人，所以职业性是其首要特征。大学生田径运动教学以学生就业为导向，而企业真正需要的人才并非只掌握田径理论知识的毕业生，而是具有高水准职业化素质的职业人才。因此，大学生田径运动教学基于"职业化"导向改变以往的教学模式和教学目标，通过培养学生的职业化素质，突出高等教育人才培养目标的职业性，增强学生职场适应能力。

（二）规范性

大学生田径运动职业化教学的开展，必须与国家教育法和相关社会道德规范相符，同时要以教育部有关要求为依据，做到合理、科学、规范、创新。不但如此，大学生田径运动职业化教学还需要根据不同专业、不同职业领域的特点和规范要求实施教学，充分体现规范性。

（三）社会性

教育是促进人的社会化的活动，高等教育作为教育的重要组成部分，是大学生社会化最前沿的教育形式。大学生田径运动的职业化教学以学校环境为培养场所，能够帮助学生修炼纵横职场的本领，以便其毕业后在特定的社会环境中更好地从事与其他社会成员相互关联、相互服务的社会活动，具有一定的社会性特点。

（四）灵活性

大学生田径运动职业化教学以就业为导向，其人才培养目标和教学内容必须顺应社会和企业的需求，根据社会和企业需求的变化灵活调整与完善。

三、大学生田径运动教学职业化发展的现实意义

（一）有助于提高大学生的就业能力

大学生从学校毕业之后，虽然学到了大量的专业知识和技能，但很多学生并为受过"职业化"培养。虽然大学生在毕业前普遍会进企业实习，但由于不同企业之间的文化具有差异性，且价值观、处事方法各不相同，往往导致经验不足、未经训练的大学生在初入职场时感到迷茫，难以适应。因此，有必要加强职业化教学，培养学生良好的职业素养，提升学生就业能力，使学生有效应对严峻的就业形势。开展大学生田径运动职业化教学，有助于提升大学生的职业化素养，使学生在工作中充

分发挥潜能，给社会和企业带来巨大的财富。

（二）有助于提高教学内容的针对性

在大学生田径运动教学中，如果教师选取的教学内容缺乏实用性和实践性，将很难适应大学生今后的发展，进而无法调动学生的主动性和积极性。而提升大学生田径运动教学内容的职业化水平，有助于有机结合田径运动学习和专业学习，全面反映职业发展需求，促进多学科交叉和融合，不仅能提高教学内容的针对性，充分调动学生学习的主动性和积极性，而且能为学生今后的专业学习奠定坚实基础。

（三）有助于培养大学生健康的职业心理

田径运动知识和技能的学习是一个循序渐进的过程，学生作为学习的主体和教学活动主要成员，必须从被动状态转变为主动状态，利用学习这条途径通向成功。因此，学生必须清醒地认识到学习成果和工作目标之间的正相关关系。这就使高校田径教师工作更具复杂性，教师不仅要传授学生田径运动知识和技能，而且要及时了解学生的心理状态和情绪，结合学生当下个性特征有针对性地调整教学，帮助学生今后更顺利地就业。开展大学生田径运动职业化教学，既能体现出独特的学科特色，又能使学生形成健康的职业心理，从而更好地适应社会发展的需求。

四、提升大学生田径运动教学职业化的对策

（一）培养学生体育精神

体育精神是体育的整体面貌、公平、公正、公开及凝聚力、感染力和号召力的反映，是一种内在的驱动力，积极向上的体育精神有助于学生形成乐观向上的生活态度和健康愉悦的情绪特征。因此，大学生田径运动教学应该增强学生对田径运动的认识，培养学生体育精神，使学生在生活、学习和工作中保持乐观健康的心态。对学生体育精神的培养可

从以下几方面着手，首先，树立正确的培养目标。在田径运动教学中，要改变单纯培养学生体质的教学目的，增加培养学生体育精神的内容，让学生力争成为一名为国争光、无私奉献、科学求实、遵纪守法、团结协作、顽强拼搏的人。其次，加强学校田径文化建设。在大学生学习和成长过程中，校园文化环境起着非常重要的作用，良好的校园文化环境有助于学生树立体育审美意识，加强精神文明建设。因此，高校必须要加强校园田径文化建设，通过加强对校园田径文化的宣传，举办校园田径运动会，加强课外田径运动活动的组织，使学生全面了解田径运动对人的积极作用，并积极参与到田径运动学习中。

（二）培养学生适应社会的能力

社会适应能力是判断一个人能否在职场中游刃有余、更好地服务社会的关键标准，大学生田径运动教学能够培养学生适应社会的能力。首先，有目的、有步骤地培养学生意志力，循序渐进地提升学生适应社会的能力。在田径运动教学中，教师可以结合实际情况增加不同的难度和内容，以有效锻炼学生适应不同田径项目的能力，准确把握学生心理动态，从而在具体教学活动中干预学生的心理，保障学生身心健康成长。其次，根据不同学生情况，提供适合的学习内容。在田径运动教学过程中，教师可以观察不同学生表现出的适应能力，根据学生的个人能力适当增加田径运动的难度，从而提升学生的适应能力，帮助学生养成吃苦耐劳的精神和意志品质。

（三）培养学生的职业能力

在日新月异的新时代，生活节奏逐渐加快，职业压力日趋加大，越来越多的职场人呈现出亚健康状态。大学生田径运动教学在培养学生职业能力的同时，还要立足于学生全面发展的视角，帮助学生快速适应瞬息万变的社会，调整自身的身心状态。大学生田径运动教学，要充分发挥教学服务学生就业、长远发展的作用，采取有效的田径运动训练方法，在此基础上不断提高学生未来的职业身体素质，培养学生适应恶劣工作环境的能力、实践技能等。在田径运动教学中，教师可以借助于模拟教学平台对职业场景进行模拟，帮助学生提前了解和适应职业工作，不仅能针对性地提升学生所需的专业能力，而且能帮助学生进一步明确职业工作和田径运动教学方向，从而系统、全面地提升学生的职业能力和素质。例如，针对农业和矿业专业的学生，教师可以组织定向越野和登山比赛，有效锻炼学生的身体素质、心理素质、团队配合能力，以及面对困难和挑战的信心；针对警察和公安专业的学生，教师可以组织一系列实战活动，如400米专项（个人）体能项目，培养学生身体爆发能力、跨越能力、穿越能力、协调能力、柔韧能力以及近距离快速冲刺能力等。

第三节　大学生田径运动现代化的可持续发展

一、新时代大学生田径运动现代化可持续发展的机遇

（一）体教融合的历史脉络，为大学生田径运动提供了发挥基础大项作用的机遇

1986年，我国发布了《关于开展课余训练，提高学校体育运动技术水平的规划》的通知，原国家体委、原国家教委任认可大学组建运动队。[①]1987年，我国原国家教委印发《关于部分普通高等学校试行招收高水平运动员工作的通知》，将体教结合纳入教育改革的范畴。[②]2004年，教育部发布《关于做好2005年普通高等学校招收高水平运动员工作的通

---

① 印发《关于开展课余体育训练，提高学校体育运动技术水平的规划》的通知 [J]. 学校体育，1986（06）：6-8.
② 赵振. 新时代高校田径运动发展的机遇与挑战 [J]. 长治学院学报，2022，39（02）：63-66.

知》，废止《关于部分普通高等学校试行招收高水平运动员工作的通知》《关于部分普通高等院校试办高水平运动队的通知》，重视高校招收高水平运动员工作。^①这些政策的实施落地，对高校高水平运动队建设的蓬勃发展具有重要的指导意义，但高校田径运动队员在奥运会和亚运会上仍然默默无闻。

2016年5月，国务院办公厅印发《关于强化学校体育促进学生身心健康全面发展的意见》，体教融合逐渐受到重视。^②2020年9月，国家体育总局、教育部联合印发《关于印发深化体教融合 促进青少年健康发展的意见》，强调体教融合涵括"思维"发展，即"帮助学生在体育锻炼中享受乐趣、增强体质、健全人格、锤炼意志"。^③截至2020年，我国被允许创建高水平运动队的高校数量已超300所，其中有一批高校脱颖而出，如清华大学、华侨大学、南京理工大学体教融合硕果累累；常州工学院、北京理工大学富有特色。这些高校为其他高校的体教融合树立了典范和标杆。我国高校管理者和田径运动参与者根据本校情况，借鉴体教融合范式，不断探索与尝试，寻找更多教育和田径运动相融合的全新途径。在典型学校的启发和引导下，各大高校稳扎稳打，加强对大学生闲暇时间的有效利用，帮助更多的大学生参与到田径运动当中。2020年10月，我国印发了《关于全面加强和改进新时代学校体育工作

① 教育部.关于做好2005年普通高等学校招收高水平运动员工作的通知[EB/OL].（2004-11-15）[2022-12-15].http://www.moe.gov.cn/srcsite/A15/moe_776/s3108/200411/t20041115_79722.html.

② 国务院办公厅.关于强化学校体育促进学生身心健康全面发展的意见[EB/OL].（2016-05-06）[2022-12-15].http://www.moe.gov.cn/jyb_xwfb/s6052/moe_838/201605/t20160507_242345.html.

③ 体育总局,教育部.关于深化体教融合 促进青少年健康发展的意见[EB/OL].（2020-08-03）[2022-12-15].http://www.moe.gov.cn/jyb_xxgk/moe_1777/moe_1779/202009/t20200922_489794.html.

的意见》，强调要进一步加强学校体育教学、训练的力度。[①]田径运动作为基础大项，要与思政建设有机结合起来，基于体教融合"思维"理念的引导，更好地迎接历史机遇。

（二）"十四五"期间举办第 31 届世界大学生运动会，为我国高校田径新形象的展现提供舞台

世界大学生运动会素有"小奥运会"之称，其前身是国际大学生运动会，是展示高校田径品牌的绝佳时机。截至 2022 年，在已举办的 30 届世界大学生运动会中，中国大学生田径运动员首次亮相于 1959 年的都灵世界大运会，后于 1977 年回归世界大运会田径赛场。在 2005 年的第 23 届世界大运会上，中国高校田径运动员开始在田径赛场上崭露头角，胡凯、王颖、蒋秋艳勇夺三枚金牌，使中国跻身奖牌榜第三位。2019 年，在意大利那不勒斯举办的第 30 届世界大运会上，中国高校田径运动员张德顺斩获女子 10000 米冠军。在多届世界大学生运动会田径赛场上，中国大学生所取得的骄人战绩，一直激励着新时代大学生。在体教融合、第 31 届世界大学生运动会即将举办的双重背景下，大学生田径运动的可持续发展要充分利用此契机，壮大大学生田径运动规模，推动高校田径运动赛事变革，加强大学生田径运动课程和训练变革，不仅要让马拉松运动独领风骚，而且要力争将田径运动发展成中国大学生参与人数最多的项目，夯实田径运动成为第一大项的中坚力量，更好地迎接新时代大学生田径运动的春天。

（三）新媒体助推大学生田径运动现代化的可持续发展

随着现代科学技术的日新月异，新兴技术不断革新并日益成熟，各

---

① 中共中央办公厅，国务院办公厅.《关于全面加强和改进新时代学校体育工作的意见》和《关于全面加强和改进新时代学校美育工作的意见》[EB/OL].（2020-10-15）[2022-12-15].http://www.moe.gov.cn/jyb_xxgk/moe_1777/moe_1778/202010/t20201015_494794.html.

类新媒体平台不断涌现。随着新媒体应用领域和应用深度的持续拓展，人们的生活、学习、工作变得越来越方便、便捷和高效。当前阶段的新媒体主要由四种形式组成，即互联网媒体、移动通信媒体、移动互联网媒体以及其他具有互动性的数字形式的媒体。新媒体的发展与应用，为大学生田径运动现代化的可持续发展提供了良好条件。

1.新媒体有助于提升大学生对田径运动的关注度

体育赛事的直播使人们无须亲临现场也可以"身临其境"观战比赛的理想成为现实。随着现代科技的创新与发展，各大视频网站纷纷建立了赛事直播平台，突破了人们观看比赛的地域限制。随着人们生活和工作节奏的不断加快，很多人已经无法保证有足够的时间和精力观看直播比赛，但是近些年来，手机、电脑、平板以迅雷不及掩耳之势普及，使这些人可以灵活地安排自己的时间，随时随地观看自己感兴趣的体育赛事的直播或回放。

另外，包括微信、微博、抖音、快手等在内的新媒体平台层出不穷，为观众互动提供了更多的可能性。例如，通过微博可以发起"话题讨论"，通过抖音进行田径赛事直播互动，通过快手、微信可以发布赛事集锦、经典图片等。在新媒体的推动下，学生可以共同讨论田径赛事，分享自己的真实感受和体验。这不仅有助于促进田径赛事与观众之间的互动，营造出良好的田径气氛，而且更容易调动观众对田径运动的积极性和主动性。

2.新媒体有助于推动大学生田径运动教学模式的革新

（1）田径运动类APP的设计研发。目前已研发出了一些与羽毛球、足球、篮球相关的教学视频APP，但是关于田径的APP比较少。在田径运动类APP的研发中，可以根据田径教学特点，学习和借鉴其他运动教学APP，设计出具有田径教学特色的APP。与此同时，为了给大学生带来更好的视觉享受，可以引入更加新颖的形式，如设置优秀运动员动作示范模板、设置游戏练习视频板块以及通过动画演示的方式全方位呈现技术动作。除此之外，在田径 APP 的研发中，还能开设骨干教师田径教学视频模块，教师可以挑选并下载满足教学需求的教学视频进行教学，同时还能组织学生相互学习、提出建议，创设和谐友好的教学氛围。

在田径运动类 APP 的应用模式下，学生可以提前预习下节课所学内容，更加直观、清晰地观看即将学习的动作技术，增强个人感受和体验，发现田径运动之美，深刻感受田径运动的独特魅力；学生可以课下自主学习，根据自身需求随时随地进行学习，学习速度较慢的学生可以在学习的过程中自主剖析困难所在，并对症下药，跟上课堂进度；学生可以跟随视频学习，对相关技术动作形成正确印象，同时以自我审视的方式找到自身所做动作的不足之处，并通过与教师的交流进行改正与提升。

（2）利用新媒体加强家校合作，营造和谐田径氛围。在大学生田径运动教学的过程中创建家校、师生 QQ 群、微信群等，首先，有助于教师结合学生的身心特点，在群中分享田径运动的文化和发展演变过程，帮助学生更加全面地了解田径运动。其次，有助于学生分享自己的田径故事和经历，创设良好的田径学习氛围，培养学生对田径运动的兴趣。最后，有助于教师在群中及时反馈和评价学生的学习情况，使家长更加了解学生的身体状况和田径学习情况，引起家长对孩子田径学习的重视，为田径运动的可持续发展创造良好条件。

3. 新媒体有助于推动田径运动与全民健身的融合发展

（1）推动田径健身产业的高速发展。新媒体的不断崛起和迅猛发展，推动了与田径运动相关产业的高速发展，也推动了正确的消费理念和活跃的田径运动消费市场的形成。网络媒体的广泛宣传促进了大众健身观念持续更新，人们将更多的目光投向了各种越野跑赛事、马拉松赛事等，且增加了与运动相关的投资，如跑步袜、跑步鞋等周边产品。随着对运动投资的不断增加，人们参与田径运动的兴趣和热情得到较大提升。随着时间的推移，人们的关注点逐渐由运动周边产品向运动本身过渡，促使人们对田径运动的关注度日益提升。

（2）搭建田径健身资源共享平台。搭建田径健身资源共享平台，有助于提高人们获取健身信息的便捷性、高效性。例如，教师可以在田径健身资源共享平台上发布一些教学视频和科普知识，如马拉松训练要点、利用田径属性进行功能性康复的相关教程等，为学生及其他用户的学习与练习提供重要的指导资源。人们可以在网络上搜索满足自身需求的资源，在正确指导下自主进行运动和康复，在节省时间的前提下提高学习和锻炼效率。

4.新媒体有助于推动田径运动文化的传播和发扬光大

田径运动文化是传承田径运动必不可少的组成部分，它对学生正确认识田径运动起着重要的促进作用，还有助于学生形成良好的运动观念、运动行为以及运动动机。在优秀田径运动文化的熏陶下，学生可以深深地感受到田径运动的独特之处，感受顽强拼搏、坚持不懈等田径运动精神带来的正能量。这些正能量可以使学生的生活和精神两个层面的需求均得到充分满足，进而形成优秀的道德品质和行为规范。

现如今，微信、微博、抖音等都广受学生欢迎的平台，基于此，学校可以充分利用这些平台，创建与"田径运动"相关的账号，与学生分享田径运动文化的相关知识，包括田径项目的形成、发展及其技术发展历程，历史上与田径运动相关的各种奇闻轶事，为田径运动项目做出巨大贡献的人物，在各个田径运动项目上表现突出的运动员等。此外，学校还可以采集著名田径运动员赛后训练生活方面的素材，让学生了解田径运动员为了取得优异成绩在比赛背后所付出的努力和汗水，发挥田径运动员的榜样和带动作用，积极宣扬田径运动精神，充分利用运动员的个人魅力鼓舞学生，促进田径运动文化的传播和发扬光大。

二、制约大学生田径运动可持续发展的因素

大学生田径运动的可持续发展，主要受到生源因素、师资因素、基础设施因素、经费因素、管理体制因素等的影响，如图 7-4 所示。

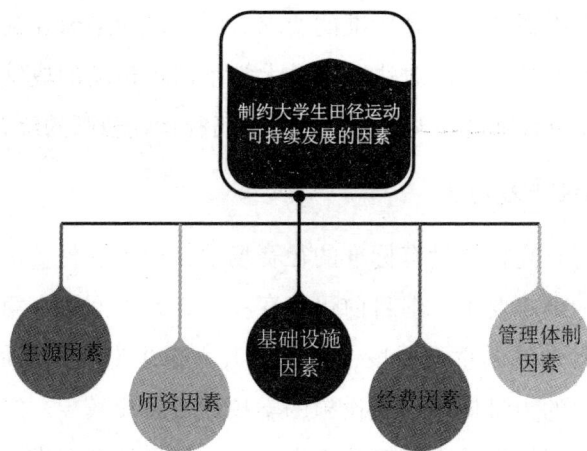

图 7-4　制约大学生田径运动可持续发展的因素

（一）生源因素

在高校田径专项训练中，即便已经招收了具有良好身体素质的生源，但仍有多个方面的因素导致学生之间水平参差不齐，特别是技术方面，一些学生的表现过于粗糙化。高校中还有一些来自专业运动队的田径特长生，他们以退役运动员为主，受到年龄、伤病等因素的制约，导致专项成绩不理想，对高校田径运动整体水平的提升造成一定阻碍。

（二）师资因素

教师或教练员水平是影响大学生田径运动训练效果的重要因素之一。最近几年，高校招生规模不断扩张，高校教师的工作压力也随之上升。尤其是高校田径教师，不仅要在保证教学质量的前提下完成教学任务，而且要兼顾科研工作和比赛成绩等方面工作，这对田径运动教学的有效性产生了一定影响。同时，由于高校之间的性质存在差异，所以在田径比赛过程中需要设置不一样的组别，教师需要平衡好普通组和训练组的训练工作，在此期间极易出现两者难以兼顾的问题。此外，体育科学与运动技术水平的不断发展，对田径教师的业务素质、思想道德素质以及心理素质等方面提出了更高标准的要求。因此，如果想要提高田径运动教学与训练的实效性，同时快速提升大学生田径运动的成绩，就有必要增加田径教师或教练员的人数，不断提升田径运动教师的综合能力。

（三）基础设施因素

目前，所有高校均设有标准的径赛场地，现有器材基本可以满足田径运动项目的训练要求，但目前仍然存在几下几点问题。第一，力量训练是田径运动训练的重要手段，也是提升大学生专项素质的有效方式，但是具备专门的力量训练场地设施的学校数量还比较少。第二，大多数学校的场地中间铺设的人工草地尚未达到长投场地的标准，很多学校不具备开展长距离投掷项目运动的场地。第三，参加田径运动教学与训练的大学生的就餐地点主要集中于学校食堂，安全和营养比例搭配得不到有效保障。

（四）经费因素

经费和资金对高校田径事业的发展至关重要。大学生田径运动水平与经济发展之间的关系非常密切，历届奥运会获取奖牌的情况有力证实了：一个国家要想在国际赛场上取得斐然成绩、站稳脚跟，首先要重视经济发展并取得一份亮眼的成绩单，否则将难以实现预期目标。这个道理在高校田径事业中同样适用，要想不断提升大学生田径运动水平，必须持续加大对田径运动相关领域的经费投入，为大学生田径运动比赛等活动的开展提供充足的资金保障，从而保障和推动高校田径事业的发展。

（五）管理体制因素

田径管理体制对大学生田径运动的发展起着决定性、直接性的作用。通常来说，大部分高校的体育管理采取的是两级管理模式，即体育主管部门对教师或教练员、教师或教练员对学生的管理。在这种管理模式中，管理主体为教师或教练员、大学生，体育主管部门主要履行的是提供经费的职责。高校田径教师或教练员的日常事务比较繁杂，包括运动员的选拔与训练以及成立代表队等。田径队人数往往较多，教师或教练员不仅要完成繁重的教学科研任务，还要完成田径队的基本训练任务，很可能会出现训练效果不理想的问题。因此，有必要完善高校体育管理体制，做好对教师或教练员的工作任务分配，高效有序地落实对大学生田径运动教学和训练的管理工作。

三、大学生田径运动现代化的可持续发展策略

（一）拓宽招生渠道，科学选拔人才

首先，高校要加强体育专业建设，积极开设运动训练专业，组建高水平运动队，积极引入高水平体育特长生，保证体育专业招生质量，提高大学生整体的身体素质和运动水平。其次，高校在选拔田径人才的过程中，要强化工作的合理性，秉承科学化的工作理念。在生源渠道多元化背景下，高校要针对不同渠道的生源，进行统一选拔，不仅要重视田径运动员的文化课成绩，而且不能忽视其田径运动专业的教学水平，从整体上保证选拔群体的综合素质水平，这样更有助于提升大学生田径运动的整体训练水平。最后，高校在对田径人才进行选拔时，切不可"唯证书论"，要善于发现学生的潜能和天赋，杜绝出现徇私舞弊的现象，为高校田径运动优质生源的源源不断提供保障，为大学生田径运动的可持续发展打下良好基础。

（二）构建完善的课余训练体制

1.创建田径俱乐部

北美高校构建了体育项目俱乐部机制，采取统一的规划和管理方式，下拨专项活动经费，并定期进行相关检查，这对我国高校田径事业的发展具有一定的借鉴意义。中国高校也可以成立田径俱乐部，针对俱乐部的发展提供每年度的专项资金和其他保障，体育主管部门通过综合考虑

项目的影响力、成绩等因素，对不同俱乐部的占比进行量化指标考评，科学地审视和分配体育经费比例。对俱乐部的量化指标考评可以将每两年作为一个周期，在此基础上重新分配体育经费的比例，从学校内部增强各个体育项目俱乐部的竞争意识，不断提升各个体育项目俱乐部培养高素质水平运动员的热情和主动性。俱乐部实施教练员负责制，教练员受聘上岗，主要负责的基本事务包括学生运动员的遴选、日常训练等。学校体育主管部门统一规划和管理外出比赛、比赛经费等事务。

2. 建立健全管理机制和后勤保障机制

首先，打破原有二级管理体制，由学校体育主管部门垂直管理。学校体育主管部门针对大学生田径运动员制定专门的管理方法，配置专门的管理人员，与教练员共同负责大学生田径运动员的日常学习、生活管理等事宜，缓解教练员的工作压力，大幅度提升大学生运动员的管理效率。其次，针对教练员的管理，学校体育主管部门可以采取聘任制，竞争上岗，以"庸者下，能者上"为准则，大胆引入具有较强创新意识、上进心、责任意识的年轻教练员。同时，通过量化指标的方式，促使教练员落实落细工作责任，将教练员工作效果的考核期设置为两个比赛周期，考核教练员的德、能、绩、勤四个方面。最后，省教育厅适当提升教练员和运动员的待遇，适当增加对高校田径事业发展的财政支持，适度降低教练员的教学科研工作考核标准，使教练员将更多精力和时间投入训练工作中。大学生田径运动员的本质依旧是学生，他们承受着较大的就业压力和升学压力，高校应创办相关部门并制定相应的制度，为高水平大学生田径运动员的日常学习、毕业就业提供一定保障。

（三）加强师资力量建设

高校要想在大学生田径运动会上取得优异成绩，没有一支优秀的教练员队伍是绝对不行的。因此，提高高校田径教师或教练员的训练水平势在必行，高校有必要对教练员进行全方位的培训，致力于教练员执教水平和业务能力的提升。同时，高校有必要加强对优秀教练员的培养，不断壮大"复合型"优秀教练员的队伍。

一方面，针对大学生田径运动的发展，省教育厅和体育局相关部门可以组织周期性的一系列培训和交流会议，将各高校田径教师和教练员齐聚一堂，共同探讨和研究如何提高大学生田径运动教学和训练水平，使全体教师和教练员都能学到先进、有效的教学和训练方法，切实提升高校田径教师和教练员的业务水平。

另一方面，我国高校可以尝试聘请一些高水平的外籍教练，使大学生田径运动水平上升至更高的层次和水平。引入外籍教练任教的主要目的在于学习和借鉴国外大学生田径运动教学的先进经验，充分发挥外籍教练的带动作用，促进现有教学方法的改革与创新，并指导田径运动教学训练和竞赛活动，提高田径运动对大学生群体的吸引力，从而不断改善大学生田径运动的教学质量。

（四）加强体育科技创新与田径运动训练一体化建设

"创新则兴，守旧则衰"，这是贯穿于整个体育发展过程的客观规律。同样，创新也是大学生田径运动向前迈进、达到更高水平的必要前提。科学技术在不断进步，大学生田径运动水平也日益提升，慢慢逼近人体的生理极限，不同学生之间的田径运动水平差距逐渐缩短，这就要求高校提高田径运动训练的科学化程度，而训练科学化水平的提升则主要依靠不断创新与发展的科技。

1. 利用科学技术提高运动场地、器材的先进性

科技对田径运动的影响，首先体现在外在硬件设施设备的更新和改造上，如运动场地、运动器材等。例如，相比于传统煤渣和泥土跑道，橡胶跑道可以让大学生田径运动成绩获得大幅度提升，特别是在短跑、长跑比赛中体现得尤为明显。再比如，在进行跳高、撑竿跳、跳远等田径运动时，相比于天然沙坑，海绵坑具有更加良好的弹性和安全性，大

大降低了出现摔伤及其他安全事故的可能性，海绵坑具有传统天然沙坑不可比拟的优越性，不仅能提高田径运动的安全性，而且能提高大学生田径运动成绩。

2. 利用科学技术提高田径运动裁判的科学性、公平性

近些年来，随着全球体育事业迅猛发展，体育竞赛也呈现出日益激烈的发展态势，体育赛事标准变得越来越严格，特别是在田径赛事中，如何科学、精准地评判田径比赛成绩，公正比赛、平等竞争，已成为新时期田径比赛的重要课题。以男子或女子100米决赛为例，前几名运动员通常实力相当，彼此之间的成绩往往仅差零点零几秒，裁判员只用肉眼难以精准分辨出第一名，很可能会出现失误。而借助现代化科学技术，就能做到更加公平、公正的裁决，使因微小偏差而判断失误这一问题得以有效解决。在田径体育赛事中，通过利用电脑终端和机器人实现有效互动，取代裁判员进行裁决，能提高裁决的精准性。再如，借助成熟的电子跟踪监测系统，可以全方位检测运动员的各种犯规现象，降低田径赛场上运动员的出错率，按规则处罚存在多次违规行为的运动员，为田径赛事有条不紊地进行提供保障。

3. 利用科学技术提高田径运动训练的科学性、高效性

随着高校体育事业的发展，电子计算机在高校体育教育领域中的应用应用越来越广泛，很多高科技设备现已广泛应用在大学生田径运动的训练当中，对大学生田径运动训练科学性、高效性的提升具有重要意义。例如，作为田径运动训练中的新型智能化设备，智能化专家训练管理系统通过对多项技术的融合，包括计算机网络技术、现代通信与信息技术、智能控制技术以及行业技术等，可以针对大学生实际情况科学化地制定全面系统的体育锻炼计划，甚至还能全面监督整个训练过程，并根据所获取的数据科学分析田径训练中的现有问题、潜在问题，同时给出数据指导，从而提高大学生田径运动训练的水平和效率。此外，通过应用智能化专家训练管理系统，教师可以利用该系统的视频回放功能，回放训

练的全过程，引导学生审查并找出自己运动技术的不足，认真反思如何在训练中改正错误，以便更快地提升自己的田径运动水平。

第四节　大学生田径运动教学改革的国际化趋势

田径是我国各级各类学校体育课程中非常普遍、非常重要的内容，从小学到大学，田径一直都是体育课程中的必修课。田径运动是强健学生体魄和培养学生优良品质的运动项目，学校一年一度的田径运动会是极具趣味性、影响力、凝聚力的校园活动之一。因此，田径在学校体育教学中始终占据着至关重要的地位。随着国际高等体育教育交流的日益增加，我国在大学体育教育和课程设置方面的对外交流越来越频繁，一方面是为了更加了解国外大学体育教育和课程发展趋势，另一方面是为了引起国内高校对体育课程内容、课程形式以及教育功能等各种问题的重新审视。

随着学校体育改革的持续深化，"健康体育""快乐体育""终身体育"等观念逐渐被广大教师所接受，这些观念使我国高等学校体育教育状况发生了极大的改变。而学者对田径运动课程的态度却出现了分歧，一种态度是建议充分保留田径运动课程，原因在于它是体育课程必不可少的核心内容；另一种态度是建议大大缩减田径运动课程在体育教学总教学量中的所占比重，原因在于田径运动课程并没有受到大部分学生的喜爱，而且具有一定的危险性。事实上，西方国家的高等院校也面临过上述问题，了解国外高校成功、宝贵的相关课程改革经验，对我国大学生田径运动课程的改革具有一定的参考价值。

一、田径运动课程改革脉络梳理

（一）大学课程改革脉络梳理

德国、法国和英国是世界上最早创建大学的国家，由于当时创建大学的初衷主要是提升国民素质，所以大学开设的课程以文学、宗教类居多。随着大学教育规模的不断扩张，教学科目的类型也逐渐多样，以提升国民素质为主要目的大学教育也就自然而然地转变为一种通才教育的模式。通才教育模式不仅有助于提升国民素质，对于西方文明的传承与发展也起着非常重要作用。但这种教育模式也存在一定的缺陷，它在生产力水平高度发展的情况下具有很大的局限性。

基于通才教育模式下，课程设置具有较强的理论性、系统性，但在缺乏应用课程和实践课程的前提下，通才教育模式很难保证课程内容与社会需求之间有较高的契合度。人类社会发展的历史证明，在生产力水平落后且得不到飞跃性突破的情况下，高等院校为社会生产力的发展提供主要动力。大学生顺利毕业并走上工作岗位后，利用所学习和掌握的理论知识，根据工作需要投身于创造、发明活动中，有助于改善生产方式，为生产力水平的提升奠定良好基础。然而，当时社会难以向大学提出详细、明确、具体的人才需求。

20世纪40年代，欧洲各国的国民经济正值恢复期，各行各业百废待兴，使高等教育远远落后于社会需求，迫使各大高校开始审视教育目标、课程导向等一系列问题。德国高校勇做课程改革的领头羊，最先开始进行课程改革，其课程改革以通才教育向专才教育的转变为指导思想，课程设置的导向是就业，强调理论、应用、实践相结合，课程内容的设计追求化繁为简。

20世纪40年代以后，德国大部分高校都转变成职业大学，其直接结果就是大幅度提升了德国制造业水平，使"德国制造"成为享誉世界的高端产品的代名词。在这次的大学课程改革中，英国和法国出现了两种对立的观点，一种观点倡导保留通才教育，认为学生在校期间的任务就是储备知识和学习方法，当学生毕业并走上工作岗位后，需要根据工作继续学习，以适应工作岗位的要求，这才是全面发展的高素质人才。而通才教育可以培养学生良好的适应市场变化的能力。另一种观点则强调重视专才教育，认为在科学技术日新月异的现代社会中，社会分工趋于精细化方向发展，而社会劳动力基本处于供大于求的状况，所以有必要通过专才教育培养满足社会需要的人才，尽可能降低教育成本，不断提升人才利用的效率。从整体上来看，虽然英国和法国的教育界对课程改革的观点未达成一致，但是大部分学者更加倾向于专才教育，所以绝大多数大学的课程改革都以专才教育为导向。

（二）国外大学田径运动课程改革脉络梳理

与中国田径运动课程的开展情况做比较会发现，国外的田径运动课程在中小学体育教学中的普及程度并不高。在美国、英国、加拿大等国家，部分中小学校没有修建田径场地，也并未设置田径运动课程，但基本每所大学内都修建了田径场地，许多学生会在好奇心的驱使下积极参加田径运动，故而田径运动成为这些国家大学中的热门运动项目。即便如此，从全世界范围来看，田径运动课程在国外大学中的普及率也不算高，许多国外大学虽然成立了田径运动俱乐部，并组建了田径运动队，但并未开设田径运动课程。

进入 20 世纪 60 年代后，在大学课程改革不断深入的背景下，西方国家大学课程改革以课程设置多样化为主流方向之一，这使得越来越多的高等院校在课程体系中添加田径运动课程。此时，田径运动课程具有以下两个基本特点，其一，全部高校都将田径运动课程设为选修课；其二，西方高校开设的田径运动课程都借鉴了德国高校的课程设置模式，包括课程目标、组织形式、教学方法等方面。由于德国开启了引进外国留学生的先河，很多祖籍为美国、英国和加拿大的学生奔赴德国留学，为自己国家引进了德国大学的课程。田径运动课程在当时作为德国的一门具有较强影响力且比较成熟的课程，对西方其他国家大学课程的建设产生了十分深远的影响。

西方大学田径运动课程的历史经历了一个循环的过程，先是从俱乐部转变为选修课，之后又从选修课转变为俱乐部。早期大多数国外高校所引入的田径运动形式以俱乐部形式居多，学生可以根据自己的意愿和兴趣提交加入俱乐部的申请，部分高校为俱乐部设置了专门的教师或教练，为学生进行田径运动提供指导，部分高校的俱乐部采取了学生自组织的运作形式，即从学生群体中选择指导教师或教练。以德国和美国为例，随着 20 世纪 80 年代的到来，田径俱乐部人数越来越多，田径运动也得到了迅速普及，逐渐有更多的高校着手于田径运动的课程化，并积极开设田径运动选修课。出于对安全性问题的考虑，这两个国家的高校最初设置的田径运动课程为撑竿跳高、跨栏、长投等项目。

随着田径运动职业化的发展，逐渐有更多的大学生田径运动员成为职业运动员，促使大学田径运动课程踏上更加开放的国际化之路。这里提到的开放有两层含义，一是田径运动课程的内容变得更加丰富，以往被视为存在较高危险性的项目又归回至田径运动课堂当中；二是田径俱乐部与田径运动课程相互融合、相辅相成，俱乐部是田径课后进行训练的主阵地，集教学、训练、竞技等内容于一体，田径运动课程成为学生获得田径职业联赛参赛资格的起点，部分学生甚至通过选修田径运动课程成为奥运会国家代表团的重要成员。这里提到的国际化也有两层含义，一是田径运动课程标准的国际化；二是田径运动训练的国际化。以德国、美国、英国为例，这些国家的高校田径运动教学内容的设置，均以国际田联竞技运动标准为参考，与其他体育课程相比，选修田径运动课程对学生的身体条件、运动能力提出了更高的要求。另外，田径教师和教练员的国际交流非常频繁，再加之田径职业化进程的不断加快，田径教练的薪酬要明显高于其他大学教师。

二、我国大学生田径运动教学改革的国际化发展趋势

在我国，大学生田径运动教学改革的方向逐渐趋于国际化，主要体现在以下三方面，如图 7-5 所示。

课程设置的多样化、灵活化

课程内容的正规化、标准化

教学、训练一体化

图 7-5　我国大学生田径运动教学改革的国际化发展趋势

（一）课程设置的多样化、灵活化

首先，田径运动课程在国外高校都被设置成选修课，与其他运动项目共同组成了大学公共体育教学的完整体系。虽然田径运动能够很好地锻炼学生的心理和身体，但这项运动并不适用于所有的学生，事实上对田径运动不感兴趣的学生不在少数，所以没必要让每一位学生都学习田径运动课程。现阶段，我国部分高等院校着重强调田径运动在公共体育教学中的基础地位，并将田径运动课程设置为公共体育教学的必修课，但大部分高校都将田径运动课程设置为公共体育教学中的选修课，这迎合当今世界体育教学的发展潮流。其次，田径运动课程的设置应该追求灵活、多样，选修田径运动课程的学生能够结合自己的身体条件，从诸多田径项目中选择自己感兴趣的运动项目进行学习与训练。从健康促进

243

的角度来看，只要学生可以长时间坚持单个或多个运动项目的学习与练习，就可以受益终身。

在设置运动项目的过程中，不可以"一刀切"，盲目删减所有具有危险性的项目，如跨栏跑、3000 米障碍、撑竿跳高、铁饼、标枪，这些"危险"运动项目不仅有其独特的喜好人群，还有一定的教育和锻炼价值。美国多所高校成立了专门的撑竿跳高训练队，很多对冒险运动感兴趣的学生将撑竿跳高作为日常训练内容。这类项目对培养学生勇敢顽强、吃苦耐劳、坚持不懈、克服困难等意志品质具有重要意义。当学生能够熟练掌握这些"危险"运动项目的要领时，或者教师能够有计划、有步骤地组织教学训练活动，这些项目的危险系数就会大大降低。

（二）课程内容的正规化、标准化

在实际田径运动教学中，部分学生对田径不感兴趣。如果对田径运动进行休闲化改造，虽然可以在一定限度上改变学生对田径运动课程的态度，但这与当今世界体育教学的潮流不相适应。国外中小学尚未开设田径运动课程，究其原因，主要在于中小学的师资、学生素质以及场地等方面的条件都无法达到正规田径运动课程的开展要求。而非正规、休闲化的田径运动无法真正发挥出田径运动的价值。迄今为止，田径运动经历了百余年的漫长岁月，也经历了无数次的规则变更和技术发展，这映射着人们对田径运动规律的认识水平不断提升以及其运动价值观的不断变化。现如今，田径运动作为一种文化现象，在人类文明史上占有独特地位。因此，为了充分尊重田径运动，高校体育应尽量不对田径运动做出休闲化改造。尤其是作为大学生体育课程的田径运动，更应该为学生传授正规化、标准化的田径运动规则、战术以及技术等。从课程内容角度来看，国外高校的田径运动课程始终沿着"标准化"轨道前行，这也是田径课堂可以培养出诸多优秀田径职业选手、奥运会选手的关键所在，同时为更好地传承和弘扬田径运动文化和精神奠定了良好基础。

任何一门大学课程的思想和精神都是严肃的，课程内容具有历史性、成体系的特点，并非每项运动活动都适合引入大学课程内容当中。这一观点对我国大学课程改革具有重要的参考价值。实际上，在大学生田径运动教学改革的过程中，课程内容的改革操作起来难度较低，而改革的主导思想则具有一定难度，它充分体现了诸多精神实质，如课程价值观、当代社会思潮以及教育教学思想。

（三）教学、训练一体化

田径运动课程教学方法是以所教授的田径技术为中心进行的，其教学理念在于传授给学生正确、完整的田径运动技术。田径技术主要涉及两方面，一方面是田径运动的生物力学原理；另一方面是对优秀田径运动员的技术分析。客观来讲，田径运动技术的标准并非一成不变，而且，从技术层面上来看，不同田径运动员之间存在着不可忽视的差异。简言之，与运动员自身特点和田径运动基本规律相符合的技术就是正确的技术。因此，大学生田径教学的开展，要区别于化学、物理的刻板教学，应该先传授给学生田径运动的基本原理，之后引导学生积极进行训练，并通过训练感受和发展个人特长的技术，支持与鼓励学生自主发现与研究。

教学、训练一体化教学模式受到了国外很多高校的广泛应用，如德国高校、美国高校的选修和俱乐部制相结合的模式；加拿大高校的纯粹俱乐部制。这种教学模式主要是针对学生个体进行讲解和训练指导，使学生在深刻感悟田径运动技术和提高运动成绩的同时，更深层次地理解田径运动技术的根本规律，这种教学模式区别于传统教学注重讲解、示范、集中练习等方式。实际上，教学、训练一体化的教学模式体现着不同于传统教学模式的教学目标，强调发展学生的田径运动技能，但是动作方法不强求标准、统一。

学习型社会是现代社会发展的一种特征，只有会学习且不间断学习的人才可以更好地适应社会对人才的需求。因此，倡导主动学习、研究性学习是 21 世纪教学改革的基本方向之一。田径运动课程的教学、训练一体化，是提高学生学习主动性的有效教学方式，这种教学模式能够让学生在教学和学习活动中保持积极性，使学生逐渐形成良好的自主学习能力，因而成为国际上田径运动教学改革的主要方向。在学校课程建设中，高校及教师必须清醒地意识到不存在一劳永逸的课程，课程改革是高校必须反复、经常进行的工作。田径运动课程作为中国高校体育教学的重要组成部分，在 21 世纪教育改革的浪潮中已暴露出诸多不适应的特点。事实上，田径课程在全世界范围内的大学中具有较强的普及性，且不同国家之间的田径运动课程交流已有近百年的历史。因此，我国大学生田径运动课程的改革不仅要学习和借鉴其他国家大学课程改革的成功经验，而且要与其他国家的大学进行积极、密切、深入的课程交流，瞄准切入点，积极探索大学生田径运动课程改革国际化的新尝试。

参考文献

[1] 陆霞 . 田径运动教学与训练 [M]. 长春：吉林出版集团有限责任公司，2019.

[2] 房施龙，王安治 . 新时期田径运动教学理论与实践探索 [M]. 北京：中国纺织出版社，2022.

[3] 蒋国荣 . 田径运动教学与训练研究 [M]. 哈尔滨：哈尔滨出版社，2021.

[4] 李爱国 . 田径运动教学研究 [M]. 武汉：武汉大学出版社，2017.

[5] 王维兴，张文星，胡俊 . 田径运动教学理论与竞训实践 [M]. 沈阳：沈阳出版社，2018.

[6] 冉勇 . 田径运动教学与训练实践研究 [M]. 长春：吉林人民出版社，2017.

[7] 刘飞 . 田径运动教学与训练研究 [M]. 哈尔滨：哈尔滨地图出版社，2018.

[8] 张敏青 . 田径运动教学与训练研究 [M]. 南京：江苏凤凰美术出版社，2018.

[9] 周秀蓉 . 高校田径运动的教学及训练研究 [M]. 北京：地质出版社，2018.

[10] 杨永芬 . 高校田径运动教学实践与课程建设研究 [M]. 北京：新华出版社，2020.

[11] 周次保 . 田径运动训练与教学的多方位研究 [M]. 北京：中国纺织出版社，2018.

[12] 袁晗 . 高校田径运动训练方法与实践研究 [M]. 长春：吉林人民出版社，2020.

[13] 杨军，丹娟 . 中国田径运动发展研究 [M]. 开封：河南大学出版社，2018.

[14] 冯强明 . 中国大学生田径运动体能训练机制和方法 [M]. 天津：天津大学出版社，2021.

[15] 曾鹏 . 我国体育院校体育教育专业田径专修课程思政开展现状及实践路径研究 [D]. 武汉：武汉体育学院，2022.

[16] 卢安琪 . 我国体育院校体育教育专业本科田径专修课程教学内容优化设计研究 [D]. 武汉：武汉体育学院，2022.

[17] 刘恬恬 . 国内外田径运动科研论文的知识图谱分析 [D]. 太原：山西大学，

2021.

[18] 古佳玉.体育专业院校田径普修课课程设置合理性研究 [D].西安：西安体育学院，2021.

[19] 隋鹏程.肥胖大学生田径运动处方设计及应用研究 [D].烟台：鲁东大学，2021.

[20] 李新昊.学生满意度视角下高校线上田径课程教学研究：以首都体育学院为例 [D].北京：首都体育学院，2021.

[21] 李春梅.趣味田径教学促进高职学生体质健康的实验研究 [D].南昌：华东交通大学，2020.

[22] 杨露露.普通高校公共体育田径选修课的问题与对策研究：以安徽省部分高校为例 [D].长沙：湖南师范大学，2020.

[23] 杨文嘉.影响黑龙江省高校田径运动发展的因素及对策研究 [D].哈尔滨：哈尔滨体育学院，2020.

[24] 张凌阁.甘肃省大学生田径运动竞技能力比较研究：以第二～四届大运会甲组成绩为例 [D].兰州：兰州理工大学，2020.

[25] 王倩倩.山西省体育专业田径课程的优化研究 [D].太原：山西大学，2019.

[26] 王磊.津冀粤体育运动学校田径男子 400 米教学训练特征研究 [D].天津：天津师范大学，2019.

[27] 张涛.基于"田径价值理性"的体育教育专业田径普修课教学改革研究 [D].长春：吉林体育学院，2019.

[28] 江岳.上海市高校体育教育专业田径课程教学现状及影响因素研究 [D].上海：上海师范大学，2019.

[29] 蒋松良.河南省本科院校公共体育田径课程的制约因素与发展途径 [D].开封：河南大学，2018.

[30] 谭天.北京体育大学公共必修田径课教学内容和方法改革的实验研究 [D].北京：北京体育大学，2018.

[31] 刘彬.江苏省普通高校公共体育田径教学所面临的困境及其对策研究 [D].苏州：苏州大学，2017.

[32] 赵延敏.学校田径教学内容体系的构建 [D].北京：北京体育大学，2016.

[33] 张颖杰，李元庆．高校田径教学中提升学生兴趣的教学方式探究 [J]．当代体育科技，2022，12（26）：56-59.

[34] 马慧．大学体育田径教学的困境及其改革方法 [J]．田径，2022（9）：55-56.

[35] 王健．新时期我国田径运动发展的困境及对策 [J]．当代体育科技，2022，12（22）：1-4.

[36] 张小明．浅谈高校田径运动科学化训练的实践策略 [J]．田径，2022（8）：20-21.

[37] 周兰．田径教学中的核心力量训练研究 [J]．当代体育科技，2022，12（12）：47-49.

[38] 赵振．新时代高校田径运动发展的机遇与挑战 [J]．长治学院学报，2022，39（2）：63-66.

[39] 乔亚军．高校田径教学的现实困境与出路 [J]．陕西教育（高教），2021（4）：37-38.

[40] 张建新，石孝宇．高校体育专业田径教学中健康体适能理念的应用研究：评《田径运动训练与教学的多方位研究》[J]．中国油脂，2021，46（1）：158.

[41] 张亚辉．田径教学在大学体育课中被边缘化的问题及反思 [J]．运动精品，2021，40（1）：5+7.

[42] 曾成林．中国田径运动发展的困境及对策研究 [J]．运动精品，2021，40（1）：68-69.

[43] 罗群志，辛宏．中学田径运动开展的现状研究：以大连市某中学为例 [J]．田径，2021（1）：47-48.

[44] 欧阳金花，颜湘群．我国高等院校田径课堂教学策略研究 [J]．湖南科技学院学报，2020，41（5）：123-126.

[45] 王山铭．高校田径课程教学现状和影响因素分析 [J]．田径，2020（11）：81-83.

[46] 王建基．刍议普通高校田径教学面临的困境及其发展策略 [J]．当代体育科技，2020，10（30）：100-102.

[47] 刘琦，周萍．对现代田径运动训练发展趋势的再认识 [J]．中外企业家，2020（20）：234.

[48] 谭永昌.试论激励理论在大学生田径运动训练中的应用 [J].田径，2022
（9）：4-6.

[49] 温永新，杨华，刘金宝.多媒体课件在田径运动训练中的应用价值分析 [J].
文体用品与科技，2022（16）：102-103.

[50] 谢洪胜，龙文蓉.高校田径运动训练中学生体能训练的研究 [J].当代体育
科技，2021，11（33）：39-42.

[51] 金艳.青少年田径运动训练特征及提升策略研究 [J].青少年体育，2021
（9）：62-63.

[52] 李娟娟.核心力量训练在田径运动中的应用方法探析 [J].当代体育科技，
2021，11（25）：57-60+65.

[53] 于艺婕.浅析田径运动训练经典理论与方法的演变与发展 [J].当代体育科
技，2021，11（20）：47-49.

[54] 赵新世.对高校田径运动科学化训练的探讨 [J].文体用品与科技，2021
（12）：35-36.

[55] 周通.高校田径运动训练中实施人文素质教育的方法及效果 [J].文体用品
与科技，2019（16）：151-152.

[56] 管伟，王玉峰，张勇.我国青少年田径运动科学化训练水平现状及应对路
径 [J].西安体育学院学报，2018，35（2）：250-256.

[57] 杨东波，任永娥.田径运动训练经典理论与方法的演变与发展 [J].当代体
育科技，2018，8（18）：21-22.

[58] 刘刚.对高校田径运动训练中实施人文素质教育的探讨 [J].长江丛刊，
2018（18）：284.

[59] 蒋牧.激励理论在高校普通大学生田径运动训练中的应用效果 [J].田径，
2018（4）：28-30.

[60] 王冬月.身体理论视角下马拉松跑可持续发展的重新审视 [J].郑州航空工
业管理学院学报（社会科学版），2022，41（2）：107-112.

[61] 张秀丽，孙诗琦，吴少迪.第十二届全国体育科学大会论文摘要汇编：墙
报交流（学校体育分会）[C].[出版地不详][出版社不详]，2022.

[62] 张厚喜，葛平磊，高飞等.我国标枪最后用力技术研究热点与学术前沿展
望 [J].天津体育学院学报，2022，37（3）：352-358.